三国志译注

（西晋）陈寿 著
杨明 译注

北京联合出版公司
Beijing United Publishing Co.,Ltd.

目录

蜀　书

吴　书

前　言

三国时期是中国历史上的一个分裂时期，人们对三国时期的划分也不尽相同。一般指公元 220 年曹丕称帝至 280 年西晋灭吴为三国时期，另有学者持不同的观点，如认为三国时期起于 184 年、190 年或 208 年等。三国时期天下主要分为魏、蜀、吴三个国家。但是从东汉末年到魏、蜀、吴三国建立还有几十年的动乱时期，当时群雄并起，天下诸侯有数十个。他们相互之间或兼并或联合，都想立于不败之地。因此各自招揽文臣武将，以使自己强大，这就注定了三国时期是一个英雄辈出的时代。彼时，魏国有荀彧、荀攸、郭嘉等谋士，又有张辽、于禁、徐晃等良将；蜀国既有诸葛亮、庞统、法正等文臣，又拥有关羽、张飞、赵云等猛将；吴国有周瑜、鲁肃、吕蒙等主帅，也有甘宁、韩当等虎将。这些人物通过戏曲、小说、评书等方式的演绎，在民间可谓家喻户晓，耳熟能详。

《三国志》的作者是西晋时期的陈寿。陈寿（233—297），字承祚，西晋巴西安汉（今四川南充）人。他是西晋史学家、文学家。陈寿起初在蜀汉任观阁令史，但是蜀汉宦官黄皓专权，大臣都曲意逢迎。陈寿不愿屈从黄皓，故而在蜀国一直郁郁不得志。西晋灭蜀后，陈寿历任著作郎、治书侍御史等职。280 年，西晋灭东吴，统一全国，陈寿便开始撰写《三国志》。

在陈寿写《三国志》以前，已经出现了有关魏、吴的史作，如《魏书》《魏略》《吴书》等，这些都是陈寿撰写《三国志》的重要参考材料。但是当时蜀国不设史官，无专人搜集材料，所以《蜀书》的材料主要是由陈寿采集和编次的。另外，陈寿的《三国志》是私人著述，不能获取官方大量的文献档案。这就给他的创作带来了不少困难，所以《三国志》很少论述典章制度等与档案相关的内容。但是总的来说,《三国志》叙事简洁，详略得当，除为后人保存了珍贵的三国史料外，还具有极高的文学价值。它与《史记》《汉书》《后汉书》一起被称为前四史，后来又被列为二十四史之一。

作为一部文学巨著，它善于叙事，行文简明、干净，常用关键的细节描写刻画传神的人物。《三国志·先主传》记曹操与刘备论英雄，当曹操说出“今天下英雄，唯使君与操耳。本初之徒，不足数也”之时，“先主方食，失匕箸”，寥寥数语，便使刘备韬光养晦的形象跃然纸上。又如《三国志·周瑜鲁肃吕蒙传》记载曹操听闻孙权将荆州借与刘备后，“方作书，落笔于地”的情态，生动地表现出曹操对孙权和刘备联合的担忧。南朝文学批评家刘勰在《文心雕龙·史传》篇中评曰：“魏代三雄，记传互出，《阳秋》《魏略》之属，《江表》《吴录》之类，或激抗难征，或疏阔寡要。唯陈寿《三国志》，文质辨洽，荀、张比之迁、固，非妄誉也。”可见刘勰对《三国志》评价之高。

直到今天，《三国志》仍然有它非凡的魅力。究其原因，无非是人们通过《三国志》，可以一窥那个时代英雄雅士的不凡气魄，比如曹操的雄才大略、孙权的知人善任、刘备的折而不挠等；同时还可以总结一些失败教训，比如袁绍的外宽内忌和有谋无断。

虽然《三国志》行文简洁，但是对于多数人而言篇幅仍然较长，为了使读者更好地了解《三国志》，本书做了节选处理，主要选取《三国志》中具有代表性的篇目。通过阅读这些篇目。读者可以较为全面地了解《三国志》，了解整个三国时期。在版本方面，本书采用的底本是中华书局繁体字点校本（1959年12月第1版），这是当今被大家广泛认可的版本。在译注方面，译文尽力做到忠实原文，但由于语言习惯的不同，也做了一些符合现代语言习惯的改动。另外由于《三国志》属于史部文献，内容以叙事为主，其中难以理解的字词并不多，所以注释较为简略，全书以译文为主。

杨明

2012年11月

魏书

武帝纪

题解

魏武帝曹操在戏剧舞台上被塑造成“白脸奸臣”形象，在《三国演义》和民间传说中也一直以“奸雄”的面目示人。这其实是对曹操缺乏正确的认识而造成的偏见。在历史上，曹操雄才大略，任人唯贤，挟天子以令诸侯，统一了中国北方，结束了长期的战乱，给人民带来了安定，促进了生产的恢复和发展。同时，曹操文学成就很高，诗歌慷慨悲凉，开“建安风骨”一代文风。文治武功，堪称一代雄杰。

太祖武皇帝，沛国谯人也，姓曹，讳操，字孟德，汉相国参之后。桓帝世，曹腾为中常侍大长秋，封费亭侯。养子嵩嗣，官至太尉，莫能审其生出本末。嵩生太祖。

太祖少机警，有权数，而任侠放荡，不治行业，故世人未之奇也；惟梁国桥玄、南阳何颙[①]异焉。玄谓太祖曰：“天下将乱，非命世之才不能济也，能安之者，其在君乎！”年二十，举孝廉[②]为郎，除洛阳北部尉，迁顿丘令，征[③]拜议郎。

光和末，黄巾起。拜骑都尉，讨颍川贼。迁为济南相，国有十余县，长吏多阿附贵戚，赃污狼藉，于是奏免其八；禁断淫祀，奸宄逃窜，郡界肃然。久之，征还为东郡太守；不就，称疾归乡里。

注释

①颙：音yóng。

②举孝廉：汉代选拔人才的一种制度，由地方举荐孝顺父母、行为清廉之人，由朝廷授予官职。

③征：即征召，汉代由皇帝直接授予官职的制度。

译文

魏太祖武皇帝，沛国谯县人，姓曹，名操，字孟德，是汉朝相国曹参的后裔。汉桓帝时期，曹腾为中常侍大长秋，被封为费亭侯。曹腾的养子曹嵩继承爵位，官至太尉，没有人知道曹嵩的出生来历。曹嵩生太祖。

太祖年少时很机警，有谋略权数，但由于任侠放荡不拘，不磨炼德行、修养和学业，所以当时没有人重视他；只有梁国人桥玄和南阳人何颙认为太祖异于常人。桥玄对太祖说："天下将要大乱，不是治国之才不能拯救，能安定国家的人，大概就是你吧！"二十岁时，太祖被举为孝廉任郎官，被任命为洛阳北部尉，升任顿丘县令，征召授职议郎。

光和末年，黄巾军起义爆发。太祖被授官骑都尉，征讨颍川黄巾军。后又升任济南相。济南国内有十几个县，长吏大多依附贵戚，贪污狼藉，于是太祖上奏免去八个官员。同时太祖又禁止不合礼制的祭祀，这些惩治措施让违法犯罪的人都闻风而逃，因此太祖治地内政治清明。很久以后，太祖被征召回来做东郡太守，但他没去就职，自称有病回到乡里。

顷之，冀州刺史王芬、南阳许攸、沛国周旌等连结豪杰，谋废灵帝，立合肥侯，以告太祖，太祖拒之。芬等遂败。

金城边章、韩遂杀刺史郡守以叛，众十余万，天下骚动。征太祖为典军校尉。会灵帝崩，太子即位，太后临朝。大将军何进与袁绍谋诛宦官，太后不听。进乃召董卓，欲以胁太后，卓未至而进见杀。卓到，废帝为弘农王而立献帝，京都大乱。卓表[①]太祖为骁骑校尉，欲与计事。太祖乃变易姓名，间行东归。出关，过中牟，为亭长所疑，执诣县，邑中或窃识之，为请得解。卓遂杀太后及弘农王。太祖至陈留，散家财，合义兵，将以诛卓。冬十二月，始起兵于己吾，是岁中平六年也。

注释

①表：上表举荐。

译文

很快，冀州刺史王芬、南阳人许攸、沛国人周旌等人联合豪强，图谋废掉汉灵帝，拥立合肥侯，他们把这件事告诉太祖，但太祖拒绝了他们。王芬等人后来果然失败。

金城人边章、韩遂杀死刺史和太守举兵叛乱，有十多万士卒，震动天下。朝廷征召太祖为典军校尉。此时恰逢汉灵帝驾崩，太子即位，太后临朝执政。大将军何进与袁绍一起谋划除掉宦官，太后不听。何进就召董卓进京，想以此胁迫太后，董卓未到何进已被杀。董卓到后，废皇帝为弘农王而立汉献帝，都城大乱。董卓上表推荐太祖为骁骑校尉，想与太祖一起谋事。太祖于是改名换姓，从小路向东归去。逃出虎牢关，路过中牟县时，被亭长怀疑。亭长抓住太祖去见县令，当时县里有人暗中认识太祖，为他求情，太祖才得以解脱。董卓随后杀了太后及弘农王。太祖到了陈留，散掉自己家的财物，聚集义兵，欲诛伐董卓。这年冬天十二月，太祖开始在己吾起兵，这年是中平六年。

初平元年春正月，后将军袁术、冀州牧韩馥、豫州刺史孔伷[①]、兖州刺史刘岱、河内太守王匡、勃海太守袁绍、陈留太守张邈、东郡太守桥瑁、山阳太守袁遗、济北相鲍信同时俱起兵，众各数万，推绍为盟主。太祖行[②]奋武将军。

二月，卓闻兵起，乃徙天子都长安。卓留屯洛阳，遂焚宫室。是时绍屯河内，邈、岱、瑁、遗屯酸枣，术屯南阳，伷屯颍川，馥在邺。卓兵强，绍等莫敢先进。太祖曰："举义兵以诛暴乱，大众已合，诸君何疑？向使董卓闻山东兵起，倚王室之重，据二周③之险，东向以临天下；虽以无道行之，犹足为患。今焚烧宫室，劫迁天子，海内震动，不知所归，此天亡之时也。一战而天下定矣，不可失也。"遂引兵西，将据成皋。邈遣将卫兹分兵随太祖。到荥阳汴水，遇卓将徐荣，与战不利，士卒死伤甚多。太祖为流矢所中，所乘马被创，从弟洪以马与太祖，得夜遁去。荣见太祖所将兵少，力战尽日，谓酸枣未易攻也，亦引兵还。

注释

①伷：音 zhòu。

②行：兼代官职。

③二周：本指西周和东周，西周定都镐京，东周定都洛邑，这里指二周定都的地方。

译文

初平元年春正月，后将军袁术、冀州牧韩馥、豫州刺史孔伷、兖州刺史刘岱、河内太守王匡、勃海太守袁绍、陈留太守张邈、东郡太守桥瑁、山阳太守袁遗、济北相鲍信同时一起起兵，各拥有士兵几万人，推举袁绍为盟主。太祖代理奋武将军。

二月，董卓听闻各路兵起，就迁走天子改都长安。董卓留在洛阳驻守，焚烧了宫室。这时袁绍在河内驻军，张邈、刘岱、桥瑁、袁遗在酸枣驻军，袁术在南阳驻军，孔伷在颍川驻军，韩馥在邺驻军。董卓兵强，袁绍等人不敢先进攻。太祖说："率领义兵来诛杀暴乱之臣董卓，各路大军已经聚集，各位有何疑虑？假使董卓听说山东兵起，依靠王室的威信，占据二周所拥有的险固地带，向东以对阵天下；即使以暴政作威，仍然足以祸患天下。现在他焚烧宫室，劫去天子，海内因此震惊，不知道归属何处，这是老天灭亡董卓的时机呀！一场战争就可以使天下平定，不可错失良机。"太祖于是率领军队向西追击，准备占据成皋。张邈派遣将领卫兹分兵追随太祖。太祖到荥阳汴水，遇到董卓的部将徐荣，与他开战后失利，士卒死伤很多。太祖被流箭射中，所乘的马也被击中，多亏堂弟曹洪把马让给太祖，太祖才得以趁夜逃去。徐荣见太祖所率领的兵少，还能力战一整天，认为酸枣不容易进攻，也率兵返回。

太祖到酸枣，诸军兵十余万，日置酒高会，不图进取。太祖责让之，因为谋曰："诸君听吾计，使勃海引河内之众临孟津，酸枣诸将守成皋，据敖仓，塞轘辕[①]、太谷，全制其险；使袁将军率南阳之军军丹、析，入武关，以震三辅[②]：皆高垒深壁，勿与战，益为疑兵，示天下形势，以顺诛逆，可立定也。今兵以义动，持疑而不进，失天下之望，窃为诸君耻之！”邈等不能用。

太祖兵少，乃与夏侯惇等诣扬州募兵，刺史陈温、丹杨太守周昕与兵四千余人。还到龙亢，士卒多叛。至铚[③]、建平，复收兵得千余人，进屯河内。

注释

①轘辕 huán yuán：山名，在现在的河南省。亦为关名。

②三辅：西汉时治理京畿地区的三位官员管辖之地，相当于今陕西中部地区。

③铚：音zhì，地名，在今安徽宿县西南。

译文

太祖到酸枣，各路大军有士兵十多万，天天置酒摆宴，不思进军。太祖责备他们，进而为他们谋划说：“各位听我的计策，让勃海太守袁绍率领河内兵马到孟津，酸枣各将军守成皋，占据敖仓，封住轘辕、太谷，全都占据险要地形；让袁术将军率南阳之军驻军丹、析，进入武关，以震慑三辅地区：都修筑高高的壁垒和深深的壕沟，不与对方开战，多虚设兵阵使敌军疑惑，显示天下共讨董卓的形势，显示我们将以正义之师诛杀逆贼，那里可以很快平定。现在大军以大义兴起，却抱有疑惑而不进攻，让天下人失望，我私下里也为各位感到羞耻！”但张邈等人不用太祖计策。

太祖兵少，就与夏侯惇等人到扬州招募兵马，扬州刺史陈温、丹杨太守周昕给予士兵四千多人。太祖回到龙亢，士卒多叛变。到了铚、建平，太祖又收兵得到一千多人，进驻河内。

刘岱与桥瑁相恶，岱杀瑁，以王肱领东郡太守。

袁绍与韩馥谋立幽州牧刘虞为帝，太祖拒之。绍又尝得一玉印，于太祖坐中举向其肘，太祖由是笑而恶焉。

二年春，绍、馥遂立虞为帝，虞终不敢当。

夏四月，卓还长安。

秋七月，袁绍胁韩馥，取冀州。

黑山贼[①]于毒、白绕、眭固等十余万众略魏郡、东郡，王肱不能御，太祖引兵入东郡，击白绕于濮阳，破之。袁绍因表太祖为东郡太守，治东武阳。

三年春，太祖军顿丘，毒等攻东武阳。太祖乃引兵西入山，攻毒等本屯。毒闻之，弃武阳还。太祖要击[②]眭固，又击匈奴於夫罗于内黄，皆大破之。

夏四月，司徒王允与吕布共杀卓。卓将李傕、郭汜等杀允攻布，布败，东出武关。傕等擅朝政。

注释

①黑山贼：即黑山军，东汉末年河北地区的农民起义军。

②要击：拦截、截击。

译文

刘岱与桥瑁相互怨恨，刘岱杀桥瑁，让王肱兼任东郡太守。

袁绍与韩馥图谋拥立幽州牧刘虞为皇帝，太祖拒绝了他们。袁绍又曾得到一个玉印，和太祖一起坐着的时候将玉印举向太祖胳膊，太祖因此笑话并厌恶他。

初平二年春，袁绍、韩馥就拥立刘虞为皇帝，但刘虞终究不敢当皇帝。

夏天四月，董卓返回长安。

秋天七月，袁绍胁迫韩馥，取得冀州。

黑山贼于毒、白绕、眭固等人率领十多万人攻夺了魏郡、东郡，王肱不能抵挡，太祖率兵进入东郡，在濮阳打败了白绕。袁绍因而上表推荐太祖做东郡太守，治所在东武阳。

初平三年春，太祖驻军顿丘，于毒等人攻打东武阳。太祖就率兵向西进入黑山，攻打于毒等人的大本营。于毒听说后，放弃武阳返回。太祖中途截击眭固的军队，又在内黄攻击匈奴於夫罗，都大败他们。

夏天四月，司徒王允与吕布一起杀掉董卓。董卓将领李傕、郭汜等人杀死王允并攻打吕布，吕布战败，向东退出武关。李傕等人专擅朝政。

青州黄巾众百万入兖州，杀任城相郑遂，转入东平。刘岱欲击之，鲍信谏曰："今贼众百万，百姓皆震恐，士卒无斗志，不可敌也。观贼众群辈相随，军无辎重，唯以钞略为资，今不若畜士众之力，先为固守。彼欲战不得，攻又不能，其势必离散，后选精锐，据其要害，击之可破也。"岱不从，遂与战，果为所杀。信乃与州吏万潜等至东郡迎太祖领兖州牧。遂进兵击黄巾于寿张东。信力战斗死，仅[①]而破之。购求信丧不得，众乃刻木如信形状，祭而哭焉。追黄巾至济北。乞降。冬，受降卒三十余万，男女百余万口，收其精锐者，号为青州兵。

袁术与绍有隙，术求援于公孙瓒，瓒使刘备屯高唐，单经屯平原，陶谦屯发干，以逼绍。太祖与绍会击，皆破之。

四年春，军鄄城。荆州牧刘表断术粮道，术引军入陈留，屯封丘，黑山余贼及於夫罗等佐之。术使将刘详屯匡亭。太祖击详，术救之，与战，大破之。术退保封丘，遂围之，未合，术走襄邑，追到太寿，决渠水灌城。走宁陵，又追之，走九江。夏，太祖还军定陶。

下邳阙宣聚众数千人，自称天子；徐州牧陶谦与共举兵，取泰山华、费，略任城。秋，太祖征陶谦，下十余城，谦守城不敢出。

是岁，孙策受袁术使渡江，数年间遂有江东。

注释

①仅：才，勉强。

译文

青州黄巾军兵力上百万进入兖州，杀任城相郑遂，后转入东平。刘岱想攻击他们，鲍信进谏说："现今贼人有百万之多，百姓都震惊恐慌，士兵毫无斗志，不能对抗他们。我看他们一群一群结伴而行，军队没有物资，只能用抢劫的东西作为军备。我们现在不如养足兵士的精力，先做固守准备。他们想战而不得，攻打又不成，势必要离散，我们再选取精锐士卒，占据他们的要害之地，攻击他们就可以得胜了。"刘岱不听，就与黄巾军作战，果然被杀。鲍信就与兖州官吏万潜等人到东郡迎接太祖兼任兖州牧。太祖于是发兵，在寿张以东攻击黄巾军。鲍信力战而死，才打败黄巾军。太祖悬赏寻找鲍信尸体下葬却没有找到，众人就刻了一个鲍信的木像，太祖为他祭祀并痛哭。太祖追击黄巾军直到济北，黄巾军请求投降。这年冬天，太祖接受降卒三十多万，男女一百多万人，太祖收编其中的精锐，号称青州兵。

袁术与袁绍有矛盾，袁术向公孙瓒求援，公孙瓒派刘备驻守高唐，单经驻守平原，陶谦驻守发干，以逼迫袁绍。太祖与袁绍合力攻击，将他们全部打败。

初平四年春，太祖驻军鄄城。荆州牧刘表截断袁术的粮道，袁术率军进入陈留，驻守封丘，黑山贼余众和於夫罗等辅佐他。袁术派遣将领刘详驻军匡亭。太祖攻击刘详，袁术前来救援，与太祖交战，被太祖打得大败。袁术退守封丘，太祖就围困他，还没有完全包围，袁术就逃跑到襄邑，太祖追到太寿，挖开渠水灌城。袁术逃到宁陵，太祖又追击他，袁术又逃至九江。夏天，太祖返回，在定陶驻军。

下邳人阙宣聚集几千人，自称天子；徐州牧陶谦与他一起起兵，攻取泰山华县、费县，攻占任城。秋天，太祖征讨陶谦，攻下十多城，陶谦守城不敢出战。

这一年，孙策接受袁术命令渡过长江，几年间就占据了江东。

兴平元年春，太祖自徐州还。初，太祖父嵩，去官后还谯，董卓之乱，避难琅邪，为陶谦所害，故太祖志在复仇东伐。夏，使荀彧、程昱守鄄城，复征陶谦，拔五城，遂略地至东海。还过郯，谦将曹豹与刘备屯郯东，要太祖。太祖击破之，遂攻拔襄贲，所过多所残戮。

会张邈与陈宫叛迎吕布，郡县皆应。荀彧、程昱保鄄城，范、东阿二县固守，太祖乃引军还。布到，攻鄄城不能下，西屯濮阳。太祖曰："布一旦得一州，不能据东平，断亢父、泰山之道，乘险要我，而乃屯濮阳，吾知其无能为也。"遂进军攻之。布出兵战，先以骑犯青州兵。青州兵奔，太祖陈[①]乱，驰突火出，坠马，烧左手掌。司马楼异扶太祖上马，遂引去。未至营止，诸将未与太祖相见，皆怖。太祖乃自力劳军，令军中促为攻具，进复攻之，与布相守百余日。蝗虫起，百姓大饿，布粮食亦尽，各引去。

秋九月，太祖还鄄城。布到乘氏，为其县人李进所破，东屯山阳。于是绍使人说太祖，欲连和。太祖新失兖州，军食尽，将许之。程昱止太祖，太祖从之。冬十月，太祖至东阿。

是岁谷一斛[②]五十余万钱，人相食，乃罢吏兵新募者。陶谦死，刘备代之。

注释

①陈：同"阵"。战阵，行列。

②斛 hú：古代容量单位，十斗为一斛。

译文

兴平元年春，太祖从徐州返回。起初，太祖的父亲曹嵩辞官后回到谯县，董卓之乱时，曹嵩又避难到琅邪，被陶谦杀害，所以太祖志在东伐报仇。夏天，太祖命令荀彧、程昱据守鄄城，自己再征陶谦，攻下五城，占领的地方直至东海。返回时经过郯，陶谦的将领曹豹与刘备驻军郯东，在路上截击太祖。太祖打败他们，于是攻下襄贲，所经过的地方大多遭到屠戮。

恰巧赶上张邈与陈宫背叛太祖并迎接吕布，各郡县都响应。荀彧、程昱保住鄄城，范、东阿二县固守，太祖就率军返回。吕布赶到，攻打鄄城没有攻下，向西驻屯濮阳。太祖说："吕布一天之内得到一个州，却不能占据东平，截断亢父、泰山的道路，依靠险要地势截击我，而要驻军濮阳，让我知道了他没有什么能力，也不会有什么作为。"于是进军攻打吕布。吕布出兵迎战，先以骑兵攻打青州兵。青州兵逃奔，太祖的军阵大乱。太祖骑马冲出火阵，坠下马，烧到左手掌。司马楼异扶太祖上马，率兵离去。太祖没有到达营地就停了下来，各将领没有见到太祖，都很担忧。太祖就亲自慰劳军士，命令军队赶紧制造攻城的工具，又进军攻打吕布，与吕布对峙一百多天。后来发生蝗灾，百姓饥饿无粮，吕布粮食也用尽，双方各自率兵离去。

这年秋天九月，太祖回到鄄城。吕布到乘氏，被这个县的李进打败，便向东驻军山阳。这时袁绍使人劝说曹公，想结盟。太祖刚刚失去兖州，军粮也用完了，准备答应袁绍。程昱劝阻太祖，太祖听从了他的意见。冬天十月，太祖到达东阿。

这年谷子一斛要五十余万钱，出现人吃人现象，太祖就放还刚招来的官吏和士兵。同年陶谦死，刘备取代了他的职位。

二年春，袭定陶。济阴太守吴资保南城，未拔。会吕布至，又击破之。夏，布将薛兰、李封屯钜野，太祖攻之，布救兰，兰败，布走，遂斩兰等。布复从东缗与陈宫将万余人来战，时太祖兵少，设伏，纵奇兵击，大破之。布夜走，太祖复攻，拔定陶，分兵平诸县。布东奔刘备，张邈从布，使其弟超将家属保雍丘。秋八月，围雍丘。冬十月，天子拜太祖兖州牧。十二月，雍丘溃，超自杀。夷邈三族。邈诣袁术请救，为其众所杀，兖州平，遂东略陈地。

是岁，长安乱，天子东迁，败于曹阳，渡河幸安邑。

建安元年春正月，太祖军临武平，袁术所置陈相袁嗣降。

太祖将迎天子，诸将或疑，荀彧、程昱劝之，乃遣曹洪将兵西迎，卫将军董承与袁术将苌奴拒险，洪不得进。

汝南、颍川黄巾何仪、刘辟、黄邵、何曼等，众各数万，初应袁术，又附孙坚。二月，太祖进军讨破之，斩辟、邵等，仪及其众皆降。天子拜太祖建德将军，夏六月，迁镇东将军，封费亭侯。秋七月，杨奉、韩暹[①]以天子还洛阳，奉别屯梁。太祖遂至洛阳，卫京都，暹遁走。天子假太祖节钺，录尚书事[②]。洛阳残破，董昭等劝太祖都许。九月，车驾出轘辕而东，以太祖为大将军，封武平侯。自天子西迁，朝廷日乱，至是宗庙社稷制度始立。

注释

①暹：音xiān。

②录尚书事：东汉的权力中枢是尚书台，录尚书事可以管理尚书台，也就是掌握了军政大权。

译文

兴平二年春，太祖袭击定陶。济阴太守吴资保住南城，未被攻破。刚好吕布赶来，又打败了他。夏天，吕布部将薛兰、李封驻军钜野，太祖攻打他们，吕布来救薛兰，薛兰被打败，吕布逃走，太祖就斩杀了薛兰等人。吕布又从东缗会集陈宫率领的一万多人来作战，这时太祖兵少，设下埋伏，用奇兵突击，大败吕布军队。吕布连夜逃跑，太祖继续攻打，攻破定陶，分兵平定各县。吕布向东投奔刘备，张邈跟从吕布，派他的弟弟张超带领家属把守雍丘。

秋天八月，太祖包围雍丘。这年冬天十月，天子任命太祖为兖州牧。十二月，雍丘被攻破，张超自杀。太祖杀光张邈的三族。张邈去袁术处请求援救，却被他的部下所杀。兖州平定，太祖就向东攻打陈国。

这一年，长安发生骚乱，天子东迁，在曹阳被打败，渡过黄河到了安邑。

建安元年春正月，太祖军队到了武平，袁术所任命的陈国相袁嗣投降。

太祖准备迎接天子，有的将领很疑惑，荀彧、程昱鼓励他，于是太祖派遣曹洪率兵向西迎接天子，卫将军董承与袁术将领苌奴依据天险抵御，曹洪不能前进。

汝南、颍川地区的黄巾军何仪、刘辟、黄邵、何曼等人，各有士兵数万人，起初响应袁术，后又依附孙坚。二月，太祖进军讨伐攻破了他们，斩杀刘辟、黄邵等人，何仪及其士兵都投降了。天子任命太祖为建德将军，夏六月，又升任镇东将军，封费亭侯。秋七月，杨奉、韩暹护送天子返回洛阳，杨奉另外到梁驻军。太祖到了洛阳，驻守京都，韩暹逃走。天子授予太祖节钺，管理尚书事务。洛阳城已经残破，董昭等人劝太祖在许建都。九月，天子车驾出轘辕向东，任命太祖为大将军，封武平侯。自从天子西迁，朝廷越来越混乱，到这时宗庙社稷制度才又建立起来。

天子之东也，奉自梁欲要之，不及。冬十月，公征奉，奉南奔袁术，遂攻其梁屯，拔之。于是以袁绍为太尉，绍耻班在公下，不肯受。公乃固辞，以大将军让绍。天子拜公司空，行车骑将军。是岁用枣祗、韩浩等议，始兴屯田①。

吕布袭刘备，取下邳。备来奔。程昱说公曰："观刘备有雄才而甚得众心，终不为人下，不如早图之。"公曰："方今收英雄时也，杀一人而失天下之心，不可。"

张济自关中走南阳。济死，从子绣领其众。二年春正月，公到宛。张绣降，既而悔之，复反。公与战，军败，为流矢所中，长子昂、弟子安民遇害。公乃引兵还舞阴，绣将骑来钞，公击破之。绣奔穰②，与刘表合。公谓诸将曰："吾降张绣等，失不便取其质，以至于此。吾知所以败。诸卿观之，自今已后不复败矣。"遂还许。

注释

①屯田：古代政府组织士兵和农民垦种荒地以取得军粮和税粮的制度。

②穰：音rǎng。

译文

天子东迁时，杨奉想从梁地拦截，却没赶上。冬十月，太祖征伐杨奉，杨奉向南投奔袁术，太祖就攻打他在梁的驻军营地，成功攻下。这时袁绍被封为太尉，却以官位在太祖之下为耻，不肯接受。太祖就坚决辞让，把大将军之位让给袁绍。天子便任命太祖为司空，兼任车骑将军。这一年太祖采纳枣祗、韩浩等人的建议，开始实行屯田。

吕布袭击刘备，攻取下邳。刘备来投奔。程昱劝太祖说："我看刘备有雄才又很得人心，终究不会屈居他人之下，不如早点除掉他。"太祖说："现在是收揽英雄的时候，杀一人就会失去天下人的心，不可以。"

张济从关中逃到南阳。张济死后，他的侄子张绣统领他的军队。建安二年春正月，太祖到宛。张绣投降，很快反悔，又造反。太祖与张绣作战，战败，被流矢射中，长子曹昂、侄子曹安民战死。太祖就率兵返回舞阴，张绣率骑兵来攻，被太祖击败。张绣逃向穰，与刘表会合。太祖对诸将说："我令张绣等人投降，过失是没有留下他的人质，以至于有此失败。我知道失败的原因了。诸位看着吧，自今以后我不会再失败了。"于是回到许都。

袁术欲称帝于淮南，使人告吕布。布收其使，上其书。术怒，攻布，为布所破。秋九月，术侵陈，公东征之。术闻公自来，弃军走，留其将桥蕤[1]、李丰、梁纲、乐就；公到，击破蕤等，皆斩之。术走渡淮。公还许。

公之自舞阴还也，南阳、章陵诸县复叛为绣，公遣曹洪击之，不利，还屯叶，数为绣、表所侵。冬十一月，公自南征，至宛。表将邓济据湖阳。攻拔之，生擒济，湖阳降。攻舞阴，下之。

三年春正月，公还许，初置军师祭酒。三月，公围张绣于穰。夏五月，刘表遣兵救绣，以绝军后。公将引还，绣兵来追，公军不得进，连营稍前。公与荀彧书曰："贼来追吾，虽日行数里，吾策[2]之，到安众，破绣必矣。"到安众，绣与表兵合守险，公军前后受敌。公乃夜凿险为地道，悉过辎重，设奇兵。会明，贼谓公为遁也，悉军来追。乃纵奇兵步骑夹攻，大破之。秋七月，公还许。荀彧问公："前以策贼必破，何也？"公曰："虏遏吾归师，而与吾死地战，吾是以知胜矣。"

注释

①蕤：音ruí。

②策：预料。

译文

袁术想在淮南称帝，派人告诉吕布。吕布拘留了他的使者，把书信上交朝廷。袁术大怒，攻打吕布，却被吕布打败。秋九月，袁术攻打陈，太祖东征袁术。袁术听说太祖亲自来攻打，弃军而逃，留下他的将领桥蕤、李丰、梁纲、乐就。太祖兵到，打败桥蕤等人，把他们全都斩杀。袁术逃走，渡过淮河。太祖返回许都。

太祖从舞阴回来时，南阳、章陵诸县又反叛并投降张绣，太祖派曹洪攻打，没有取胜，返回在叶地驻军，又多次被张绣、刘表侵扰。冬十一月，太祖亲自南征，至宛。刘表将领邓济占据湖阳。太祖打败邓军，生擒邓济，湖阳投降。接着攻打舞阴，也攻下了。

建安三年春正月，太祖返回许都，开始设置军师祭酒的官职。三月，太祖把张绣围困在穰。夏五月，刘表派兵救张绣，截断曹军退路。太祖想率兵返回，张绣军队来追击，太祖军队不能前进，连接着营地慢慢向前行军。太祖给荀彧写信说："敌军来追击我，虽然一天只能行进几里，但据我推测，到安众，肯定能打败张绣。"到了安众，张绣与刘表军队会合守住险要地带，太祖军队前后受敌。太祖就在夜里在险要地带开凿地道，把军事物资全部运过去，设下奇兵。此时刚好天亮，敌军以为太祖逃跑了，全军来追。太祖就派出奇兵，步兵和骑兵一起夹击，把他们打得大败。秋七月,太祖返回许都。荀彧问太祖：“先前您推测敌军必被打败，为什么？”太祖说：“敌军截断我军退路，与我被逼入死地的军队作战，我就知道要胜利了。”

吕布复为袁术使高顺攻刘备，公遣夏侯惇救之,不利。备为顺所败。九月,公东征布。冬十月，屠彭城，获其相侯谐。进至下邳，布自将骑逆击。大破之，获其骁将成廉。追至城下，布恐，欲降。陈宫等沮[1]其计，求救于术，劝布出战，战又败，乃还固守，攻之不下。时公连战，士卒罢，欲还，用荀攸、郭嘉计，遂决泗、沂水以灌城。月余，布将宋宪、魏续等执陈宫，举城降，生禽布[2]、宫，皆杀之。太山[3]臧霸、孙观、吴敦、尹礼、昌豨[4]各聚众。布之破刘备也，霸等悉从布。布败，获霸等，公厚纳待，遂割青、徐二州附于海以委焉，分琅邪、东海、北海为城阳、利城、昌虑郡。

初，公为兖州，以东平毕谌为别驾。张邈之叛也，邈劫谌母弟妻子；公谢遣之，曰：“卿老母在彼，可去。”谌顿首无二心，公嘉之，为之流涕。既出，遂亡归。及布破，谌生得，众为谌惧，公曰：“夫人孝于其亲者，岂不亦忠于君乎！吾所求也。”以为鲁相。

注释

①沮：阻止。

②禽：古通“擒”。

③太山：即泰山。

④豨：音xī。

译文

吕布又派高顺为袁术攻打刘备，太祖派夏侯惇救刘备，失利。刘备被高顺打败。九月，太祖东征吕布。冬十月，太祖屠彭城，俘获彭城相侯谐。太祖军队前进到了下邳，吕布亲自率骑兵迎战。太祖把吕布打得大败，俘获吕布猛将成廉。太祖带军追至城下，吕布害怕，想投降。陈宫等人阻止吕布投降，并向袁术求救，又劝吕布出战，结果再次失败，就回城固守，太祖攻打不下来。这时太祖连续作战，士卒疲惫，都想返回，采用荀攸、郭嘉计策，决开泗河、沂河以水灌城。一个多月后，吕布将领宋宪、魏续等人抓住陈宫，献城投降。太祖生擒吕布、陈宫，将他们全部杀死。起初，泰山臧霸、孙观、吴敦、尹礼、昌豨各自聚集兵马。吕布打败刘备，臧霸等人都归附吕布。吕布战败，太祖俘获臧霸等人，厚待他们，割出青州、徐州的靠海地区委任他们管理，又分出琅邪、东海、北海的部分地区，改为城阳、利城、昌虑郡。

起初，太祖任兖州牧时，任东平人毕谌为别驾。张邈背叛时，张邈劫走毕谌的母亲、兄弟、妻子、儿女；太祖放他离去，说："您的老母亲在那里，可以离去。"毕谌叩首表示没有二心，太祖称赞他，为之流泪。毕谌离开后，就逃到张邈那里。等吕布被打败后，毕谌被生擒，大家都为毕谌担心，太祖说："这样一个对父母尽孝的人，难道不会对君主尽忠！这正是我想要的人。"便任命他为鲁相。

四年春二月，公还至昌邑。张杨将杨丑杀杨，眭固又杀丑，以其众属袁绍，屯射犬。夏四月，进军临河，使史涣、曹仁渡河击之。固使杨故长史薛洪、河内太守缪尚留守，自将兵北迎绍求救，与涣、仁相遇犬城。交战，大破之，斩固。公遂济河，围射犬。洪、尚率众降，封为列侯，还军敖仓。以魏种为河内太守，属以河北事。

初，公举种孝廉。兖州叛，公曰："唯魏种且不弃孤也。"及闻种走，公怒曰："种不南走越、北走胡，不置汝也！"既下射犬，生禽种，公曰："唯其才也！"释其缚而用之。

是时袁绍既并公孙瓒，兼四州[①]之地，众十余万，将进军攻许，诸将以为不可敌，公曰："吾知绍之为人，志大而智小，色厉而胆薄，忌克而少威，兵多而分画不明，将骄而政令不一，土地虽广，粮食虽丰，适足以为吾奉也。”秋八月，公进军黎阳，使臧霸等入青州破齐、北海、东安，留于禁屯河上。九月，公还许，分兵守官渡。冬十一月，张绣率众降，封列侯。十二月，公军官渡。

注释

①四州：指冀州、幽州、并州、青州。主要在河北、北京、山西、山东一带。

译文

建安四年春二月，太祖回到昌邑。张杨手下的将领杨丑杀死张杨，眭固又杀死杨丑，率领自己的军队归属袁绍，驻军射犬。夏四月，太祖进军到黄河边，派史涣、曹仁渡河攻击眭固。眭固派张杨以前的长史薛洪、河内太守缪尚留守，自己亲自率兵往北向袁绍求救，却与史涣、曹仁在犬城相遇。两军交战，眭固大败，被斩杀。太祖就渡过黄河，包围射犬。薛洪、缪尚率兵投降，被封为列侯，曹军返回敖仓。太祖以魏种为河内太守，把河北事务托付给他。

起初，太祖举魏种为孝廉。兖州叛乱，太祖说：“只有魏种不会背叛我。”听说魏种逃跑后，太祖大怒说：“魏种不向南逃到越地，向北逃到胡地，我就不放过他！”攻下射犬后，生擒魏种，太祖说：“只是因为他的才华呀！”为他松绑并任用他。

这时袁绍已经吞并公孙瓒，兼有幽、青、冀、并四州之地，有军队十几万，将要进军攻打许都，诸将以为不能阻挡，太祖说："我知道袁绍的为人，志向远大而才智不足，外表严厉却胆子很小，妒忌刻薄而缺乏威信，兵多而指挥不明，将领骄纵而政令不一，土地虽广，粮食虽多，却正是来向我上供呀！"秋八月，太祖进军黎阳，派臧霸等人进入青州攻破齐、北海、东安等地，留下于禁驻军在黄河边上。九月，太祖回到许都，分兵驻守官渡。冬十一月，张绣率兵投降，被封为列侯。十二月，太祖驻军官渡。

袁术自败于陈，稍困，袁谭自青州遣迎之。术欲从下邳北过，公遣刘备、朱灵要之。会术病死。程昱、郭嘉闻公遣备，言于公曰："刘备不可纵。"公悔，追之不及。备之未东也，阴与董承等谋反，至下邳，遂杀徐州刺史车胄，举兵屯沛。遣刘岱、王忠击之，不克。

庐江太守刘勋率众降，封为列侯。

五年春正月，董承等谋泄，皆伏诛。公将自东征备，诸将皆曰："与公争天下者，袁绍也。今绍方来而弃之东，绍乘人后，若何？"公曰："夫刘备，人杰也，今不击，必为后患。袁绍虽有大志，而见事迟，必不动也。"郭嘉亦劝公，遂东击备，破之，生禽其将夏侯博。备走奔绍，获其妻子。备将关羽屯下邳，复进攻之，羽降。昌豨叛为备，又攻破之。公还官渡，绍卒不出。

译文

袁术自从在陈失败，渐渐困窘，袁谭从青州遣人迎接他。袁术想从下邳北面经过，太祖派遣刘备、朱灵截击他。正赶上袁术病死。程昱、郭嘉听说太祖派遣了刘备，对太祖说："刘备不可放走。"曹公后悔，追赶已经来不及了。刘备没有东去时，私下就与董承等人谋反，到了下邳，就杀了徐州刺史车胄，率兵驻守沛。太祖派遣刘岱、王忠攻打刘备，没有攻克。

庐江太守刘勋率兵投降，被封为列侯。

建安五年春正月，董承等人阴谋泄露，全部被杀。太祖将要亲自东征刘备，诸将都说："与您争天下的人是袁绍。现今袁绍正要来进攻却弃之不管去东征，袁绍要是攻打我们的后方，怎么办？"太祖说："刘备是人中豪杰，现今不攻打，必为后患。袁绍虽有大志，但行事优柔寡断，必然不会行动。"郭嘉也鼓励太祖，于是东去攻打刘备，打败了他，生擒他的将领夏侯博。刘备逃走投奔袁绍，太祖俘获刘备的妻子儿女。此时刘备的大将关羽驻军下邳，太祖又进攻关羽，关羽投降。昌豨反叛太祖归附刘备，太祖进攻打败他。太祖返回官渡，袁绍终究没有出兵来攻。

二月，绍遣郭图、淳于琼、颜良攻东郡太守刘延于白马，绍引兵至黎阳，将渡河。夏四月，公北救延。荀攸说公曰："今兵少不敌，分其势乃可。公到延津，若将渡兵向其后者，绍必西应之，然后轻兵袭白马，掩其不备，颜良可禽也。"公从之。绍闻兵渡，即分兵西应之。公乃引军兼行趣[①]白马，未至十余里，良大惊，来逆战。使张辽、关羽前登，击破，斩良。遂解白马围，徙其民，循[②]河而西。绍于是渡河追公军，至延津南。公勒兵驻营南阪下，使登垒望之，曰："可五六百骑。"有顷，复白："骑稍多，步兵不可胜数。"公曰："勿复白。"乃令骑解鞍放马。是时，白马辎重就道。诸将以为敌骑多，不如还保营。荀攸曰："此所以饵敌，如何去之！"绍骑将文丑与刘备将五六千骑前后至。诸将复白："可上马。"公曰："未也。"有顷，骑至稍多，或分趣[③]辎重。公曰："可矣。"乃皆上马。时骑不满六百，遂纵兵击，大破之，斩丑。良、丑皆绍名将也，再战，悉禽，绍军大震。公还军官渡。绍进保阳武。关羽亡归刘备。

注释

①趣 qū：奔赴。

②循：沿着。

③趣 qū：趋向。

译文

二月，袁绍派郭图、淳于琼、颜良在白马攻打东郡太守刘延，袁绍率兵至黎阳，将要渡黄河。夏四月，太祖向北援救刘延。荀攸劝太祖说："现今我们兵少不能制敌，分散他们的兵力才可以。您到延津，假装要派军队渡过黄河攻击他们后方，袁绍必会向西应战，然后您再轻装袭击白马，乘其不备，就能生擒颜良了。"太祖听从了他的建议。袁绍听说太祖率兵渡河，立即分兵向西应战。太祖就率军日夜兼程奔向白马，还有十几里没到，颜良大惊，前来迎战。太祖派张辽、关羽率先攻入敌阵，打败敌人，斩杀颜良。这样就解了白马之围，迁徙那里的人民，沿黄河向西走。袁绍这时渡河追赶太祖大军，到了延津南。太祖部署军队在南面的山坡下驻扎，派人登上营垒瞭望袁绍大军，瞭望的士兵说："有五六百骑兵。"一会儿，又上报说："骑兵渐渐多了，步兵数不过来。"太祖说："不要再上报了。"就命令骑兵解下马鞍放开战马。这时，从白马运出的物资已经上了路。诸将认为敌人骑兵多，不如回去保卫军营。荀攸说："这是引诱敌军，怎么能撤回去！"袁绍的骑兵将领文丑与刘备率领的五六千骑兵先后到达。诸将领又说："可以上马了。"太祖说："不行。"过了一会儿，骑兵到的渐渐多起来，有的分开奔向军事物资。太祖说："可以了。"才全部上马。这时骑兵不满六百人，就纵兵攻击，把敌军打得大败，斩杀了文丑。颜良、文丑都是袁绍的名将，两次战斗，都被擒杀，袁绍大军很震惊。太祖撤军到官渡。袁绍进军保护阳武。关羽逃走回到刘备那里。

八月，绍连营稍前，依沙塠[①]为屯，东西数十里。公亦分营与相当，合战不利。时公兵不满万，伤者十二三。绍复进临官渡，起土山地道。公亦于内作之，以相应。绍射营中，矢如雨下，行者皆蒙楯[②]，众大惧。时公粮少，与荀彧书，议欲还许。彧以为"绍悉众聚官渡，欲与公决胜败。公以至弱当至强，若不能制，必为所乘，是天下之大机也。且绍，布衣之雄耳，能聚人而不能用。夫以公之神武明哲而辅以大顺，何向而不济！"公从之。

孙策闻公与绍相持，乃谋袭许，未发，为刺客所杀。

汝南降贼刘辟等叛应绍，略许下。绍使刘备助辟，公使曹仁击破之。备走，遂破辟屯。

注释

①塠 duī：同"堆"。

②楯 dùn：指盾牌。

译文

八月，袁绍营地相连慢慢向前，依着沙堆扎营，东西相连几十里。太祖也分营与袁绍对峙，交战不利。这时太祖士卒不满一万，受伤的有十分之二三。袁绍又进军临近官渡，修起土山地道。太祖也在军营内修筑防御工事，以应敌。袁绍向营中射箭，箭如雨下，走路的人都蒙着盾牌，大家很害怕。这时太祖粮草短缺，给荀彧写信，商议想回军许都。荀彧认为："袁绍的军队都聚在官渡，想与您决战。太祖以很弱的兵力抵挡很强的兵力，如果不能取胜，必被袁绍乘机打败，这是争夺天下的关键时刻。并且袁绍是平庸人之中的英雄，能聚集人才而不能合理使用。以您的神武明哲再加上天子的号召，攻打哪里不能取胜！"太祖听从了他的意见。

孙策听说太祖与袁绍相持，就谋划袭取许都，还没出发，就被刺客所杀。

汝南降贼刘辟等人叛变响应袁绍，攻打许都附近地区。袁绍派刘备帮助刘辟，太祖派曹仁打败他们。刘备逃走，曹军攻破刘辟的营地。

袁绍运谷车数千乘至，公用荀攸计，遣徐晃、史涣邀击，大破之，尽烧其车。公与绍相拒连月，虽比战斩将，然众少粮尽，士卒疲乏。公谓运者曰：

"却十五日为汝破绍，不复劳汝矣。"冬十月，绍遣车运谷，使淳于琼等五人将兵万余人送之，宿绍营北四十里。绍谋臣许攸贪财,绍不能足,来奔,因说公击琼等。左右疑之，荀攸、贾诩劝公。公乃留曹洪守，自将步骑五千人夜往，会明至。琼等望见公兵少，出陈门外。公急击之，琼退保营，遂攻之。绍遣骑救琼。左右或言"贼骑稍近，请分兵拒之"。公怒曰："贼在背后，乃白！"士卒皆殊死战，大破琼等，皆斩之。绍初闻公之击琼，谓长子谭曰："就彼攻琼等，吾攻拔其营，彼固无所归矣！"乃使张郃、高览攻曹洪。郃等闻琼破，遂来降。绍众大溃，绍及谭弃军走[①]，渡河。追之不及，尽收其辎重图书珍宝，虏其众。公收绍书中，得许下及军中人书，皆焚之。冀州诸郡多举城邑降者。

注释

①弃军走：放弃军队逃跑。

译文

袁绍的运粮车数千辆都到了，太祖用荀攸的计策，派徐晃、史涣在路上拦截攻击，大败运粮军，将运粮车全部烧毁。太祖与袁绍相持几个月，虽然作战屡屡斩杀敌将，但是兵少粮尽，士兵疲乏。太祖对运粮者说："再过十五日为你们打败袁绍，不再劳累你们了。”冬十月，袁绍派车运粮，使淳于琼等五人率兵一万多人护送运粮车，夜里驻军在袁绍营地北四十里地。袁绍谋臣许攸贪财，袁绍不能满足他的要求，便来投奔太祖，趁机劝说太祖攻打淳于琼等人。太祖亲近的人都怀疑许攸，荀攸、贾诩则鼓励太祖。太祖就留下曹洪守营，亲自率步、骑兵五千人夜里前往，刚好天亮时赶到。淳于琼等人望见太祖兵少，便出兵到营寨外面。太祖发动迅猛的攻势，淳于琼退守营寨，太祖乘胜追击。袁绍派遣骑兵援救淳于琼。左右亲信对太祖说：“敌人骑兵渐渐逼近，请分兵去抵抗。”太祖发怒说：“敌军到了背后再来报告！”士兵都殊死作战，大破淳于琼等人，并将他们全部斩杀。袁绍刚听说太祖攻打淳于琼，便对长子袁谭说：“趁着他攻打淳于琼等人，我们攻打占领他的营寨，他们就没有归处了！”袁绍就派张郃、高览攻打曹洪。张郃等人听说淳于琼被打败，就来投降太祖。袁绍军大败，袁绍及袁谭弃军逃走，渡过黄河。曹军追击他们没有追上，收缴了袁绍的全部军用物资和图书珍宝，俘虏了他的士兵。太祖从获取的袁绍书信中，得到许都和军中人写给袁绍的书信，将它们全部焚烧。冀州诸郡大多率城投降。

初，桓帝时有黄星见于楚、宋之分，辽东殷

馗善天文，言后五十岁当有真人[1]起于梁、沛之间，其锋不可当。至是凡五十年，而公破绍，天下莫敌矣。

六年夏四月，扬兵河上，击绍仓亭军，破之。绍归，复收散卒，攻定诸叛郡县。九月，公还许。绍之未破也，使刘备略汝南，汝南贼共都等应之。遣蔡扬击都，不利，为都所破。公南征备。备闻公自行，走奔刘表，都等皆散。

七年春正月，公军谯，令曰："吾起义兵，为天下除暴乱。旧土人民，死丧略尽，国中终日行，不见所识，使吾凄怆伤怀[2]。其举义兵已来，将士绝无后者，求其亲戚以后之，授土田，官给耕牛，置学师以教之。为存者立庙，使祀其先人，魂而有灵，吾百年之后何恨哉！"遂至浚仪，治睢阳渠，遣使以太牢[3]祀桥玄。进军官渡。

注释

①真人：指帝王。

②凄怆伤怀：指伤心、感伤。

③太牢：牛、羊、猪三牲全备的祭祀。

译文

起初，桓帝时有黄星出现在楚、宋的分界上，辽东殷馗善于天文，说以后五十年应当有帝王在梁、沛之间产生，他的锋芒不可阻挡。到这时正好五十年，太祖打败袁绍，天下没有能与之匹敌的。

建安六年夏四月，太祖陈兵黄河边，攻击袁绍的仓亭军，获得胜利。袁绍归去，又会集残部，攻打平定各反叛的郡县。九月，太祖回许都。袁绍还没被打败时，派刘备攻打汝南，汝南贼人共都等人响应刘备。太祖派蔡扬攻打共都，作战不利，被共都打败。太祖南征刘备。刘备听说是太祖亲自出征，逃走投奔刘表，共都等人都散去。

建安七年春正月，太祖在谯驻军，下令说：“我发起义兵，为天下除去暴乱。过去地方上的人民，死丧殆尽，在境内行走一天，见不到认识的人，使我悲痛伤心。从发起义兵以来，将士死去没有后代的，找寻他们的亲戚以继为后代，授给田地，官府提供耕牛，设立学校配置教师来教育他们。为活着的人立庙，让他们祭祀自己的先人，阴魂如果有灵，我死后有何遗憾呢！”又到浚仪，治理睢阳渠，派遣使者以太牢祭祀桥玄。后进军到官渡。

绍自军破后，发病欧[①]血，夏五月死。小子尚代，谭自号车骑将军，屯黎阳。秋九月，公征之，连战。谭、尚数败退，固守。

八年春三月，攻其郭，乃出战，击，大破之，谭、尚夜遁。夏四月，进军邺。五月还许，留贾信屯黎阳。

己酉，令曰：“司马法‘将军死绥’，故赵括之母，乞不坐括②。是古之将者，军破于外，而家受罪于内也。自命将征行，但赏功而不罚罪，非国典也。其令诸将出征，败军者抵罪，失利者免官爵。”

注释

①欧：同“呕”。

②赵括之母，乞不坐括：战国时赵国大将赵括领兵出战，其母劝赵王改派其他将领，赵王不同意，她就恳求赵王同意自家人不因为赵括而受到牵连。后来赵括大败，全军覆没，赵括家里却没有获罪。

译文

袁绍自从被太祖打败后，发病呕血，夏五月死。小儿子袁尚接替袁绍，大儿子袁谭自称车骑将军，驻守黎阳。秋九月，太祖征讨他们，连续作战。袁谭、袁尚多次败退，固守不出。

建安八年春三月，曹军攻打他们的城池，袁谭、袁尚才出战，双方开战，曹军把他们打得大败，袁谭、袁尚夜里逃遁。夏四月，太祖进军邺。五月回到许都，留下贾信驻守黎阳。

己酉这天，太祖下令说：“《司马法》规定‘将军在战场上退却应当处死’，所以赵括母亲乞求不因为赵括战败而牵连治罪。这说明古代的将军，带领军队在外战败，家里人也要因此治罪。自从我命令将军出征，只赏有功的人而不罚有罪的人，这不合国家法度。以后我命令诸将出征，兵败则治罪，作战失利则免去官爵。”

秋七月，令曰：“丧乱已来，十有五年，后生者不见仁义礼让之风，吾甚伤之。其令郡国各修文学[①]，县满五百户置校官，选其乡之俊造而教学之，庶几先王之道不废，而有以益于天下。”

八月，公征刘表，军西平。公之去邺而南也，谭、尚争冀州，谭为尚所败，走保平原。尚攻之急，谭遣辛毗[②]乞降请救。诸将皆疑，荀攸劝公许之，公乃引军还。冬十月，到黎阳，为子整与谭结婚。尚闻公北，乃释平原还邺。东平吕旷、吕翔叛尚，屯阳平，率其众降，封为列侯。

注释

①文学：指儒家学术。

②毗：音pí。

译文

秋七月，太祖下令说：“战乱已来，十五年了，年轻人看不见仁义礼让的风气，我因为这件事很痛心。现在命令郡国各自兴办讲习经典之学，一个县满五百户人要设置学官，挑选乡里有才的人然后教育他们，或许先王之道不会废弃，从而有益于天下。”

八月，太祖征刘表，驻军西平。太祖离开邺南征，袁谭、袁尚争夺冀州，袁谭被袁尚打败，逃走守卫平原。袁尚攻势迅猛，袁谭派辛毗向太祖乞降并请求救援。诸将都怀疑袁谭，荀攸劝太祖答应袁谭，太祖就率军返回。冬十月，太祖到达黎阳，为儿子曹整与袁谭之女操办婚礼。袁尚听说太祖北上，就解了平原之围返回邺。东平的吕旷、吕翔背叛袁尚，驻军阳平，率领他们的人马投降太祖，被封为列侯。

九年春正月，济河，遏淇水入白沟以通粮道。二月，尚复攻谭，留苏由、审配守邺。公进军到洹水，由降。既至，攻邺，为土山、地道。武安长尹楷屯毛城，通上党粮道。夏四月，留曹洪攻邺，公自将击楷，破之而还。尚将沮鹄守邯郸，又击拔之。易阳令韩范、涉长梁岐举县降，赐爵关内侯。五月，毁土山、地道，作围堑，决漳水灌城；城中饿死者过半。秋七月，尚还救邺，诸将皆以为“此归师，人自为战，不如避之”。公曰：“尚从大道来，当避之；若循西山来者，此成禽耳。”尚果循西山来，临滏水为营。夜遣兵犯围，公逆击破走之，遂围其营。未合，尚惧，遣故豫州刺史阴夔[①]及陈琳乞降，公不许，为围益急。尚夜遁，保祁山，追击之。其将马延、张䫂等临陈降，众大溃，尚走中山。尽获其辎重，得尚印绶节钺，使尚降人示其家，城中崩沮。八月，审配兄子荣夜开所守城东门内兵。配逆战，败，生禽配，斩之，邺定。公临祀绍墓，哭之流涕；慰劳绍妻，还其家人宝物，赐杂缯絮，廪食之。

注释

①夔：音kuí。

译文

建安九年春正月，太祖渡过黄河，阻截淇水把水引入白沟以开通粮道。二月，袁尚又攻打袁谭，留下苏由、审配守邺城。太祖进军到洹水，苏由投降。曹军到了以后，攻打邺城，修筑土山、地道。武安长尹楷驻军毛城，开通上党粮道。夏四月，太祖留下曹洪攻打邺，自己率兵攻打尹楷，打败他后返回。袁尚将领沮鹄驻守邯郸，太祖又攻打他并取得邯郸。易阳令韩范、涉长梁岐率领全县投降，太祖赐给他们关内侯的爵位。五月，毁掉土山、地道，修建高峻的围城高台，决开漳河水灌城；城中饿死的人超过一半。秋七月，袁尚返回援救邺城，诸将都认为"这是回归老巢的军队，人人必然都要奋战，不如避开他们"。太祖说："袁尚从大路回来，应当避开他；如果循着西山回来的话，必要被我擒住。"袁尚果然循着西山回来，临滏水修造营地。夜里袁尚派兵马进犯围城的曹军，太祖迎击袁尚，打得他大败而逃，又围住他的营地。尚未完全包围时，袁尚惧怕，派从前的豫州刺史阴夔及陈琳乞求投降，太祖不答应，包围圈越收越紧。袁尚夜里逃跑，守卫祁山，太祖追击他。袁尚的将领马延、张颛等人临阵投降，袁军全面溃败，袁尚逃到中山。太祖获得袁尚的全部军用物资，得到袁尚的印章、绶带、符节、斧钺，派从袁尚那里投降过来的人出示给他们城中的家属看，邺城中士气崩溃。八月，审配哥哥的儿子审荣夜里打开他把守的东城门把曹军引进城。审配迎战，失败，被曹军生擒，太祖斩杀了他，邺城平定。太祖到袁绍墓前祭祀，痛哭流涕；安抚慰问袁绍的妻子，归还她的家人和宝物，赐给她丝绸棉絮，由官府提供粮食奉养他们。

初，绍与公共起兵，绍问公曰：“若事不辑，则方面何所可据？”公曰：“足下意以为何如？”绍曰：“吾南据河，北阻燕、代，兼戎狄之众，南向以争天下，庶可以济乎？”公曰：“吾任天下之智力，以道御之，无所不可。”

九月，令曰：“河北罹[①]袁氏之难，其令无出今年租赋！”重豪强兼并之法，百姓喜悦。天子以公领冀州牧，公让还兖州。

注释

①罹lí：受，遭逢，遭遇。

译文

起初，袁绍与太祖一起起兵，袁绍问太祖："如果大事不能成功，那么哪个地方可以占据自保呢？"太祖说："您的意思是要怎么办？"袁绍说："我南面据住黄河，北面依托燕、代，兼有戎狄的人马，而后向南以争夺天下，大概可以成功吧？"太祖说："我任用天下有智谋有勇力的人，以道义统御他们，定会所向无敌。"

九月，太祖下令说："黄河以北蒙受袁氏造成的灾难，现在我命令不用缴纳今年的租赋！"又加重惩处豪强地主兼并的刑法，百姓喜悦。天子让太祖兼任冀州牧，太祖辞让交还原兖州牧的职位。

公之围邺也，谭略取甘陵、安平、勃海、河间。尚败，还中山。谭攻之，尚奔故安，遂并其众。公遗谭书，责以负约，与之绝婚，女还，然后进军。谭惧，拔平原，走保南皮。十二月，公入平原，略定诸县。

译文

太祖围邺城时，袁谭攻占甘陵、安平、勃海、河间。袁尚失败，退回中山。袁谭攻打袁尚，袁尚逃到故安，袁谭于是兼并袁尚的军队。太祖给袁谭写信，责怪他背弃约定，和他断绝婚姻关系，遣回了袁谭的女儿，然后向袁谭进军。袁谭惧怕，撤出平原，逃走驻守南皮。十二月，太祖进入平原，平定了平原下辖诸县。

十年春正月，攻谭，破之，斩谭，诛其妻子，冀州平。下令曰："其与袁氏同恶者，与之更始。"令民不得复私仇，禁厚葬，皆一之于法。是月，袁熙大将焦触、张南等叛攻熙、尚，熙、尚奔三郡乌丸[①]。触等举其县降，封为列侯。初讨谭时，民亡椎冰，令不得降。顷之，亡民有诣门首者，公谓曰："听汝则违令，杀汝则诛首，归深自藏，无为吏所获。"民垂泣而去；后竟捕得。

注释

①乌丸：也称为"乌桓"，中国古代少数民族之一，居住在今东北地区。

译文

建安十年春正月，太祖攻打袁谭，打败他，斩杀袁谭，诛杀了他的妻子儿女，冀州平定。下令说："与袁氏一起作恶的人，让他们改过自新。"命令民众不得报私仇，禁止厚葬，全部按照法律一视同仁。这个月，袁熙大将焦触、张南等人叛变，攻打袁熙、袁尚，袁熙、袁尚投奔三郡乌丸。焦触等人率他们统领的县投降，被封为列侯。起初讨伐袁谭时，民众因为不愿意服凿冰的劳役而逃亡，太祖下令不得接受他们的投降。很快，逃亡的民众有登门自首的人，太祖对他们说："答应你们就要违反命令，杀了你们就是诛杀自首的人，你们还是回去好好藏起来，不要被官吏捉住。"民众流着眼泪离去，后来最终被抓住了。

夏四月，黑山贼张燕率其众十余万降，封为列侯。故安赵犊、霍奴等杀幽州刺史、涿郡太守。三郡乌丸攻鲜于辅于犷平。秋八月，公征之，斩犊等，乃渡潞河救犷平，乌丸奔走出塞。

译文

夏四月，黑山贼张燕率领他的兵马十多万人投降，被封为列侯。故安人赵犊、霍奴等人杀死幽州刺史、涿郡太守。三郡乌丸在犷平攻打鲜于辅。秋八月，太祖征讨他们，斩杀赵犊等人后，就渡过潞河援救犷平，乌丸逃到塞外。

九月，令曰："阿党比周，先圣所疾也。闻冀州俗，父子异部，更相毁誉。昔直不疑[1]无兄，世人谓之盗嫂；第五伯鱼[2]三娶孤女，谓之挝妇翁[3]；王凤[4]擅权，谷永比之申伯[5]；王商[6]忠议，张匡谓之左道：此皆以白为黑，欺天罔君者也。吾欲整齐风俗，四者不除，吾以为羞。"冬十月，公还邺。

注释

①直不疑：汉文帝时著名的有德行的人，官至御史大夫。有人诽谤他与嫂子私通，他只是说自己没有兄长，并不多做辩解。

②第五伯鱼：即第五伦，字伯鱼。西汉末年有德行的人。有人诽谤他殴打岳丈，他回答说自己所娶三个妻子都是孤女。

③挝 zhuā 妇翁：挝，敲打。妇翁，岳父。后以"挝妇翁"为无故受人诽谤的典故。

④王凤：西汉元帝皇后之兄，汉成帝即位后王凤长期专权。

⑤申伯：西周宣王之元舅（即妻子的大哥）。

⑥王商：西汉成帝时接替匡衡出任丞相，后被人诬陷而罢官。

译文

九月，太祖下令说："结党营私，这是古代的圣人所憎恶的。听说冀州有这样的风俗，父子分居两处，相互诋毁。从前直不疑没有哥哥，世人说他和嫂子私通；第五伯鱼三次娶的都是孤女，世人说他殴打岳父；王凤擅权，谷永却把他比作忠于周室的申伯；王商提出忠诚的建议，张匡说他是旁门左道：这些都是把白说成黑，欺瞒上天和君主的事。我想整治风俗，这四种恶劣现象不除，我认为是耻辱。"冬十月，太祖返回邺城。

初，袁绍以甥高幹领并州牧，公之拔邺，幹降，遂以为刺史。幹闻公讨乌丸，乃以州叛，执上党太守，举兵守壶关口。遣乐进、李典击之，幹还守壶关城。十一年春正月，公征幹。幹闻之，乃留其别将守城，走入匈奴，求救于单于，单于不受。公围壶关三月，拔之。幹遂走荆州，上洛都尉王琰捕斩之。

译文

起初，袁绍让外甥高幹兼任并州牧，太祖攻破邺城，高幹投降，就以高幹为刺史。高幹听说太祖讨伐乌丸，就在并州反叛，拘捕了上党太守，率兵防守壶关口。太祖派遣乐进、李典攻击高幹，高幹后撤驻守壶关城。建安十一年春正月，太祖征讨高幹。高幹听闻消息后，就留下他的将领守城，自己逃至匈奴，向单于求救，单于不接受。太祖围困壶关三月，攻下壶关。高幹就逃跑到荆州，上洛都尉王琰抓住他后把他杀了。

秋八月，公东征海贼管承，至淳于，遣乐进、李典击破之，承走入海岛。割东海之襄贲、郯、戚以益琅邪，省昌虑郡。

译文

秋八月，太祖东征海贼管承，到达淳于，派遣乐进、李典打败管承，管承逃到海岛。太祖分出东海郡的襄贲、郯、戚划入琅邪郡，撤销昌虑郡。

三郡乌丸承天下乱，破幽州，略有汉民合十余万户。袁绍皆立其酋豪为单于，以家人子为己女，妻焉。辽西单于蹋顿尤强，为绍所厚，故尚兄弟归之，数入塞为害。公将征之，凿渠，自呼沲入泒水，名平虏渠；又从泃河口凿入潞河，名泉州渠，以通海。

译文

三郡乌丸部趁着天下大乱，攻破幽州，掠夺汉民一共有十多万户。以前袁绍把他们的首领都立为单于，把族人的女儿假称为自己的女儿，嫁给他们。辽西单于蹋顿尤其强大，被袁绍厚待，所以袁尚兄弟投奔他，数次侵入关内造成危害。太祖率兵准备征讨他们，开凿渠道，自呼沲河通入泒水，取名平虏渠；又从泃河口开凿水渠通入潞河，取名泉州渠，以通渤海。

十二年春二月，公自淳于还邺。丁酉，令曰："吾起义兵诛暴乱，于今十九年，所征必克，岂吾功哉？乃贤士大夫之力也。天下虽未悉定，吾当要与贤士大夫共定之；而专飨[①]其劳，吾何以安焉！其促定功行封。"于是大封功臣二十余人，皆为列侯，其余各以次受封，及复死事之孤，轻重各有差。

注释

①飨 xiǎng：用酒食招待。

译文

建安十二年春二月，太祖从淳于回到邺城。丁酉日，下令说："我兴起义兵诛灭暴乱，至今十九年了，凡出征必定能胜利，难道只是我的功劳吗？是贤明的谋士将领出的力。天下虽然没有全部平定，我将要与贤能的谋士将领一起去平定；而现在我独自享受功劳，我怎么能心安呢！希望尽快评定功劳施行封赏。"于是大封功臣二十多人，都封为列侯，其余都按功劳大小封赐，又免除战死的人遗留下来的孤儿们的徭役，赏赐轻重各有差别。

将北征三郡乌丸，诸将皆曰："袁尚，亡虏耳，夷狄贪而无亲，岂能为尚用？今深入征之，刘备必说刘表以袭许。万一为变，事不可悔。"惟郭嘉策表必不能任备，劝公行。夏五月，至无终。秋七月，大水，傍海道不通，田畴请为乡导[①]，公从之。引军出卢龙塞，塞外道绝不通，乃堑山堙谷五百余里，经白檀，历平冈，涉鲜卑庭，东指柳城。未至二百里，虏乃知之。尚、熙与蹋顿、辽西单于楼班、右北平单于能臣抵之等将数万骑逆军。八月，登白狼山，卒与虏遇，众甚盛。公车重在后，被甲者少，左右皆惧。公登高，望虏陈不整，乃纵兵击之，使张辽为先锋，虏众大崩，斩蹋顿及名王[②]已下，胡、汉降者二十余万口。辽东单于速仆丸及辽西、北平诸豪，弃其种人，与尚、熙奔辽东，众尚有数千骑。初，辽东太守公孙康恃远不服。及公破乌丸，或说公遂征之，尚兄弟可禽也。公曰："吾方使康斩送尚、熙首，不烦兵矣。"九月，公引兵自柳城还，康即斩尚、熙及速仆丸等，传其首。诸将或问："公还而康斩送尚、熙，何也？"公曰："彼素畏尚等，吾急之则并力，缓之则自相图，其势然也。"十一月至易水，代郡乌丸行单于普富卢、上郡乌丸行单于那楼将其名王来贺。

注释

①乡导：即向导。

②名王：诸王中之著名者。

译文

太祖将要北征三郡乌丸，诸将都说："袁尚只是逃亡的贼寇罢了，夷狄贪婪，不讲情义，哪里能被袁尚利用？现在如果深入敌境征伐，刘备必定劝说刘表袭取许都。万一发生大变故，后悔也于事无补了。"只有郭嘉预料刘表必定不能任用刘备，劝太祖出征。夏五月，曹军到达无终。秋七月，发大水，沿海道路不通，田畴请求担任向导，太祖听从了他。田畴领着曹军出卢龙塞，塞外道路阻断不通，就开山填谷五百多里，经过白檀，穿过平冈，路过鲜卑的领地，向东攻打柳城。离柳城不到二百里，敌人就知道了。袁尚、袁熙与蹋顿、辽西单于楼班、右北平单于能臣抵之等人率领几万骑兵迎战。八月，曹军登上白狼山，突然与敌人相遇，敌军人多气盛。曹军军事物资还在后面，穿着铠甲的人很少，太祖左右的人都很害怕。太祖登到高处，望见敌人军阵不整，就纵兵攻击他们，派张辽为先锋，敌军大败，斩杀蹋顿及以下封为王的各首领，胡、汉投降的人有二十多万。辽东单于速仆丸及辽西、北平各路首领，丢弃族人，与袁尚、袁熙逃奔至辽东，他们还剩几千骑兵。起初，辽东太守公孙康依仗自己地处偏远不肯归附。等到太祖攻破乌丸，有的人劝说太祖接着征伐辽东，袁尚兄弟就可以被擒住了。太祖说："我刚刚让公孙康斩杀袁尚、袁熙并送来首级，不用劳烦军队了。"九月，太祖率兵从柳城回来，公孙康随即斩杀袁尚、袁熙及速仆丸等人，送来他们的首级。诸将有的问："您撤兵回来公孙康就斩杀袁尚、袁熙，又送来首级，这是为什么呢？"太祖说："公孙康向来畏惧袁尚等人，我若急攻他们就会合力对付我，我放松进攻他们就会自相残杀，这是必然的。"太祖十一月到达易水，代郡乌丸的代理单于普富卢、上郡乌丸的代理单于那楼率领他们被封为王的著名首领来祝贺。

十三年春正月，公还邺，作玄武池以肄[①]舟师。汉罢三公官，置丞相、御史大夫。夏六月，以公为丞相。

注释

①肄yì：学习，训练。

译文

建安十三年春正月，太祖回到邺城，开凿玄武池来训练水师。朝廷废去三公官制，设置丞相、御史大夫。夏六月，任命太祖为丞相。

秋七月，公南征刘表。八月，表卒，其子琮代，屯襄阳，刘备屯樊。九月，公到新野，琮遂降，备走夏口。公进军江陵，下令荆州吏民，与之更始。乃论荆州服从之功，侯者十五人，以刘表大将文聘为江夏太守，使统本兵，引用荆州名士韩嵩、邓义等。益州牧刘璋始受征役，遣兵给军。十二月，孙权为备攻合肥。公自江陵征备，至巴丘，遣张憙[1]救合肥。权闻憙至，乃走。公至赤壁，与备战，不利。于是大疫，吏士多死者，乃引军还。备遂有荆州江南诸郡。

注释

①憙：音xǐ。

译文

秋七月，太祖南下征讨刘表。八月，刘表死，他的儿子刘琮接替官职，屯军襄阳，刘备屯军樊城。九月，太祖到新野，刘琮投降，刘备逃到夏口。太祖进军江陵，下令给荆州官民，给予他们改投曹军的机会。于是评定荆州降服人员的功劳，封侯的有十五人，任命刘表的大将文聘为江夏太守，让他统领原有的旧部兵马，引荐任用荆州名士韩嵩、邓义等人。益州牧刘璋开始接受朝廷的赋税徭役，派遣士兵补充太祖的军队。十二月，孙权为援助刘备攻打合肥。太祖从江陵征讨刘备，至巴丘，派遣张憙援救合肥。孙权听说张憙来了，就退走了。太祖到赤壁，与刘备开战，失利。这时发生大瘟疫，士兵死了很多，太祖率军返回。刘备于是占据了荆州境内长江以南各郡。

十四年春三月，军至谯，作轻舟，治水军。秋七月，自涡入淮，出肥水，军合肥。辛未，令曰："自顷已来，军数征行，或遇疫气，吏士死亡不归，家室怨旷，百姓流离，而仁者岂乐之哉？不得已也。其令死者家无基业不能自存者，县官勿绝廪，长吏存恤抚循，以称吾意。"置扬州郡县长吏，开芍陂[①]屯田。十二月，军还谯。

注释

①芍陂què bēi：古代淮河流域水利工程，在今安徽寿县南。

译文

建安十四年春三月，曹军到谯，制作轻便的舟船，训练水军。秋七月，曹军从涡水进入淮河，经淝水，驻军合肥。辛未、太祖下令说：“近年来，军队多次出征，有时遇到瘟疫，官兵有的死去不能回家，夫妻离别不能相聚，百姓流离失所，仁义之人哪里会因此感到快乐？是因为不得已啊！现在我命令战死者家里没有产业不能生存的人，县官不要断绝他们的食品供应，长官要抚恤慰问，以符合我的心意。”设置扬州各郡县的长官，开凿芍陂屯田。十二月，军队回到谯。

十五年春，下令曰：“自古受命及中兴之君，曷尝不得贤人君子与之共治天下者乎！及其得贤也，曾不出闾巷，岂幸相遇哉？上之人不求之耳。今天下尚未定，此特求贤之急时也。‘孟公绰为赵、魏老则优，不可以为滕、薛大夫’。若必廉士而后可用，则齐桓其何以霸世！今天下得无有被褐怀玉而钓于渭滨者乎？又得无盗嫂受金[1]而未遇无知者乎？二三子其佐我明扬仄陋，唯才是举，吾得而用之。”冬，作铜雀台。

注释

①盗嫂受金：和嫂子私通，接受贿赂。都是没有道德的行为。此处指陈平。

译文

建安十五年春，太祖下令说：“自古以来的受命和中兴的君主，何尝不是得到贤人君子和他一起治理天下呢！等到他们得到贤才，才发现贤才竟然没有不是从闾巷中求得的，这难道是幸运才遇见的吗？只不过是当政者不愿意求贤罢了。如今天下尚未平定，这正是求贤急迫的时刻呀。孔子说‘孟公绰任赵、魏两家的家臣很优秀，却不可以担任滕、薛两个小国的大夫’。如果必须是廉洁之士才可用，那齐桓公凭借什么成为霸主呢！如今天下难道会没有穿着布衣却有真才实学而像吕尚那样在渭河边垂钓的人吗？又难道没有像陈平那样蒙受与嫂子私通、接受贿赂的坏名声却没得到魏无知的赏识的人吗？你们要帮助我发现出身卑微的人才，只要有才就可以推举，我得到就会任用他们。”冬天，修筑了铜雀台。

十六年春正月，天子命公世子丕为五官中郎

将，置官属，为丞相副。太原商曜等以大陵叛，遣夏侯渊、徐晃围破之。张鲁据汉中，三月，遣钟繇讨之。公使渊等出河东与繇会。

译文

建安十六年春正月，天子任命太祖世子曹丕为五官中郎将，设置官属，为丞相的辅助者。太原人商曜等人拥据大陵反叛，太祖派遣夏侯渊、徐晃包围并打败了他们。张鲁占据汉中，三月，太祖派遣钟繇讨伐他。又让夏侯渊等人出兵河东与钟繇会合。

是时关中诸将疑繇欲自袭，马超遂与韩遂、杨秋、李堪、成宜等叛。遣曹仁讨之。超等屯潼关，公敕诸将："关西兵精悍，坚壁勿与战。"秋七月，公西征，与超等夹关而军。公急持之，而潜遣徐晃、朱灵等夜渡蒲阪津，据河西为营。公自潼关北渡，未济，超赴船急战。校尉丁斐因放牛马以饵[①]贼，贼乱取牛马，公乃得渡，循河为甬道而南。贼退，拒渭口，公乃多设疑兵，潜以舟载兵入渭，为浮桥，夜，分兵结营于渭南。贼夜攻营，伏兵击破之。超等屯渭南，遣信求割河以西请和，公不许。九月，进军渡渭。超等数挑战，又不许；固请割地，求送任子，公用贾诩计，伪许之。韩遂请与公相见，公与遂父同岁孝廉，又与遂同时侪辈，于是交马语移时，不及军事，但说京都旧故，拊手欢笑。既罢，超等问遂："公何言？"遂曰："无所言也。"超等疑之。他日，公又与遂书，多所点窜，如遂改定者；超等愈疑遂。公乃与克日会战，先以轻兵挑之，战良久，乃纵虎骑夹击，大破之，斩成宜、李堪等。遂、超等走凉州，杨秋奔安定，关中平。诸将或问公曰："初，贼守潼关，渭北道缺，不从河东击冯翊而反守潼关，引日而后北渡，何也？"公曰："贼守潼关，若吾入河东，贼必引守诸津，则西河未可渡，吾故盛兵向潼关；贼悉众南守，西河之备虚，故二将得擅取西河；然后引军北渡，贼不能与吾争西河者，以有二将之军也。连车树栅，为甬道而南，既为不可胜，且以示弱。渡渭为坚垒，虏至不出，所以骄之也；故贼不为营垒而求割地。吾顺言许之，所以从其意，使自安而不为备，因畜士卒之力，一旦击之，所谓疾雷不及掩耳，兵之变化，固非一道也。"始，贼每一部到，公辄有喜色。贼破之后，诸将问其故。公答曰："关中长远，若贼各依险阻，征之，不一二年不可定也。今皆来集，其众虽多，莫相归服，军无适主，一举可灭，为功差易，吾是以喜。"

注释

①饵：故意引诱。

译文

这时关中诸将怀疑钟繇想袭击他们，马超就与韩遂、杨秋、李堪、成宜等人一起反叛。太祖派曹仁讨伐他们。马超等人在潼关驻军，太祖对诸将训诫说："关西兵很精悍，你们坚守营寨，不要与他们开战。"秋七月，太祖亲自西征，与马超等人隔着潼关驻扎。太祖正面紧逼对峙，暗地里悄悄派遣徐晃、朱灵等人夜里渡过蒲阪津，占据黄河西岸驻扎营地。太祖从潼关北渡，还没完全过去，马超急攻渡船。校尉丁斐于是放出牛马以引诱贼人，贼军乱抢牛马，太祖才得以渡过黄河，循着黄河修筑狭窄的小道南下。贼军撤退，在渭河河口拒守，太祖就设下很多疑兵，悄悄地用舟船载兵入渭河，修起浮桥，夜里，在渭河之南分兵设营驻军。贼军夜里攻营，埋伏的曹军将他们打败。马超等人在渭南驻军，派遣使者请求割黄河以西之地讲和，太祖不同意。九月，太祖进军渡过渭河。马超等人数次挑战，太祖不出战；马超多次请求割地，请求送儿子做人质，太祖用贾诩的计策，假装答应他们。韩遂请求与太祖相见，太祖与韩遂父亲同一年做了孝廉，又与韩遂年岁相当、辈分相同，于是二人相见时马靠马交谈了很久，不论及军事，只说在京城的老交情，拍手欢笑。交谈结束之后，马超等人问韩遂："曹公说了些什么？"韩遂说："没有说什么。"马超等人怀疑他。不久，太祖又给韩遂写信，很多地方做了涂改，好像是韩遂自己改动的；马超等人更加怀疑韩遂。太祖就与马超约定日期开战，太祖先以轻装的部队挑战，交战了很久，就派骑兵两面夹击，大败马超，斩杀成宜、李堪等人。韩遂、马超等人逃到凉州，杨秋逃到安定，关中平定。诸将有的问太祖说："起初，贼人驻守潼关，渭河北岸空虚，我军不从河东攻击冯翊而去把守潼关，过了很多天才北渡黄河，为什么？"太祖说："贼军守潼关，如果我们进入河东，贼人必定率军守护各个渡口，那么西河就无法渡过，所以我率大军向潼关进逼；贼人全军把守南边，西河守备空虚，所以徐晃、朱灵二将得以全力攻取西河；然后率军北渡，贼人不能与我们争西河，因为已有二位将军的军队。连接兵车竖起栅栏，修起小道向南，既可以保证我军不可战胜，又可以向敌人示弱。渡过渭河修起坚固的营垒，敌人来了我军不出，是要让敌军骄纵；所以贼军不修筑营垒而请求割地。我答应他们，之所以顺从他们的意思，是要使他们自己安心而不做防备，因此趁机养精蓄锐，一旦攻击他们，就是所说的疾雷不及掩耳，用兵的变化，本来就不是只有一种方法。"开始时，贼军每有一支部队到来，太祖就很高兴。贼军被打败后，诸将问原因。

太祖回答说："关中地区偏远，如果贼人各自依险把守，征讨他们，不用上一两年是不能平定的。如今都集合在一起，他们的兵马虽然多，但谁也不归服谁，军队没有统一的主帅，一举可灭，成功比较容易，我因此高兴。"

冬十月，军自长安北征杨秋，围安定。秋降，复其爵位，使留抚其民人。十二月，自安定还，留夏侯渊屯长安。

译文

冬十月，曹军自长安向北征讨杨秋，包围安定。杨秋投降，太祖恢复了他的爵位，使他留任抚恤人民。十二月，太祖自安定返回，留下夏侯渊驻守长安。

十七年春正月，公还邺。天子命公赞拜不名，入朝不趋，剑履上殿[①]，如萧何故事。马超余众梁兴等屯蓝田，使夏侯渊击平之。割河内之荡阴、朝歌、林虑，东郡之卫国、顿丘、东武阳、发干，钜鹿之瘿[②]陶、曲周、南和，广平之任城，赵之襄国、邯郸、易阳以益魏郡。

注释

①赞拜不名，入朝不趋，剑履上殿：拜见时司仪不能直呼他的名字，入朝时不用快步前进，可以佩带宝剑穿着鞋子上殿。这是皇帝对大臣的一种优待。

②瘿：音yǐng。

译文

建安十七年春正月，太祖返回邺城。天子命令太祖拜见时司仪不得直呼他的名字，入朝时不用快步前进，可以佩带宝剑穿着靴子上殿，按汉高祖礼遇萧何的旧例行事。马超的余部梁兴等人在蓝田驻军，太祖派夏侯渊攻击平定了他们。分出河内郡的荡阴、朝歌、林虑，东郡的卫国、顿丘、东武阳、发干，钜鹿郡的瘿陶、曲周、南和，广平郡的任城，赵郡的襄国、邯郸、易阳来增加魏郡地域。

冬十月，公征孙权。

十八年春正月，进军濡须口，攻破权江西营，获权都督公孙阳，乃引军还。诏书并十四州，复为九州。夏四月，至邺。

译文

冬十月，太祖征讨孙权。

建安十八年春正月，太祖进军濡须口，攻破孙权在长江西岸的军营，俘获孙权的都督公孙阳，就率军返回。皇帝下诏书合并十四州，又重设为九州。夏四月，太祖回到邺城。

五月丙申，天子使御史大夫郗虑持节策命公为魏公曰：

朕以不德，少遭愍[①]凶，越在西土，迁于唐、卫。当此之时，若缀旒[②]然，宗庙乏祀，社稷无位；群凶觊覦，分裂诸夏，率土之民，朕无获焉，即我高祖之命将坠于地。朕用夙兴假寐，震悼于厥心，曰“惟祖惟父，股肱先正，其孰能恤朕躬”？乃诱天衷，诞育丞相，保乂[③]我皇家，弘济于艰难，朕实赖之。今将授君典礼，其敬听朕命。

注释

①愍 mǐn：忧患，痛心。

②缀旒 zhuì liú：比喻君主为臣下挟持，大权旁落。

③乂 yì：治理，安定。

译文

五月丙申，天子派御史大夫郗虑拿着天子符节策书封太祖为魏公说：

“朕因为无德，年少时就遭遇灾难，被劫掠到西方，又迁到唐、卫之地。那个时候，就像旗子上的缀旒一样任人摆布，宗庙无人祭祀，社稷无处安置；一群群凶恶之人企图篡夺皇位，分裂华夏大地，国内百姓，朕无法管理，我高祖皇帝的基业将要坠落在地。朕日夜无法入眠，内心震颤悲痛，说：‘我的祖先啊，辅佐朝廷的亲近大臣啊，谁能怜悯朕？’上天感念，降生了丞相您，保护我汉朝皇室，在艰难中得到救济，朕实在要依赖您。如今将要授您隆重的礼仪，请您听从朕的命令。”

昔者董卓初兴国难，群后释位以谋王室，君则摄进，首启戎行，此君之忠于本朝也。后及黄巾反易天常，侵我三州，延及平民，君又翦之以宁东夏，此又君之功也。韩暹、杨奉专用威命，君则致讨，克黜其难，遂迁许都，造我京畿，设官兆祀，不失旧物，天地鬼神于是获乂，此又君之功也。袁术僭逆，肆于淮南，慑惮君灵，用丕显谋，蕲阳之役，桥蕤授首，棱威南迈，术以陨溃，此又君之功也。回戈东征，吕布就戮，乘辕将返，张杨殂毙，眭固伏罪，张绣稽服，此又君之功也。袁绍逆乱天常，谋危社稷，凭恃其众，称兵内侮，当此之时，王师寡弱，天下寒心，莫有固志，君执大节，精贯白日，奋其武怒，运其神策，致届官渡，大歼丑类，俾我国家拯于危坠，此又君之功也。济师洪河，拓定四州，袁谭、高幹，咸枭其首，海盗奔迸，黑山顺轨，此又君之功也。乌丸三种，崇乱二世，袁尚因之，逼据塞北，束马县[①]车，一征而灭，此又君之功也。刘表背诞，不供贡职，王师首路，威风先逝，百城八郡，交臂屈膝，此又君之功也。马超、成宜，同恶相济，滨据河、潼，求逞所欲，殄[②]之渭南，献馘[③]万计，遂定边境，抚和戎狄，此又君之功也。鲜卑、丁零，重译而至，箄[④]于、白屋，请吏率职，此又君之功也。君有定天下之功，重之以明德，班叙海内，宣美风俗，旁施勤教，恤慎刑狱，吏无苛政，民无怀慝[⑤]；敦崇帝族，表继绝世，旧德前功，罔不咸秩；虽伊尹格于皇天，周公光于四海，方之蔑如也。

注释

①县：同“悬”。

②殄 tiǎn：灭绝。

③馘 guó：战争中割取所杀敌人的左耳以计功。

④箄：音bēi。

⑤慝 tè：邪恶。

译文

“从前董卓最先制造国难，一群后继者放弃自己的职事以谋求王室，您就带头压制，首先兴兵讨伐，这是您忠于本朝的表现。后来赶上黄巾军违反上天常理，侵犯我三个州，灾难殃及平民，您又翦灭他们以使东方得到安宁，这又是您的功劳。韩暹、杨奉专用朝廷威命，您就去征讨，消除了灾难，于是就迁都许昌，为我建造京畿，设官祭祀，不失去从前的典章制度，天地鬼神于是都获得保护，这又是您的功劳。袁术僭越帝位，在淮南肆虐，也害怕您的威仪；您用大智谋，在蕲阳之战中，斩桥蕤之首，声威震慑南方，袁术于是溃败，这又是您的功劳。您回师东征，吕布被杀，将要返回，张杨毙命，眭固受诛，张绣降服，这又是您的功劳。袁绍违背天理，图谋危害社稷，倚仗他兵马众多，率兵进犯，正当此时，王师兵少，天下人都失望痛心，没有对朝廷有坚定信念的人，您执掌总体节度，整日牵挂朝廷，奋发您的英武威势，运用您的神妙计策，亲临官渡，痛歼那些丑类，使我的国家在危亡坠落之际被拯救，这是您的又一件功劳。您率师渡过黄河，开拓平定四州，袁谭、高幹都被您斩杀，海盗逃窜，黑山贼顺服，这是您的又一件功劳。乌丸占据三郡，两代作乱，袁尚依赖他们，占据塞北，您艰难地率领兵马和战车，一次征伐就剿灭了他们，这是您的又一件功劳。刘表背叛，不按职责上贡，您率王师一上路，声威就已经先到了那里，荆州一百座城八个郡，屈膝投降，这是您的又一件功劳。马超、成宜，这些恶人相互勾结为非作歹，占据黄河、潼关，妄图实现野心。您在渭南剿灭他们，杀敌军数以万计，于是就平定了边境，安抚团结了戎狄，这是您的又一件功劳。鲜卑、丁零，派遣使节前来朝见，箄于、白屋请求称臣效命朝廷，这是您的又一件功劳。您有安定天下之功，您让明德得到彰显，您使天下恢复秩序，宣扬美好的风俗，在天下施行教化，在刑狱上保持抚恤和谨慎的态度，官吏无苛政，人民心里没有怨恨；您尊崇皇族，使绝代的王侯得到继承，对过去德高望重和功勋卓著之人，无不依次授官封爵。虽然伊尹的功劳感动上天，周公的德行在四海施行，和您相比都不算什么。”

朕闻先王并建明德，胙之以土，分之以民，崇其宠章，备其礼物，所以藩卫王室，左右厥世也。其在周成[①]，管、蔡[②]不静，惩难念功，乃使邵康公赐齐太公履，东至于海，西至于河，南至于穆陵，北至于无棣，五侯九伯，实得征之，世祚太师，以表东海；爰及襄王，亦有楚人不供王职，又命晋文登为侯伯，锡以二辂、虎贲、鈇钺、秬鬯、弓矢，大启南阳，世作盟主。故周室之不坏，繄二国是赖。今君称丕显德，明保朕躬，奉答天命，导扬弘烈，缓爰九域，莫不率俾，功高于伊、周，而赏卑于齐、晋，朕甚恧[③]焉。朕以眇眇之身，托于兆民之上，永思厥艰，若涉渊冰，非君攸济，朕无任焉。今以冀州之河东、河内、魏郡、赵国、中山、常山、钜鹿、安平、甘陵、平原凡十郡，封君为魏公。锡君玄土，苴以白茅；爰契尔龟，用建冢社。昔在周室，毕公、毛公入为卿佐，周、邵师保出为二伯，外内之任，君实宜之。其以丞相领冀州牧如故。又加君九锡，其敬听朕命。以君经纬礼律，为民轨仪，使安职业，无或迁志，是用锡君大辂、戎辂各一，玄牡二驷。君劝分务本，穑人昏作，粟帛滞积，大业惟兴，是用锡君衮冕之服，赤舄副焉。君敦尚谦让，俾民兴行，少长有礼，上下咸和，是用锡君轩县之乐，六佾之舞。君翼宣风化，爰发四方，远人革面，华夏充实，是用锡君朱户以居。君研其明哲，思帝所难，官才任贤，群善必举，是用锡君纳陛以登。君秉国之钧，正色处中，纤毫之恶，靡不抑退，是用锡君虎贲之士三百人。君纠虔天刑，章厥有罪，犯关干纪，莫不诛殛，是用锡君𫓧钺各一。君龙骧虎视，旁眺八维，掩讨逆节，折冲四海，是用锡君彤弓一，彤矢百，玈[④]弓十，玈矢千。君以温恭为基，孝友为德，明允笃诚，感于朕思，是用锡君秬鬯一卣[5]，珪瓒副焉。魏国置丞相已下群卿百寮，皆如汉初诸侯王之制。往钦哉，敬服朕命！简恤尔众，时亮庶功，用终尔显德，对扬我高祖之休命！

注释

①周成：周成王，周武王之子。

②管、蔡：管叔、蔡叔，周武王弟弟，周武王去世后他们一起叛乱。

③恧nǜ：惭愧。

④旅lú：黑色。

⑤鬯chàng一卣yǒu：鬯，指美酒。卣，古代一种盛酒的器具，口小腹大，有盖和提梁。

译文

“朕听说先王都将明德之人分封诸侯，分给他土地和百姓，用礼服表示对他的崇尚，为他准备典礼仪仗，为的是保卫王室，辅佐君王。周成王时，管叔、蔡叔不安分守己，战乱平定后计算功劳，就使邵康公赐给齐太公封地，东到大海，西到黄河，南到穆陵，北到无棣，五侯九伯，他都可以征讨，世代做太师，显赫东海；等到周襄王时，又有楚国不进贡，就命晋文公做诸侯首领，赐给他二辂、虎贲、𫓧钺、秬鬯、弓矢，大力向南阳开拓，世代做盟主。所以周室没有灭亡，主要依赖这两个国家。如今您的大德彰显，亲自保护了朕，顺承天命，弘扬功业，平定天下，没有不顺从您的人，您的功劳高于伊尹、周公，而赏赐却少于齐桓公、晋文公，朕非常惭愧。朕以微弱之身，依托在万民之上，经常想到其中的艰难，如同临近深渊和走在薄冰之上，如果不是您的辅佐，朕无法胜任。现在把冀州的河东、河内、魏郡、赵国、中山、常山、钜鹿、安平、甘陵、平原一共十个郡分封给您，封您为魏公。赐您肥沃的土地，用白茅铺垫；凿刻龟甲，用以建立魏国宗庙。从前的周室，毕公、毛公作为卿士辅佐周王，周公、邵公作为太师和太保在外出任方伯，朝廷内外的任务，您实在应该都承担，您要和从前一样以丞相的身份兼任冀州牧。又加封您九锡，请听从朕的命令。因为您制定了礼仪和法律，为民制定规范，使他们安居乐业，没有迁徙他方的想法，所以赐您大辂、戎辂各一辆，黑色的公马八匹。您劝勉百姓努力务农，农民要勤于耕种，积累粮食布匹，兴办基业，所以赐您上公的礼服礼帽，用红色的鞋子匹配它们。您敦促推崇谦让，使民遵行，少长有礼，上下相和，所以赐您三面悬挂的乐器和六列舞队。您辅助宣扬风俗和教化，使它在天下弘扬，使远方的人改过自新，华夏之地正气充盈，所以赐您红门居住。您研究知人善用的大道，思考帝王也感到为难的事情，按照才能选择官吏，各种人才必定被推举出来，所以赐您檐下上殿。您执掌国家的大权，端正态度站在中间的立场，哪怕有丝毫的恶行，都要加以抑制斥退，所以赐您虎贲之士三百人。您恭敬地更正刑法，明察有罪的人，对违反国家法纪的人，无不加以诛杀，所以赐您斧、钺各一个。您像龙虎那样关注天下，兼顾八方，讨伐叛乱，征服天下，所以赐您红色的弓一张，红色的箭一百支，黑色的弓十张，黑色的箭一千支。您以温良恭顺为基准，孝顺友善为美德，英明真诚，感念朕的思虑，所以赐您香酒器一樽，用玉制的酒器陪衬。魏国设置丞相以下群官，全都实行像汉初诸侯王的制度。您前往封国之后，要恭敬地服从朕的命令！选拔、抚恤您的官吏，时时辅佐您建立功业，以延续您的大德，报效光大我高祖皇帝的命令！”

秋七月，始建魏社稷宗庙。天子聘公三女为贵人，少者待年于国。九月，作金虎台，凿渠引漳水入白沟以通河。冬十月，分魏郡为东西部，置都尉。十一月，初置尚书、侍中、六卿。

译文

秋七月，开始建立魏国的社稷宗庙。天子娶太祖三个女儿为贵人，岁数小的先留在魏国。九月，修起金虎台，开凿渠道引漳水入白沟以与黄河相通。冬十月，分魏郡为东西两部，设置都尉。十一月，开始设置尚书、侍中、六卿的官职。

马超在汉阳，复因羌、胡为害，氐王千万叛应超，屯兴国。使夏侯渊讨之。

译文

马超在汉阳，又依靠羌、胡人危害国家，氐王千万反叛响应马超，在兴国驻军。太祖派夏侯渊征讨他。

十九年春正月，始耕籍田。南安赵衢、汉阳尹奉等讨超，枭[①]其妻子，超奔汉中。韩遂徙金城，入氐王千万部，率羌、胡万余骑与夏侯渊战，击，大破之，遂走西平。渊与诸将攻兴国，屠之。省安东、永阳郡。

注释

①枭 xiāo：古代刑罚，把头割下来悬挂在木上。

译文

建安十九年春正月，太祖开始耕籍田。南安人赵衢、汉阳人尹奉等人征讨马超，斩杀马超妻子儿女，马超逃奔汉中。韩遂迁徙到金城，进入氐王千万的军中，率羌、胡一万多骑兵与夏侯渊作战，夏侯渊出击，大败韩遂，韩遂逃到西平。夏侯渊与诸将攻打兴国，屠杀兴国军民。朝廷撤销了安东郡、永阳郡。

安定太守毌[1]丘兴将之官，公戒之曰："羌、胡欲与中国通，自当遣人来，慎勿遣人往。善人难得[2]，必将教羌、胡妄有所请求，因欲以自利；不从便为失异俗意，从之则无益事。"兴至，遣校尉范陵至羌中，陵果教羌，使自请为属国都尉。公曰："吾预知当尔，非圣也，但更事多耳。"

注释

①毌：音 guàn。

②善人难得：一心为朝廷办事，不谋私利的使者很难找到。善人，这里指品行良好的使者。

译文

安定太守毌丘兴将要赴任，太祖告诫他说："羌、胡想与中原通好，就应当派人过来，你千万不要派遣人过去。善人难得，不善之人必然要教唆羌、胡提出非分的要求，想趁机为自己牟私利；我们不满足他们，他们就会失望，满足他们，对我们的事业没有好处。"毌丘兴到任后，派遣校尉范陵到羌中，范陵果然教唆羌人，请求让他们担任属国都尉。太祖说：

“我已经预知会这样，不是我圣明，只是经历的事情较多而已。”

三月，天子使魏公位在诸侯王上，改授金玺，赤绂、远游冠。

秋七月，公征孙权。

初，陇西宋建自称河首平汉王，聚众枹罕，改元，置百官，三十余年。遣夏侯渊自兴国讨之。冬十月，屠枹罕，斩建，凉州平。

公自合肥还。

译文

三月，天子允令位居诸侯王之上，改授他黄金制造的玺印、红色绶带、远游冠。

秋七月，太祖征讨孙权。

当初，陇西的宋建自称河首平汉王，在枹罕集聚兵马，改年号，设置百官，已有三十多年。太祖派遣夏侯渊从兴国前去征讨他。冬天十月，曹军屠戮枹罕城，斩杀宋建，凉州平定。

太祖从合肥返回。

十一月，汉皇后伏氏坐昔与父故屯骑校尉完书，云帝以董承被诛怨恨公，辞甚丑恶，发闻，后废黜死，兄弟皆伏法。

十二月，公至孟津。天子命公置旄头[①]，宫殿设钟虡[②]。乙未，令曰："夫有行之士未必能进取，进取之士未必能有行也。陈平岂笃行，苏秦岂守信邪？而陈平定汉业，苏秦济弱燕。由此言之，士有偏短，庸可废乎！有司明思此义，则士无遗滞，官无废业矣。"又曰："夫刑，百姓之命也，而军中典狱者或非其人，而任以三军死生之事，吾甚惧之。其选明达法理者，使持典刑。"于是置理曹掾属。

注释

①旄头：皇帝仪仗中用于开道的骑兵。

②钟虡jù：乐器名，古代一般是天子专用。

译文

十一月，汉献帝的皇后伏氏曾给他的父亲原屯骑校尉伏完写信，信中说汉献帝因为董承被杀怨恨太祖，言辞非常恶毒，事发后，皇后被废黜并处死，她的兄弟全部被杀。

十二月，太祖至孟津。天子下令太祖出行时可以布置骑兵开道，宫殿里设置钟虡乐器。乙未，太祖下令说："有德行的人未必能进取，能进取的人未必能有德行。陈平哪里有德行，苏秦哪里守信义？而陈平帮汉朝奠定了基业，苏秦扶助了弱小的燕国。

照这样说，有才能之人即便有缺点，又怎么可以废黜不用！有关官吏要是明白这个道理，那么有才能的人就没有遗落朝廷之外不受重用的了，官府也不会有荒废的事务了。”又说：“刑法，关系到百姓的性命，而军中执掌刑狱的人有些并不称职，把三军士兵的生死大事交给他们，我非常担心。应该选择通晓法理的人，让他们执掌军中刑律。”于是设置理曹掾属。

二十年春正月，天子立公中女为皇后。省云中、定襄、五原、朔方郡，郡置一县领其民，合以为新兴郡。

三月，公西征张鲁，至陈仓，将自武都入氐；氐人塞道，先遣张郃、朱灵等攻破之。夏四月，公自陈仓以出散关，至河池。氐王窦茂众万余人，恃险不服，五月，公攻屠之。西平、金城诸将麹[1]演、蒋石等共斩送韩遂首。秋七月，公至阳平。张鲁使弟卫与将杨昂等据阳平关，横山筑城十余里，攻之不能拔，乃引军还。贼见大军退，其守备解散。公乃密遣解僄[2]、高祚等乘险夜袭，大破之，斩其将杨任，进攻卫，卫等夜遁，鲁溃奔巴中。公军入南郑，尽得鲁府库珍宝。巴、汉皆降。复汉宁郡为汉中；分汉中之安阳、西城为西城郡，置太守；分锡、上庸郡，置都尉。

注释

①麴：音 jū。

②慓：音 biǎo。

译文

建安二十年春正月，天子立太祖第二个女儿为皇后。撤销云中、定襄、五原、朔方四个郡，各郡改设一个县管理百姓，合并成新兴郡。

三月，太祖西征张鲁，到陈仓，率兵从武都进入氐人地区；氐人阻塞道路，太祖先派遣张郃、朱灵等人进攻打败他们。夏四月，太祖从陈仓出兵散关，到达河池。氐王窦茂有兵马一万多人，凭靠险要地势不肯降服，五月，太祖攻进河池城并屠杀那里的人。西平、金城各将领麴演、蒋石等人一起斩杀韩遂并送来首级。秋七月，太祖至阳平。张鲁派弟弟张卫与将领杨昂等据守阳平关，在山边修了十多里的城墙，太祖不能攻破，就率军撤退。敌军见大军撤退，他们的守备便放松涣散。太祖就秘密派遣解慓、高祚等人登上险要的地方夜里袭击，大败敌军，斩杀他们的将领杨任，又进攻张卫，张卫等人深夜逃遁，张鲁溃败逃至巴中。太祖大军进入南郑，得到张鲁府库的全部珍宝。巴、汉全部投降。恢复汉宁郡为汉中郡；分出汉中的安阳、西城两县为西城郡，设置太守；分出锡、上庸郡，设置都尉。

八月，孙权围合肥，张辽、李典击破之。

九月，巴七姓夷王朴胡、賨[1]邑侯杜濩[2]举巴夷、賨民来附，于是分巴郡，以胡为巴东太守，濩为巴西太守，皆封列侯。天子命公承制封拜诸侯守相。

冬十月，始置名号侯至五大夫，与旧列侯、关内侯凡六等，以赏军功。

十一月，鲁自巴中将其余众降。封鲁及五子皆为列侯。刘备袭刘璋，取益州，遂据巴中；遣张郃击之。

十二月，公自南郑还，留夏侯渊屯汉中。

注释

①賨：音cóng。

②濩：音huò。

译文

八月，孙权围攻合肥，张辽、李典打败了他。

九月，巴地的七姓夷王朴胡、賨邑侯杜濩率领巴地夷人、賨民来归附，于是太祖分割巴郡，以朴胡为巴东太守，杜濩为巴西太守，两人都被封为列侯。天子命令太祖秉承王制分封诸侯，任命太守、相国。

冬天十月，开始设置名号侯至五大夫等爵位，与从前设立的列侯、关内侯一共有六等，以奖赏有军功的人。

十一月，张鲁从巴中率领他的残部投降。太祖封张鲁和他的五个儿子为列侯。刘备袭击刘璋，夺取益州，顺势占据巴中；太祖派遣张郃攻打他。

十二月，太祖自南郑返回，留下夏侯渊驻守汉中。

二十一年春二月，公还邺。三月壬寅，公亲耕籍田。夏五月，天子进公爵为魏王。代郡乌丸行单于普富卢与其侯王来朝。天子命王女为公主，食汤沐邑。秋七月，匈奴南单于呼厨泉将其名王来朝，待以客礼，遂留魏，使右贤王去卑监其国。八月，以大理钟繇为相国。

冬十月，治兵，遂征孙权，十一月至谯。

二十二年春正月，王军居巢，二月，进军屯江西郝谿。权在濡须口筑城拒守，遂逼攻之，权退走。三月，王引军还，留夏侯惇、曹仁、张辽等屯居巢。

夏四月，天子命王设天子旌旗，出入称警跸。五月，作泮宫。六月，以军师华歆为御史大夫。冬十月，天子命王冕十有二旒[①]，乘金根车，驾六马，设五时副车，以五官中郎将丕为魏太子。

刘备遣张飞、马超、吴兰等屯下辩；遣曹洪拒之。

注释

①十有二旒：旒是古代帝王礼帽前后悬垂的玉串，只有皇帝才能佩戴十二旒。

译文

建安二十一年春二月，太祖返回邺城。三月壬寅，太祖亲自耕种。夏五月，天子晋封太祖为魏王。代郡乌丸代理单于普富卢与他的侯王来朝贺。天子册封太祖女儿为公主，赐给汤沐邑。秋七月，匈奴南单于呼厨泉率领他治下的著名首领来朝贺，太祖以客礼款待，于是他就留在魏国，派右贤王去卑监管他的国事。八月，太祖任命大理钟繇为相国。

冬十月，整治兵马，于是征讨孙权，十一月至谯。

建安二十二年春正月，太祖驻军居巢。二月，进军驻扎在长江西面的郝谿。孙权在濡须口修筑城垒拒守，于是魏军就逼攻孙权，孙权撤退。三月，太祖率军返回，留夏侯惇、曹仁、张辽等在居巢驻军。

夏四月，天子命令太祖设天子旌旗，出入警戒清道。五月，建造泮宫。六月，任命军师华歆为御史大夫。冬十月，天子昭令太祖的帽子上可挂十二旒，乘金根车，用六马驾车，配设五时副车，以五官中郎将曹丕为魏国太子。

刘备派遣张飞、马超、吴兰等驻军下辩；太祖派遣曹洪去抵挡他们。

二十三年春正月，汉太医令吉本与少府耿纪、司直韦晃等反，攻许，烧丞相长史王必营，必与颍川典农中郎将严匡讨斩之。

曹洪破吴兰，斩其将任夔等。三月，张飞、马超走汉中，阴平氐强端斩吴兰，传其首。

夏四月，代郡、上谷乌丸无臣氐等叛，遣鄢陵侯彰讨破之。

六月，令曰："古之葬者，必居瘠薄之地。其规西门豹祠西原上为寿陵，因高为基，不封不树。《周礼》冢人掌公墓之地，凡诸侯居左右以前，卿大夫居后，汉制亦谓之陪陵。其公卿大臣列将有功者，宜陪寿陵，其广为兆域，使足相容。"

秋七月，治兵，遂西征刘备，九月，至长安。

冬十月，宛守将侯音等反，执南阳太守，劫略吏民，保宛。初，曹仁讨关羽，屯樊城，是月使仁围宛。

译文

建安二十三年春正月，太医令吉本与少府耿纪、司直韦晃等人谋反，攻打许都，火烧丞相长史王必的营寨，王必与颍川典农中郎将严匡讨伐并且斩杀了他们。

曹洪打败吴兰，斩杀他的将领任夔等人。三月，张飞、马超逃跑到汉中，阴平氐人强端斩杀了吴兰，送来了他的首级。

夏四月，代郡、上谷乌丸无臣氐等人叛乱，太祖派遣鄢陵侯曹彰讨伐并且打败了他们。

六月，太祖下令说："古代死去下葬的人，必定葬在贫瘠的地方。现在划出西门豹祠西边的高地作为我的寿陵，在高地建基，不封土、不植树。《周礼》上规定冢人掌管公卿的墓地，凡是诸侯都葬在天子陵墓靠前面的左右两边，卿大夫葬在后边，汉朝制度也称它为陪陵。公卿大臣和将领中有功的人，死后也可以葬在寿陵，扩大墓地面积，使它足以容得下坟墓。"

秋七月，太祖整治兵马，于是西征刘备，九月，到达长安。

冬十月，宛城守城将领侯音等人反叛，抓住南阳太守，抢劫掠夺官吏百姓，据守宛城。起初，曹仁讨伐关羽，驻守樊城，这一月太祖派遣曹仁围困宛城。

二十四年春正月，仁屠宛，斩音。

夏侯渊与刘备战于阳平，为备所杀。三月，王自长安出斜谷，军遮要以临汉中，遂至阳平。备因险拒守。

夏五月，引军还长安。

秋七月，以夫人卞氏为王后。遣于禁助曹仁击关羽。八月，汉水溢，灌禁军，军没，羽获禁，遂围仁。使徐晃救之。

九月，相国钟繇坐西曹掾魏讽反免。

冬十月，军还洛阳。孙权遣使上书，以讨关羽自效。王自洛阳南征羽，未至，晃攻羽，破之，羽走，仁围解。王军摩陂。

译文

建安二十四年春正月，曹仁攻陷并屠戮宛城，斩杀侯音。

夏侯渊与刘备在阳平大战，被刘备杀害。三月，太祖从长安出兵斜谷，军队驻扎在险要地方进逼汉中，进而到达阳平。刘备凭借险要地势据守。

夏五月，太祖率军返回长安。

秋七月，封夫人卞氏为王后。派遣于禁帮助曹仁攻击关羽。八月，汉水涨水，淹没于禁的军队，全军覆没，关羽擒获于禁，接着围困曹仁。太祖派遣徐晃去救援曹仁。

九月，相国钟繇因为西曹掾魏讽谋反案受牵连而被免职。

冬十月，魏军返回洛阳。孙权派遣使者上书，以讨伐关羽向魏效力。太祖从洛阳出发南征关羽，还没到达，徐晃攻打关羽，并且打败了他，关羽逃跑，曹仁的围困解除。太祖大军驻扎在摩陂。

二十五年春正月，至洛阳。权击斩羽，传其首。

庚子，王崩于洛阳，年六十六。遗令曰："天下尚未安定，未得遵古也。葬毕，皆除服[①]。其将兵屯戍者，皆不得离屯部。有司各率乃职。敛以时服，无藏金玉珍宝。"谥曰武王。二月丁卯，葬高陵。

评曰：汉末，天下大乱，雄豪并起，而袁绍虎视四州，强盛莫敌。太祖运筹演谋，鞭挞宇内，揽申、商之法术，该[②]韩、白之奇策，官方授材，各因其器，矫情任算，不念旧恶，终能总御皇机，克成洪业者，惟其明略最优也。抑可谓非常之人，超世之杰矣。

注释

①除服：脱掉丧服。古代人死要穿丧服，并且要守丧。

②该：具备。

译文

建安二十五年春正月，太祖回到洛阳。孙权攻打并且斩杀了关羽，送来关羽的首级。

庚子，太祖在洛阳去世，终年六十六岁。遗令说："天下尚未安定，不能遵照古代的丧礼。葬后，都要除去丧服。率兵驻军守卫的将领，都不得离开驻军地点。有关官吏各守其职。用符合时令的衣服入殓，不要随葬金玉珍宝。”太祖谥号是“武王”。二月丁卯，葬在高陵。

评曰：汉代末年，天下大乱，英雄豪杰都纷纷起兵，而袁绍虎视着他占据的四州，势力强盛，没有对手。太祖施展谋略，征伐天下，采取申不害、商鞅的法术，兼有韩信、白起的奇策，设立官职授给有才能的人，发挥他们的才能，克制情感、施用计谋，不念旧的仇恨，终能总揽朝政大权，成就帝位基业，是因为他英明而有雄才的缘故啊。他可以说是不同寻常的人，是盖世的英杰。

董卓传

题解

董卓本是并州的地方官，受何进命令进京，等他进入京城时何进却遭宦官杀害。董卓铲除宦官，并且兼并了何进、何苗和丁原等人的兵马，实力大增。他把持朝政，废少帝，立汉献帝，迁都长安。他执政时期大肆烧杀抢掠，无恶不作，给百姓带来了深重的灾难。

董卓字仲颖，陇西临洮人也。少好侠，尝游羌中，尽与诸豪帅相结。后归耕于野，而豪帅有来从之者，卓与俱还，杀耕牛与相宴乐。诸豪帅感其意，归相敛，得杂畜千余头以赠卓。汉桓帝末，以六郡良家子为羽林郎。卓有才武，旅[①]力少比，双带两鞬，左右驰射。为军司马，从中郎将张奂征并州有功，拜郎中，赐缣九千匹，卓悉以分与吏士。迁广武令，蜀郡北部都尉，西域戊己校尉，免。征拜并州刺史、河东太守，迁中郎将，讨黄巾，军败抵罪。韩遂等起凉州，复为中郎将，西拒遂。于望垣硖北，为羌、胡数万人所围，粮食乏绝。卓伪欲捕鱼，堰其还道当所渡水为池，使水渟[②]满数十里，默从堰下过其军而决堰。比羌、胡闻知追逐，水已深，不得渡。时六军上陇西，五军败绩，卓独全众而还，屯住扶风。拜前将军，封斄[3]乡侯，征为并州牧。

注释

①旅：同“膂”。脊梁骨。

②渟 tíng：水聚积而不流动。

③斄 lí：古县名，在今陕西省武功县西南。

译文

董卓字仲颖，是陇西临洮人。年少时好游侠，曾经游览羌中，尽与羌人各首领相结交。后来回家在田野耕种，而羌人各首领有来找他的人，董卓与他们一起回家去，杀耕牛与他们相宴乐。诸羌人首领感激他的盛情，回去后相互搜集，得到杂畜一千多头赠送给董卓。汉桓帝末年，董卓以六郡良家子弟的身份担任羽林郎。董卓有才华武艺，体力强健少有人能比，身上带有两个箭袋，骑马时能同时向左右两边射箭。董卓做了军司马，跟从中郎将张奂征并州有功，升任郎中，赐缣九千匹，董卓将它们全部分给军吏战士。调任广武令，蜀郡北部都尉，西域戊己校尉，后被免去官职。后又征召授任并州刺史、河东太守，升任中郎将，讨伐黄巾起义军，军败抵罪。韩遂等在凉州起兵，董卓又做了中郎将，向西抵抗韩遂。在望垣硖北，被羌、胡几万人围困，粮食断绝。董卓假装想去捕鱼，筑坝拦截他回去途中所要渡的河流，使之变成水池，使水道涨满几十里，悄悄地从坎下通过军队并毁掉水坝。等到羌、胡人听闻消息追到时，水已深，不能渡过了。当时六支军队去陇西，五支军队都大败，只有董卓全军而退，驻屯在扶风。升任为前将军，封斄乡侯，征召为并州牧。

灵帝崩，少帝即位。大将军何进与司隶校尉袁绍谋诛诸阉官[①]，太后不从。进乃召卓使将兵诣京师，并密令上书曰："中常侍张让等窃幸乘宠，浊乱海内。昔赵鞅[②]兴晋阳之甲，以逐君侧之恶。臣辄鸣钟鼓如洛阳，即讨让等。"欲以胁迫太后。卓未至，进败。中常侍段珪等劫帝走小平津，卓遂将其众迎帝于北芒，还宫。时进弟车骑将军苗为进众所杀，进、苗部曲无所属，皆诣卓。卓又使吕布杀执金吾丁原，并其众，故京都兵权唯在卓。

先是，进遣骑都尉太山鲍信所在募兵，适至，信谓绍曰："卓拥强兵，有异志，今不早图，将为所制；及其初至疲劳，袭之可禽也。"绍畏卓，不敢发，信遂还乡里。

注释

①阉官：宦官。

②赵鞅：即赵简子，春秋后期晋国卿大夫，六

卿之一，赵氏大宗宗主。赵武之孙，赵成嫡长子，出生于世卿大族，至晋定公时执政晋国十七年之久。杰出的政治家，军事家，外交家，改革家。

译文

汉灵帝驾崩，少帝即位。大将军何进与司隶校尉袁绍谋划杀宦官，何太后不同意。何进就召董卓率兵进入京师，并且密令董卓上书说："中常侍张让等倚仗皇上宠信，扰乱国家。从前赵鞅发动晋阳的军队，以驱逐君主身旁的污浊小人。臣当下就要敲响钟鼓进入洛阳，就是要讨伐张让等人。"想以此胁迫太后。董卓还没到京城，何进已失败。中常侍段珪等劫持汉少帝逃到小平津，董卓率领军队到北芒迎接少帝，返回宫中。这时何进弟弟车骑将军何苗被何进部下所杀，何进、何苗军队没有归属，都投奔董卓。董卓又使吕布杀执金吾丁原，吞并丁原的部属，所以京都的兵权都在董卓手里。

在这之前，何进派遣骑都尉泰山人鲍信在当地募兵，正好到这里，鲍信对袁绍说："董卓拥有强兵，对汉朝有反叛之志，现在不早点除掉他，将来要被他制服；趁现在他刚到洛阳人马疲劳的时候，突然袭击就可以擒住他。"袁绍畏惧董卓，不敢发兵，鲍信就返回乡里去了。

于是以久不雨，策免司空刘弘而卓代之，俄迁太尉，假节钺虎贲。遂废帝为弘农王。寻又杀王及何太后。立灵帝少子陈留王，是为献帝。卓迁相国，封郿侯，赞拜不名，剑履上殿，又封卓母为池阳君，置家令、丞。卓既率精兵来，适值帝室大乱，得专废立，据有武库甲兵，国家珍宝，威震天下。卓性残忍不仁，遂以严刑胁众，睚眦之隙必报，人不自保。尝遣军到阳城。时适二月社①，民各在其社下，悉就断其男子头，驾其车牛，载其妇女财物，以所断头系车辕轴，连轸②而还洛，云攻贼大获，称万岁。入开阳城门，焚烧其头，以妇女与甲兵为婢妾。至于奸乱宫人公主。其凶逆如此。

注释

①二月社：古人二月祭祀土地神，以求获得丰收。社，土地神。

②轸 zhěn：车厢后的横木。

译文

这时因为很久没有下雨，皇帝下诏免去司空刘弘的职位而由董卓担任，很快董卓又升任太尉，授给他符节、斧钺和虎贲勇士。董卓废汉少帝为弘农王。不久又杀了弘农王及何太后。立汉灵帝小儿子陈留王为皇帝，就是汉献帝。董卓升任相国，封郿侯，朝拜皇帝不必报自己名讳，佩剑穿鞋上殿，又封董卓母亲为池阳君，设置家令、家丞的官职。董卓率领精兵来到洛阳，正好赶上皇室大乱，得以专擅废立大权，占据了武器库里的铠甲兵器，国家珍宝，威震天下。董卓性情残忍又不讲仁义，就用严刑威胁众人，再小的仇恨都一定要报，人人不能自保。董卓曾经派遣军队到阳城。这时赶上二月祭祀土地神，人们都集中在他们的社神庙前，董卓砍下那里全部男子的头，驾着他们的牛车，装着妇女和财物，把砍下的头系在车的辕轴上，一辆接着一辆返回洛阳，说是攻打贼寇大胜获得的，高呼万岁。进入开阳城门后，焚烧那些人头，把妇女分给甲兵为婢妾。董卓甚至奸淫宫女公主。他的凶恶忤逆竟然到了这等地步。

初，卓信任尚书周毖、城门校尉伍琼等，用其所举韩馥、刘岱、孔伷、张咨、张邈等出宰州郡。而馥等至官，皆合兵将以讨卓。卓闻之，以为毖、琼等通情卖己，皆斩之。

河内太守王匡，遣泰山兵屯河阳津，将以图卓。卓遣疑兵若将于平阴渡者，潜遣锐众从小平北渡，绕击其后，大破之津北，死者略尽。卓以山东豪杰并起，恐惧不宁。初平元年二月，乃徙天子都长安。焚烧洛阳宫室，悉发掘陵墓[①]，取宝物。卓至西京，为太师，号曰尚父。乘青盖金华车，爪画两轓[②]，时人号曰竿摩车。卓弟旻为左将军，封鄠侯；兄子璜为侍中中军校尉典兵；宗族内外并列朝廷。公卿见卓，谒拜车下，卓不为礼。召呼三台尚书以下自诣卓府启事。筑郿坞，高与长安城埒，积谷为三十年储，云事成，雄据天下，不成，守此足以毕老。尝至郿行坞，公卿已下祖道于横门外。卓豫施帐幔饮，诱降北地反者数百人，于坐中先断其舌，或斩手足，或凿眼，或镬煮之，未死，偃转杯案间，会者皆战栗亡失匕箸，而卓饮食自若。太史望气[③]，言当有大臣戮死者。故太尉张温时为卫尉，素不善卓，卓心怨之，因天有变，欲以塞咎，使人言温与袁术交关，遂笞杀之。法令苛酷，爱憎淫刑，更相被诬，冤死者千数。百姓嗷嗷，道路以目。悉椎破铜人、钟虡，及坏五铢钱。更铸为小钱，大五分，无文章，肉好无轮郭，不磨鑢[④]。于是货轻而物贵，谷一斛至数十万。自是后钱货不行。

注释

①发掘陵墓：指挖掘汉代皇帝陵墓，古代皇帝死后多随葬珍宝，董卓欲盗其宝。

②轓 fān：古时车身两旁翻出起耳的部分，即车厢

两旁的遮蔽物。

③望气：古代迷信，观望云气预测祸福。

④鑢lǜ：磨治，打磨。

译文

起初，董卓信任尚书周毖、城门校尉伍琼等人，重用他们所举荐的韩馥、刘岱、孔伷、张咨、张邈等人出任州郡长官。而韩馥等至官任上，都聚集兵马来讨伐董卓。董卓听说这件事，以为周毖、伍琼等通敌出卖自己，把他们都斩杀了。

河内太守王匡，派遣泰山兵驻扎在河阳津，准备讨伐董卓。董卓派遣疑兵做出将要在平阴渡河的假象，暗地里派遣精锐人马从小平津北渡，绕到王匡后方攻击，在河阳津北大败王匡，王匡军队几乎全部战死。董卓因为山东豪杰并起，心里恐惧不安。初平元年二月，就迁徙天子定都长安。焚烧洛阳宫殿，挖掘所有的陵墓，盗取宝物。董卓到达西京长安，做了太师，号称尚父。乘坐青盖金华车，两个轓雕刻成爪形，当时人称之为竿摩车。董卓弟弟董旻为左将军，封鄠侯；董卓哥哥的儿子董璜为侍中、中军校尉典兵；他的宗族内外的亲戚都在朝廷做官。公卿见到董卓，都在董卓的车下行拜谒礼仪，董卓也不回礼。下召令三台尚书以下的官员亲自到董卓的府上拜谒汇报事情。他修筑郿坞，高度和长安城城墙一样，积聚谷物够三十年食用，说大事如果成功，就可以据有天下，不成功，守住这些就可以终老无忧。董卓曾经到郿坞巡查，公卿以下的官员在横门外为他送行，并祭路神。董卓预先设帐幔饮酒，带来被诱降的几百名北地反叛者，董卓下令在席间先割断他们的舌头，有的斩断手足，有的凿瞎眼睛，有的放进大锅里煮，还没有死的，在杯案间挣扎，到会的人都吓得浑身发抖而掉下手中勺筷，但董卓吃喝照旧神态自若。太史观望天象，说会有大臣被杀。原太尉张温这时为卫尉，一直和董卓不和，董卓心里很怨恨他，借说天象有变，想以此搪塞罪责，使人状告张温与袁术有勾结，就用鞭子打死了他。执法时命令苛酷，任凭自己的爱憎滥施刑罚，被诬告的、冤死的数以千计。百姓发出愁叹，在道路上只能以目光打招呼。董卓打碎了所有的铜人、钟虡，又毁掉五铢钱，改铸成小钱，有五分大，没有文字和图案，钱币边缘和方孔轮廓不清，没有经过认真磨制。于是货币贬值而物价上涨，一斛谷子要几十万钱。从这以后货币就不能流通了。

三年四月，司徒王允、尚书仆射士孙瑞、卓将吕布共谋诛卓。是时，天子有疾新愈，大会未央殿。布使同郡骑都尉李肃等将亲兵十余人，伪着卫士服守掖门。布怀诏书。卓至，肃等格卓。卓惊呼："布所在？"布曰"有诏"，遂杀卓，夷三族。

主簿田景前趋卓尸[1]，布又杀之；凡所杀三人，余莫敢动。长安士庶咸相庆贺，诸阿附卓者皆下狱死。

注释

①前趋卓尸：跑到董卓尸体前哭。古人有对着尸体哭泣的礼仪，多是下对上。

译文

初平三年四月，司徒王允、尚书仆射士孙瑞、董卓的将领吕布一起谋划杀掉董卓。这时，皇帝有病刚好，在未央殿大会群臣。吕布命令同郡人骑都尉李肃等人带领亲兵十几人，偷偷换上守门兵士的衣服把守掖门。吕布怀里藏着诏书。董卓到了，李肃等人突然攻击董卓。董卓惊慌地呼唤："吕布在哪儿？"吕布说"有皇帝诏书"，于是杀掉董卓，夷灭他的三族。主簿田景跑到董卓尸体前痛哭，吕布又杀了他；一共杀了三个人，余下的人就没有敢动的了。长安的人都相互庆祝，那些依附董卓的人都被关进大牢并处以死刑。

初，卓女婿中郎将牛辅典兵别屯陕，分遣校尉李傕、郭汜、张济略陈留、颍川诸县。卓死，吕布使李肃至陕，欲以诏命诛辅。辅等逆与肃战，肃败走弘农，布诛肃。其后辅营兵有夜叛出者，营中惊，辅以为皆叛，乃取金宝，独与素所厚支胡赤儿等五六人相随，逾城北渡河，赤儿等利其金宝，斩首送长安。

比傕等还，辅已败，众无所依，欲各散归。既无赦书，而闻长安中欲尽诛凉州人，忧恐不知所为。用贾诩策，遂将其众而西，所在收兵，比至长安，众十余万，与卓故部曲樊稠、李蒙、王方等合围长安城。十日城陷，与布战城中，布败走。傕等放兵略长安老少，杀之悉尽，死者狼籍。诛杀卓者，尸王允于市。葬卓于郿，大风暴雨震卓墓，水流入藏，漂其棺椁。傕为车骑将军、池阳侯，领司隶校尉、假节。汜为后将军、美阳侯。稠为右将军、万年侯。傕、汜、稠擅朝政。济为骠骑将军、平阳侯，屯弘农。

译文

起初，董卓的女婿中郎将牛辅统兵单独驻扎在陕，分别派遣校尉李傕、郭汜、张济统兵驻守陈留、颍川各县。董卓死后，吕布派李肃到陕，想以诏命诛杀牛辅。牛辅等人迎战李肃，李肃兵败逃到弘农，吕布诛杀李肃。其后牛辅营中士兵有深夜叛逃的人，营中震惊，牛辅以为全军都反叛，就取走金银珠宝，单独与他一直厚待的支胡赤儿等五六人同行，逾过城北渡黄河，支胡赤儿等人想占有珍宝，便斩下牛辅的首级送到长安。

等到李傕等人返回，牛辅已败，众人没有依靠，想各自散去回家。既没有朝廷的赦免诏书，又听闻长安中有想杀尽凉州人的议论，他们担忧害怕不知所措。于是他们使用贾诩的计策，率领部众向西，所到之处收整兵马，等到了长安，已有十多万人，与董卓从前的部下樊稠、李蒙、王方等人合围长安城。十日后长安城被攻陷，与吕布在城中大战，吕布兵败逃跑。李傕等人放兵抢劫长安城的百姓，把他们全部杀尽，死者的尸体到处都是。杀死谋杀董卓的人，把王允暴尸街市。把董卓埋葬在郿，大风暴雨震撼董卓的墓地，水流入墓坑，把董卓的棺椁漂浮起来。李傕为车骑将军、池阳侯，兼任司隶校尉、授予符节。郭汜为后将军、美阳侯。樊稠为右将军、万年侯。李傕、郭汜、樊稠共擅朝政。张济为骠骑将军、平阳侯，驻守弘农。

是岁，韩遂、马腾等降，率众诣长安。以遂为镇西将军，遣还凉州，腾征西将军，屯郿。侍中马宇与谏议大夫种邵、左中郎将刘范等谋，欲使腾袭长安，己为内应，以诛傕等。腾引兵至长平观，宇等谋泄，出奔槐里。稠击腾，腾败走，还凉州；又攻槐里，宇等皆死。时三辅民尚数十万户，傕等放兵劫略，攻剽城邑，人民饥困，二年间相啖食略尽。

诸将争权，遂杀稠，并其众。汜与傕转相疑，战斗长安中。傕质天子于营，烧宫殿城门，略官寺，尽收乘舆服御物[①]置其家。傕使公卿诣汜请和，汜皆执之。相攻击连月，死者万数。

注释

①乘舆服御物：指天子专用的马车、衣服和生活用品。

译文

这一年，韩遂、马腾等人投降，率领兵马到长安。朝廷以韩遂为镇西将军，派遣他返回凉州，马腾为征西将军，驻军在郿。侍中马宇与谏议大夫种邵、左中郎将刘范等人谋划，想使马腾袭击长安，自己为内应，以诛杀李傕等人。马腾率兵到长平观，马宇等人计谋泄露，出城逃奔槐里。樊稠攻打马腾，马腾失败逃走，返回凉州；樊稠又攻打槐里，马宇等人全部被杀死。当时三辅的百姓还有数十万户，李傕等人纵兵抢劫，攻打掠夺城邑，人民饥饿困乏，两年间人吃人，几乎死尽了。

各将领争权，结果杀了樊稠，兼并他的兵马。郭汜与李傕转而相互猜疑，在长安城中战斗。李傕把天子掠入营中为人质，烧掉宫殿城门，掠夺官府，把天子的马车、衣服和其他物品全部收来放置在他家里。李傕派公卿到郭汜那里请和，郭汜把他们全部扣押了。李傕和郭汜相互攻击了几个月，死的人数以万计。

傕将杨奉与傕军吏宋果等谋杀傕，事泄，遂将兵叛傕。傕众叛，稍衰弱。张济自陕和解之，天子乃得出，至新丰、霸陵间。郭汜复欲胁天子还都郿。天子奔奉营，奉击汜破之。汜走南山，奉及将军董承以天子还洛阳。傕、汜悔遣天子，复相与和，追及天子于弘农之曹阳。奉急招河东故白波[1]帅韩暹、胡才、李乐等合，与傕、汜大战。奉兵败，傕等纵兵杀公卿百官，略宫人入弘农。天子走陕，北渡河，失辎重，步行，唯皇后贵人从，至大阳，止人家屋中。奉、暹等遂以天子都安邑，御乘牛车。太尉杨彪、太仆韩融近臣从者十余人。以暹为征东、才为征西、乐征北将军，并与奉、承持政。遣融至弘农，与傕、汜等连和，还所略宫人公卿百官，及乘舆车马数乘。是时蝗虫起，岁旱无谷，从官食枣菜。诸将不能相率，上下乱，粮食尽。奉、暹、承乃以天子还洛阳。出箕关，下轵道，张杨以食迎道路，拜大司马。语在《杨传》。天子入洛阳，宫室烧尽，街陌荒芜，百官披荆棘，依丘墙间。州郡各拥兵自卫，莫有至者。饥穷稍甚，尚书郎以下，自出樵采，或饥死墙壁间。

注释

①白波：白波军，黄巾军余部在西河白波谷重新起义，故名。

译文

李傕的将领杨奉与李傕的军吏宋果等人计划杀掉李傕，事情泄露，于是就率兵背叛李傕。李傕的兵马反叛，势力稍有衰弱。张济自陕前来和解李傕和郭汜双方，天子才得以放出来，至新丰、霸陵之间。郭汜又想胁持天子迁都返回郿。天子逃奔到杨奉营中，杨奉攻击郭汜并打败他。郭汜逃到南山，杨奉和将军董承携带天子返回洛阳。李傕、郭汜后悔放走天子，又相互和好，在弘农的曹阳追上天子。杨奉急忙招来河东原白波军主帅韩暹、胡才、李乐等，集合兵马，与李傕、郭汜大战。杨奉兵败，李傕等人纵兵杀公卿百官，劫掠宫女入弘农。天子逃到陕，向北渡过黄河，失去车辆物资，自己步行，只有皇后和贵人跟从。至大阳，留宿在百姓的屋中。杨奉、韩暹等人于是就带着天子定都安邑，天子乘坐牛车。太尉杨彪、太仆韩融等近臣跟从的人有十多个。天子以韩暹为征东将军、胡才为征西将军、李乐为征北将军，他们与杨奉、董承一起把持朝政。派遣韩融至弘农，与李傕、郭汜等人相和好，李傕和郭汜归还所劫掠的宫女和公卿百官，及天子车马数乘。这时发生蝗虫灾害，大旱没有粮食，跟从的官员只能吃枣和野菜。各将领不能相互统率，上下动乱，粮食吃尽。杨奉、韩暹、董承就带着天子返回洛阳。出箕关，下轵道，张杨带着粮食在道路上迎接，被天子任命为大司马。这些事记录在张杨的传记里。天子进入洛阳，宫室被烧尽，街道荒芜，百官披荆斩棘，依靠残垣断壁休憩。州郡官吏各自拥兵自卫，没有到这里来护驾的人。饥饿穷困更加严重，尚书郎以下官吏，亲自出去打柴、觅食，有的饿死在残垣断壁之间。

太祖乃迎天子都许。暹、奉不能奉王法，各出奔，寇徐、扬间，为刘备所杀。董承从太祖岁余，诛。建安二年，遣谒者仆射裴茂率关西诸将诛傕，夷三族。汜为其将五习所袭，死于郿。济饥饿，至南阳寇略，为穰人所杀，从子绣摄其众。才、乐留河东，才为怨家所杀，乐病死。遂、腾自还凉州，更相寇。后腾入为卫尉，子超领其部曲。十六年，超与关中诸将及遂等反，太祖征破之。语在《武纪》。遂奔金城，为其将所杀。超据汉阳，腾坐夷三族。赵衢等举义兵讨超，超走汉中从张鲁，后奔刘备，死于蜀。

译文

太祖于是迎天子在许建都。韩暹、杨奉不能奉守朝廷法度，各自出奔，在徐州、扬州一带抢劫，被刘备所杀。董承跟从太祖一年多，被杀。建安二年，朝廷派遣谒者仆射裴茂率领关西各将领诛杀李傕，杀尽其三族。郭汜被他的将领五习所袭击，死在郿。张济缺粮受饿，到南阳掠夺，为穰人所杀，他的侄子张绣统领他的兵马。胡才、李乐留在河东，胡才被仇家所杀，李乐病死。韩遂、马腾返回凉州，又相互侵犯，后来马腾入朝为卫尉，他的儿子马超统领他的部众。建安十六年，马超与关中各将领以及韩遂等人谋反，太祖亲自征讨打败了他。这些事记录在《武帝纪》里。韩遂逃奔到金城，被他的将领所杀。马超据守汉阳，马腾受牵连被杀尽三族。赵衢等人举义兵讨伐马超，马超逃到汉中归附张鲁，后来又投奔刘备，死在蜀。

袁绍传

题解

袁绍本来在朝为司隶校尉，与何进合谋诛杀宦官。何进不久被杀，董卓进京独揽大权，袁绍逃到冀州，成为黄河以北的重要诸侯。他打败公孙瓒后，一度成为当时实力最雄厚的地方军阀。但是他外宽内忌，有谋无断，手下谋臣和将领之间关系复杂。官渡之战中袁绍被曹操打败，不久去世。他死后内部斗争持续升级，最后被曹操逐个消灭。

袁绍字本初，汝南汝阳人也。高祖父①安，为汉司徒。自安以下四世居三公位，由是势倾天下。绍有姿貌威容，能折节下士，士多附之，太祖少与交焉。以大将军掾为侍御史，稍迁中军校尉，至司隶。

注释

①高祖父：祖父的祖父，曾祖父的父亲。

译文

袁绍字本初，汝南汝阳人。他的高祖父袁安，为汉朝大司徒。自袁安以下四代人都有三公之权位，因此权倾天下。袁绍长得非常俊美又有威仪，能够礼贤下士，士人大多愿意依附于他，太祖年少时与他有交往。袁绍以大将军属官身份作了侍御史，逐渐升至中军校尉，又升至司隶校尉。

灵帝崩，太后兄大将军何进与绍谋诛诸阉官，太后不从。乃召董卓，欲以胁太后。常侍、黄门闻之，皆诣进谢，唯所错置。时绍劝进便可于此决之,至于再三,而进不许。令绍使洛阳方略武吏，检司诸宦者。又令绍弟虎贲中郎将术选温厚虎贲二百人，当入禁中，代持兵黄门陛守门户。中常侍段珪等矫[①]太后命，召进入议，遂杀之，宫中乱。术将虎贲烧南宫嘉德殿青琐门,欲以迫出珪等。珪等不出，劫帝及帝弟陈留王走小平津。绍既斩宦者所署司隶校尉许相，遂勒兵捕诸阉人，无少长皆杀之。或有无须而误死者，至自发露形体而后得免。宦者或有行善自守而犹见及。其滥如此。死者二千余人。急追珪等，珪等悉赴河死。帝得还宫。

注释

①矫：假托，诈称。

译文

汉灵帝去世，太后的哥哥大将军何进与袁绍图谋杀死各宦官，太后不同意。何进就召董卓进京，想用董卓胁迫太后。常侍、黄门等宦官听说了这件事，都到何进那里拜诣谢罪，听任处置。这时袁绍劝何进就可以在此诛杀他们，袁绍连连劝说，而何进不同意。何进命令袁绍派遣在洛阳有谋略的武官监督这些宦官。又命令袁绍弟弟虎贲中郎将袁术选取温和厚道的虎贲二百人，进入宫中任职，代替持兵器的黄门看守皇宫。中常侍段珪等人伪造何太后的命令，召何进进宫议事，就趁机杀了何进，宫中大乱。袁术率领虎贲焚烧南宫嘉德殿青琐门，想用这种方法迫使段珪等人出来。段珪等人不出来，劫持皇帝及其弟弟陈留王逃跑到小平津。袁绍斩杀了宦官任命的司隶校尉许相，就率兵逮捕这些宦官，无论年纪大小全部杀死。有的人没有胡须而被误杀，以至于有的人自己脱掉衣服后才得以幸免。即使宦官中行善守本分的人也同样被杀。袁绍的滥杀到了这种地步。死的有两千多人。袁绍急忙追段珪等人，段珪等人都投黄河自杀。皇帝得以回宫。

董卓呼绍，议欲废帝，立陈留王。是时绍叔父隗为太傅，绍伪许之，曰："此大事，出当与太傅议。"卓曰："刘氏种不足复遗。"绍不应，横刀长揖而去。绍既出，遂亡奔冀州。侍中周毖、城门校尉伍琼、议郎何颙等，皆名士也，卓信之，而阴为绍，乃说卓曰："夫废立大事，非常人所及。绍不达大体，恐惧故出奔，非有他志也。今购之急，势必为变。袁氏树恩四世，门生故吏遍于天下，若收豪杰以聚徒众，英雄因之而起，则山东非公之有也。不如赦之，拜一郡守，则绍喜于免罪，必无患矣。"卓以为然，乃拜绍勃海太守，封邟乡侯。

译文

董卓叫来袁绍，商议废掉皇帝，立陈留王为帝。这时袁绍的叔父袁隗任太傅，袁绍假装答应董卓，说："这是大事，回去后要与太傅商议。"董卓说："刘氏不足以再留存下去。"袁绍没有应声，横握大刀深深地作揖而去。袁绍出来后，就逃奔到冀州去了。侍中周毖、城门校尉伍琼、议郎何颙等人，都是名士，董卓信任他们，他们私底下却帮助袁绍，就劝说董卓说："废立皇帝这样的大事，不是常人所能参与的。袁绍不识大体，太害怕了所以才逃跑，不是因为有别的意图。现在悬赏捉拿他，袁绍势必被逼而叛变。袁氏树立恩惠已经四代了，门生故吏遍布天下，如果袁绍招揽豪杰以聚集部众，英雄都因为他而起事造反，那么山东就不是您所有的地盘了。不如赦免他，任命他做一郡的太守，则袁绍会因为被免罪而欣喜，肯定就不会再有忧患了。"董卓认为对，就任命袁绍为勃海太守，封邟乡侯。

绍遂以勃海起兵，将以诛卓。语在《武纪》。绍自号车骑将军，主盟，与冀州牧韩馥立幽州牧刘虞为帝，遣使奉章诣虞，虞不敢受。后馥军安平，为公孙瓒所败。瓒遂引兵入冀州，以讨卓为名，内欲袭馥。馥怀不自安。会卓西入关，绍还军延津，因馥惶遽，使陈留高幹、颍川荀谌等说馥曰："公孙瓒乘胜来向南，而诸郡应之，袁车骑引军东向，此其意不可知，窃为将军危之。"馥曰："为之奈何？"谌曰："公孙提燕、代之卒，其锋不可当。袁氏一时之杰，必不为将军下。夫冀州，天下之重资也，若两雄并力，兵交于城下，危亡可立而待也。夫袁氏，将军之旧，且同盟也，当今为将军计，莫若举冀州以让袁氏。袁氏得冀州，则瓒不能与之争，必厚德将军。冀州入于亲交，是将军有让贤之名，而身安于泰山也。愿将军勿疑！"馥素恇怯[①]，因然其计。馥长史耿武、别驾闵纯、治中李历谏馥曰："冀州虽鄙，带甲百万，谷支十年。袁绍孤客穷军，仰我鼻息，譬如婴儿在股掌之上，绝其哺乳，立可饿杀。奈何乃欲以州与之？"馥曰："吾，袁氏故吏，且才不如本初，度德而让，古人所贵，诸君独何病焉！"从事赵浮、程奂请以兵拒之，馥又不听。乃让绍，绍遂领冀州牧。

注释

①恇怯：胆怯。

译文

袁绍就以勃海作根据地起兵，准备诛杀董卓。这些事情记载在《武帝纪》中。袁绍自称车骑将军，做盟主，与冀州牧韩馥拥立幽州牧刘虞为皇帝，派遣使者奉送奏章拜诣刘虞，刘虞不敢接受。后来韩馥的军队驻扎在安平，被公孙瓒打败。公孙瓒就率领兵马进入冀州，以讨伐董卓为名，心里却想袭击韩馥。韩馥自然心里也很不安宁。恰巧赶上董卓向西进入关中，袁绍撤军到了延津，趁着韩馥心里不安害怕，派遣陈留人高幹、颍川人荀谌等人劝说韩馥说："公孙瓒乘胜向南而来，而各郡响应他，车骑将军袁绍率领军队向东而来，他的意图也不可知呀，我们暗暗地为将军感到担忧。"韩馥说："怎么办呢？"荀谌说："公孙瓒率领的是燕、代之兵，其锋芒不可阻挡。袁绍是当世的豪杰，必定不愿居于将军之下。冀州，是争夺天下的重要之地，如果两雄相结盟，在您城下开战，危险是马上就要来的。袁绍，是将军的旧交，又曾经是同盟，现在为将军谋划，不如献出冀州给袁绍。袁绍得到冀州，则公孙瓒不能与袁绍争战，袁绍必然深深地感激将军。冀州被亲友得到，这样将军既有让贤的美名，而自己又能像泰山一样安稳。希望将军不要迟疑！”韩馥一直都胆怯，因而认同这一计策。韩馥长史耿武、别驾闵纯、治中李历进谏韩馥说：“冀州虽然鄙小，但也有甲兵百万，粮食可供十年食用。袁绍的军队是势弱的孤军，需要仰仗我们的庇护，就像是在手中的婴儿，断绝他的哺乳，立刻就能将他饿死。为什么竟要把冀州让给他？”韩馥说：“我是袁氏家族的故吏，并且才能不如袁绍，度量自己的德行而让位给有德之人，这是古人所推崇的，各位为什么偏偏忧虑呢！”从事赵浮、程奂请求以兵抵挡袁绍，韩馥又不听从。于是韩馥将冀州让给袁绍，袁绍就做了冀州牧。

从事沮授说绍曰：“将军弱冠登朝，则播名海内；值废立之际，则忠义奋发；单骑出奔，则董卓怀怖；济河而北，则勃海稽首。振一郡之卒，撮冀州之众，威震河朔，名重天下。虽黄巾猾乱，黑山跋扈，举军东向，则青州可定；还讨黑山，则张燕可灭；回众北首，则公孙必丧；震胁戎狄，则匈奴必从。横大河之北，合四州之地，收英雄之才，拥百万之众，迎大驾于西京，复宗庙于洛邑，号令天下，以讨未复，以此争锋，谁能敌之？比及数年，此功不难。”绍喜曰：“此吾心也。”即表授为监军、奋威将军。卓遣执金吾胡母班、将作大匠吴脩赍诏书喻绍，绍使河内太守王匡杀之。

卓闻绍得关东，乃悉诛绍宗族太傅隗等。当是时，豪侠多附绍，皆思为之报，州郡蜂起，莫不假其名。馥怀惧，从绍索去，往依张邈。后绍遣使诣邈，有所计议，与邈耳语。馥在坐上，谓见图构，无何起至溷[①]自杀。

注释

①溷hùn：厕所。

译文

从事沮授劝袁绍说："将军二十多岁到朝廷做官，名扬海内；正当董卓废立皇帝之时，您忠义奋发；您骑着一匹马出逃，则使董卓怀有恐惧之心；您渡过黄河以北，则使渤海的人都叩首臣服。振一郡的兵马，聚集冀州人马，威名震动黄河以北，名重天下。虽然黄巾作乱，黑山军跋扈，您率军东向，则青州就可以平定；回去讨伐黑山军，则张燕就可以灭掉了；回师北伐，则公孙瓒必然丧命；震胁戎狄，则匈奴必然跟从您。横扫大河之北，合并四州之地，收英雄之才，拥百万之兵，到长安迎接天子，在洛阳恢复宗庙，号令天下，以讨伐没有收复的地区，以这种力量去争锋，谁能抵挡您？等上几年，这个大功就不难实现了。"袁绍高兴地说："这正是我的心志。"随即上表推荐沮授为监军、奋威将军。董卓派遣执金吾胡母班、将作大匠吴脩携带诏书告谕袁绍，袁绍派河内太守王匡杀掉他们。董卓听说袁绍得到关东，就杀光袁绍的宗族包括太傅袁隗等人。正当这时，豪侠多依附袁绍，都想着为他报仇，各州郡群起造反，没有不假借袁绍的名义的。韩馥害怕，向袁绍请求离去，前往依附张邈。后来袁绍派遣使者拜诣张邈，有事商量，与张邈耳语。韩馥在座，认为自己要被谋害，没一会儿就跑到厕所自杀了。

初，天子之立非绍意，及在河东，绍遣颍川郭图使焉。图还说绍迎天子都邺，绍不从。会太祖迎天子都许，收河南地，关中皆附。绍悔，欲令太祖徙天子都鄄城以自密近，太祖拒之。天子以绍为太尉，转为大将军，封邺侯，绍让侯不受。顷之，击破瓒于易京，并其众。出长子谭为青州，沮授谏绍："必为祸始。"绍不听，曰："孤欲令诸儿各据一州也。"又以中子熙为幽州，甥高幹为并州。众数十万，以审配、逢纪统军事，田丰、荀谌、许攸为谋主[①]，颜良、文丑为将率，简精卒十万，骑万匹，将攻许。

注释

①谋主：主要的谋士。

译文

起初，立汉献帝不是袁绍的本意，等到皇帝到了河东，袁绍派遣使者颍川人郭图前去拜见。郭图回来后劝说袁绍迎接天子在邺建都，袁绍没有听从。刚好赶上太祖迎天子在许建都，收复黄河以南土地，关中都归附了他。袁绍感到后悔，想让太祖迁徙天子在鄄城建都以便自己接近天子，太祖拒绝了他。天子任命袁绍为太尉，转任大将军，封邺侯，袁绍辞让侯爵不接受。很快，袁绍在易京打败公孙瓒，吞并他的部属。派出长子袁谭做青州刺史，沮授进谏袁绍说:“这定会成为祸患的开始。”袁绍不听，说:“我想让几个儿子各占据一州。”又以二儿子袁熙为幽州刺史，外甥高幹为并州刺史。统兵几十万，以审配、逢纪统管军事，田丰、荀谌、许攸为主要谋士，颜良、文丑为率兵将领，挑选精锐士兵十万，战马一万匹，准备攻打许。

先是，太祖遣刘备诣徐州拒袁术。术死，备杀刺史车胄,引军屯沛。绍遣骑佐之。太祖遣刘岱、王忠击之，不克。建安五年，太祖自东征备。田丰说绍袭太祖后，绍辞以子疾，不许。丰举杖击地曰:“夫遭难遇之机，而以婴儿之病失其会，惜哉！”太祖至，击破备；备奔绍。

译文

在这之前，太祖派遣刘备到徐州抵抗袁术。袁术死后，刘备杀刺史车胄，率军在沛驻扎。袁绍派遣骑兵帮助刘备。太祖派遣刘岱、王忠攻击刘备，没能取胜。建安五年，太祖亲自东征刘备。田丰劝说袁绍偷袭太祖后方，袁绍以儿子有病推辞，不同意，田丰举起手杖击打着地面说："碰到难遇的机会，却以儿子的病失掉机会，可惜呀！"太祖到徐州，打败了刘备；刘备投奔袁绍。

绍进军黎阳，遣颜良攻刘延于白马。沮授又谏绍："良性促狭，虽骁勇不可独任。"绍不听。太祖救延，与良战，破斩良。绍渡河，壁延津南，使刘备、文丑挑战。太祖击破之，斩丑，再战，禽绍大将。绍军大震。太祖还官渡。沮授又曰："北兵数众而果劲不及南，南谷虚少而货财不及北；南利在于急战，北利在于缓搏。宜徐持久，旷以日月。"绍不从。连营稍前，逼官渡，合战，太祖军不利，复壁。绍为高橹①，起土山，射营中，营中皆蒙楯，众大惧。太祖乃为发石车，击绍楼，皆破，绍众号曰霹雳车。绍为地道，欲袭太祖营。太祖辄②于内为长堑以拒之，又遣奇兵袭击绍运车，大破之，尽焚其谷。太祖与绍相持日久，百姓疲乏，多叛应绍，军食乏。会绍遣淳于琼等将兵万余人北迎运车，沮授说绍："可遣将蒋奇别为支军于表,以断曹公之钞。"绍复不从。琼宿乌巢，去绍军四十里。太祖乃留曹洪守，自将步骑五千，候夜潜往攻琼。绍遣骑救之，败走。破琼等，悉斩之。太祖还，未至营，绍将高览、张郃等率其众降。绍众大溃，绍与谭单骑退渡河。余众伪降，尽坑之。沮授不及绍渡，为人所执，诣太祖，太祖厚待之。后谋还袁氏，见杀。

注释

①高橹：瞭望敌情的高楼。

②辄：立即，就。

译文

袁绍进军黎阳，派遣颜良在白马攻打刘延。沮授又进谏袁绍说："颜良性情急躁狭隘，虽然骁勇善战却不能独当一面。"袁绍不听。太祖援救刘延，与颜良开战，打败颜良并斩杀了他。袁绍渡过黄河，在延津南修筑营垒，派刘备、文丑挑战太祖。太祖又打败他们，斩杀文丑，再战，活捉了袁绍的大将。袁绍军队十分震惊。太祖回到官渡。沮授又说："北方的我军虽人多但果决勇敢不如南方的曹军，南方的曹军粮草不足且物资财富不及北方的我军；南方军的利好在于速战速决，北方军的优势在于持久地周旋战斗。我军应该打持久战，拖延时间。”袁绍不肯听从。他把营垒连接起来缓慢向前进逼，逼近官渡，双方开战，太祖军处不利地位，又撤回到壁垒中。袁绍修筑高高的瞭望台，垒起土山，向太祖营中射箭，营中人都用盾保护，士兵很恐惧。太祖就制作发石车，攻击袁绍的高楼，高楼都被击垮，袁绍部属称之为霹雳车。袁绍挖掘地道，想袭击太祖的营垒。太祖就在里面挖掘长沟以抵御袁绍，又派遣奇兵袭击袁绍的运粮车，大败袁绍的运粮军，把他们的粮食全部烧掉。太祖与袁绍相持很久，百姓疲惫贫乏，很多人叛变归顺袁绍，曹军粮食贫乏。适逢袁绍派遣淳于琼等率兵一万多人向北迎接运粮车，沮授劝说袁绍说："可以派遣将领蒋奇另率军队跟在后面，以断绝曹公劫粮的念头。”袁绍又不从。淳于琼在乌巢夜宿，离袁绍军队四十里。太祖就留下曹洪守营垒，亲自率步骑五千人夜里悄悄前去攻打淳于琼。袁绍派遣骑兵救援淳于琼，被击败逃跑。曹军打败淳于琼等人，将他们全部斩杀。太祖回来，未到营垒，袁绍将领高览、张郃等人率领他们的部卒投降。袁绍军队全面崩溃，袁绍与袁谭骑着马孤身撤退渡过黄河。余下的军队假装投降，太祖将他们全部坑杀了。沮授没来得及和袁绍渡河，被人抓住，带到太祖那里，太祖很优待他。后来沮授图谋返回袁绍那里，被杀。

初，绍之南也，田丰说绍曰："曹公善用兵，变化无方，众虽少，未可轻也，不如以久持之。将军据山河之固，拥四州之众，外结英雄，内修农战，然后简其精锐，分为奇兵，乘虚迭出，以扰河南，救右则击其左，救左则击其右，使敌疲于奔命，民不得安业；我未劳而彼已困，不及二年，可坐克也。今释庙胜之策，而决成败于一战，若不如志，悔无及也。"绍不从。丰恳谏，绍怒甚，以为沮众，械系之。绍军既败，或谓丰曰："君必见重。"丰曰："若军有利，吾必全，今军败，吾其死矣。"绍还，谓左右曰："吾不用田丰言，果为所笑。"遂杀之。绍外宽雅，有局度，忧喜不形于色，而内多忌害，皆此类也。

冀州城邑多叛，绍复击定之。自军败后发病，七年，忧死。

译文

起初，袁绍南下攻打太祖，田丰劝袁绍说："曹操善于用兵，变化不测，军队虽少，不可轻视，不如以持久战和他对峙。将军据有山河的险固，拥有四州的军队，在外结交英雄，在内整治农战，这以后就可以挑选出精锐，分为奇兵，乘虚轮番出击，以扰乱黄河以南，对方救援右边我们就攻击他们左边，救左边我们就攻击他们的右边，使敌人疲于奔命，百姓不能安心从事生产；我方未疲劳而他们已困乏，不出两年，就可以坐取胜利了。现今放弃朝堂上制敌的策略，而要在一场战争中分出胜负，如果不能取胜，后悔莫及。”袁绍不从。田丰诚恳进谏，袁绍大怒，以为动摇士气，将他囚禁起来。袁绍军失败后，有人对田丰说：“您必定会被器重。”田丰说：“如果军队胜利了，我必然能保全性命，现在军队失败了，我大概要死了。”袁绍回来，对旁边的人说：“我不用田丰的计策，果然被他取笑。”就杀了他。袁绍外表宽容雅量，有气度，忧喜不表现在脸上，而内心好嫉妒猜疑，就像对田丰这样。

冀州的城邑很多都叛变了，袁绍又派兵平定了它们。袁绍自军队战败后就发病，建安七年，忧愁而死。

刘表传

题解

刘表是三国时期比较强大的地方军阀，他长期占据荆州，占地几千里，拥兵十几万，完全有安抚天下的实力。但他无所作为，打败了董卓部将张济还假仁假义地表示难过，盘踞荆州多年，只图自己安乐，军队、官吏管理混乱，又废长立幼，最后去世不久，他的儿子刘琮便投降了曹操。

刘表字景升，山阳高平人也。少知名，号八俊。长八尺余，姿貌甚伟。以大将军掾为北军中候。灵帝崩，代王睿为荆州刺史。是时山东兵起，表亦合兵军襄阳。袁术之在南阳也，与孙坚合从，欲袭夺表州，使坚攻表。坚为流矢所中，死，军败，术遂不能胜表。李傕、郭汜入长安，欲连表为援，乃以表为镇南将军、荆州牧，封成武侯，假节。天子都许，表虽遣使贡献，然北与袁绍相结。治中邓羲谏表，表不听，羲辞疾而退，终表之世。张济引兵入荆州界，攻穰城，为流矢所中死。荆州官属皆贺，表曰："济以穷来，主人无礼，至于交锋，此非牧意，牧受吊，不受贺也。"使人纳其众；众闻之喜，遂服从。长沙太守张羡叛表，表围之连年不下。羡病死，长沙复立其子怿[①]，表遂攻并怿，南收零、桂，北据汉川，地方数千里，带甲十余万。

注释

①怿：音yì。

译文

刘表字景升，山阳高平人。年少时就很有名气，号称八俊之一。身高八尺多，容貌十分漂亮威武。以大将军属官的身份担任北军中候。灵帝去世，刘表代替王睿做了荆州刺史。这时山东兵起，刘表也聚兵在襄阳驻军。袁术在南阳，与孙坚联合，想袭夺刘表的荆州，袁术让孙坚攻打刘表。孙坚被流箭射中死去，军队战败，袁术便不能打败刘表。李傕、郭汜进入长安，想联合刘表为外援，就任命刘表为镇南将军、荆州牧，封成武侯，授予节符。天子在许定都，刘表虽然遣使进贡，但是却与北方的袁绍相勾结。治中邓羲劝谏刘表，刘表不听，邓羲借口有病辞官离开，一直到刘表去世。张济率兵进入荆州界，攻穰城，被流箭射中死去。荆州官属都庆贺，刘表说："张济因为身处困境才来攻打，主人无礼，以至于交战，这不是我的本意，我只接受吊唁，不接受庆贺。"使人接纳张济部属；张济的部属听到这件事很高兴，就服从了刘表。长沙太守张羡背叛刘表，刘表围困他几年都没有攻下。张羡病死，长沙人又拥立他的儿子张怿，刘表就攻打并吞并张怿的地盘，南下取得零陵、桂阳，往北占据汉川，地盘方圆几千里，士兵十多万人。

太祖与袁绍方相持于官渡，绍遣人求助，表许之而不至，亦不佐太祖，欲保江汉间，观天下变。从事中郎韩嵩、别驾刘先说表曰："豪杰并争，两雄相持，天下之重，在于将军。将军若欲有为，起乘其弊可也；若不然，固将择所从。将军拥十万之众，安坐而观望。夫见贤而不能助，请和而不得，此两怨必集于将军，将军不得中立矣。夫以曹公之明哲，天下贤俊皆归之，其势必举袁绍，然后称兵以向江汉，恐将军不能御也。故为将军计者，不若举州以附曹公，曹公必重德将军；长享福祚，垂之后嗣，此万全之策也。"表大将蒯越亦劝表，表狐疑，乃遣嵩诣太祖以观虚实。嵩还，深陈太祖威德，说表遣子入质。表疑嵩反为太祖说，大怒，欲杀嵩，考①杀随嵩行者，知嵩无他意，乃止。表虽外貌儒雅，而心多疑忌，皆此类也。

注释

①考：通"拷"，拷问。

译文

太祖与袁绍在官渡正相持不下，袁绍遣人求助，刘表答应他却没有去，也不帮助太祖，只想保住江汉间的地盘，观察天下变化。从事中郎韩嵩、别驾刘先劝刘表说："豪杰并争，袁、曹两雄相持，天下所倚重的，就是将军。将军如果想有所作为，乘着他们疲弊起兵就可以了；如果不这样，一定要选择服从一方。将军拥有十万兵马，怎么能坐而观望。见到贤明的而不给予帮助，请他们两军和解而又不能办到，这两家的怨恨必然集中在将军身上，将军就不可能保持中立了。以曹公的贤明，天下贤俊都归附他，以现在的形势来看，曹公必定打败袁绍，然后率兵攻向江汉，恐怕将军不能抵御。所以为将军谋划，不如献出荆州以归附曹公，曹公必会深深地感激将军；将军您便可长享福禄，并传给后代，这是万全之策。"刘表大将蒯越也劝刘表，刘表犹豫不决，就派遣韩嵩拜见太祖以观虚实。韩嵩返回，极力地陈述太祖威德，劝说刘表遣子做人质。刘表怀疑韩嵩背叛自己反为太祖游说，大怒，想杀韩嵩，拷问并杀死随韩嵩同去的人，知道韩嵩没有其他不轨想法，才没杀韩嵩。刘表虽然外貌儒雅，而内心多疑忌，他待人大多是这样。

刘备奔表，表厚待之，然不能用。建安十三年，太祖征表，未至，表病死。

译文

刘备投奔刘表，刘表厚待他，然而却不重用他。建安十三年，太祖征讨刘表，还没到达，刘表就病死了。

初，表及妻爱少子琮，欲以为后，而蔡瑁、张允为之支党，乃出长子琦为江夏太守，众[1]遂奉琮为嗣。琦与琮遂为仇隙。越、嵩及东曹掾傅巽等说琮归太祖，琮曰："今与诸君据全楚之地，守先君之业，以观天下，何为不可乎？"巽对曰："逆顺有大体，强弱有定势。以人臣而拒人主，逆也；以新造之楚而御国家，其势弗当也；以刘备而敌曹公，又弗当也。三者皆短，欲以抗王兵之锋，必亡之道也。将军自料何与刘备？"琮曰："吾不若也。"巽曰："诚以刘备不足御曹公乎，则虽保楚之地，不足以自存也；诚以刘备足御曹公乎，则备不为将军下也。愿将军勿疑。"太祖军到襄阳，琮举州降。备走奔夏口。

译文

起初，刘表和妻子喜爱小儿子刘琮，想以刘琮为继承人，而有蔡瑁、张允做刘琮的党羽，就派长子刘琦为江夏太守，部属就奉刘琮为嗣。刘琦与刘琮就因此结仇。蒯越、韩嵩及东曹掾傅巽等人劝说刘琮归降太祖，刘琮说：“现今与诸君占据荆楚之地，守卫我父亲的基业，以此观望天下形势，有什么做不到的呢？”傅巽回答说：“抗拒和服从有着根本的原则，强大或弱小有确定的形势。以臣子的身份抗拒天子，是忤逆；以刚建立的楚地去对抗整个国家，则国家势力又无以抵挡；以刘备对抗曹公，又不能抵挡。三者都是短处，想对抗王兵的锋芒，必然是灭亡之道。将军想想自己和刘备比怎么样？”刘琮说：“我不如刘备。”傅巽说：“如果靠刘备不足以抵御曹公，那么即使保住了楚地，也不足以自我保全；如果靠刘备足以抵挡曹公，则刘备又不会甘居将军之下。希望将军不要再迟疑。”曹太祖大军到襄阳，刘琮率州投降。刘备逃奔到夏口。

太祖以琮为青州刺史，封列侯。蒯越等侯者十五人。越为光禄勋；嵩，大鸿胪；羲，侍中；先，尚书令；其余多至大官。

译文

太祖任命刘琮为青州刺史，封为列侯。蒯越等人被封侯的有十五人。蒯越做了光禄勋，韩嵩做了大鸿胪，邓羲为侍中，刘先为尚书令，其余的人大多做了大官。

吕布传

题解

吕布本是并州武士，后来成为汉末的一方诸侯。但他有勇无谋，上下不能团结一心，经常战败，最后被曹操所灭。他一直被看成是小人，原因是他曾经两次刺杀主人，又很不光彩地夺取了当时刘备所占据的徐州。但在政治和军事领域往往是不能谈道德的，古语且有“兵不厌诈”之说。在三国那个群雄并起的时代，吕布是“三国第一猛将”，不容忽视。

吕布字奉先，五原郡九原人也。以骁武给并州。刺史丁原为骑都尉，屯河内，以布为主簿，大见亲待。灵帝崩，原将兵诣洛阳。与何进谋诛诸黄门，拜执金吾。进败，董卓入京都，将为乱，欲杀原，并其兵众。卓以布见信于原，诱布令杀原。布斩原首诣卓，卓以布为骑都尉，甚爱信之，誓为父子。

译文

吕布字奉先，是五原郡九原人。以骁勇有武艺在并州任职。并州刺史丁原做了骑都尉，驻扎在河内，让吕布做主簿，吕布很受丁原亲近礼遇。汉灵帝死后，丁原率领军队去洛阳。他与何进谋划诛杀宦官，被任命为执金吾。何进失败，董卓进入洛阳，准备作乱，想杀掉丁原，吞并他的兵众。董卓因为吕布被丁原信任，诱降吕布并命令吕布杀掉丁原。吕布斩丁原首级去拜见董卓，董卓任命吕布为骑都尉，非常宠爱信任他，立誓结为父子。

布便弓马，膂力过人，号为飞将。稍迁至中郎将，封都亭侯。卓自以遇人无礼，恐人谋己，行止常以布自卫。然卓性刚而褊[①]，忿不思难，尝小失意，拔手戟掷布。布拳[②]捷避之，为卓顾谢，卓意亦解。由是阴怨卓。卓常使布守中阁，布与卓侍婢私通，恐事发觉，心不自安。

注释

①褊 biǎn：心胸狭小。

②拳：用力。

译文

吕布熟悉骑马射箭，体力过人，号称飞将。渐渐升任至中郎将，封都亭侯。董卓感到自己对待别人无礼，恐怕别人谋杀自己，进进出出常常让吕布保卫自己。但是董卓性情刚烈而又褊狭，愤怒起来就不计后果，曾经因为小过失不满意，就拔手戟投向吕布。吕布用力迅速地避开手戟，然后回来向董卓谢罪，董卓的怒气也已消去。然而吕布因此心里怨恨董卓。董卓常命令吕布看守内室，吕布与董卓的侍婢私通，恐怕事情被发觉，心里也很不安宁。

先是，司徒王允以布州里壮健，厚接纳之。后布诣允，陈卓几见杀状。时允与仆射士孙瑞密谋诛卓,是以告布使为内应。布曰:“奈如父子何！”允曰:“君自姓吕，本非骨肉。今忧死不暇，何谓父子？”布遂许之，手刃刺卓。语在《卓传》。允以布为奋武将军，假节，仪比三司，进封温侯，共秉朝政。布自杀卓后,畏恶凉州人,凉州人皆怨。由是李傕等遂相结还攻长安城。布不能拒，傕等遂入长安。卓死后六旬,布亦败。将数百骑出武关,欲诣袁术。

译文

在这以前，司徒王允因为吕布在州里很强壮勇健，所以对他非常好。后来吕布拜见王允，讲述他差点被董卓杀死的情形。当时王允与仆射士孙瑞密谋诛杀董卓，所以告诉吕布让吕布做内应。吕布说：“我与他是父子，怎么办！”王允说：“您本来姓吕，本就不是骨肉血亲。现在担忧惨死还来不及，哪里还顾得上父子之情？”吕布于是就答应了王允，亲手刺死董卓。这些都记载在《董卓传》里。王允让吕布做了奋武将军，授予符节，仪仗与三公一样，晋封为温侯，一起执掌朝政。吕布自从杀掉董卓以后，畏惧且又厌恶凉州人，凉州人也都怨恨吕布。因此李傕等就相互结盟回攻长安城。吕布不能抵挡，李傕等就进入了长安。董卓死后六十天，吕布也失败了。他率领几百名骑兵出武关，想去投奔袁术。

布自以杀卓为术报仇，欲以德[①]之。术恶其反覆，拒而不受。北诣袁绍，绍与布击张燕于常山。燕精兵万余，骑数千。布有良马曰赤兔。常与其亲近成廉、魏越等陷锋突陈，遂破燕军。而求益兵众，将士钞掠[②]，绍患忌之。布觉其意，从绍求去。绍恐还为己害，遣壮士夜掩杀布，不获。事露，布走河内，与张杨合。绍令众追之，皆畏布，莫敢逼近者。

注释

①德：使……感激。

②钞掠：抢劫，掠夺。

译文

吕布自以为杀掉董卓为袁术报了仇，希望袁术感激他。但袁术讨厌吕布反复无常，把吕布拒在门外而不接纳。吕布向北投奔袁绍，袁绍与吕布一起在常山攻打张燕。张燕有精兵一万多，骑兵数千人。吕布有一匹良马叫赤兔马。吕布时常与他的亲信成廉、魏越等冲锋陷阵，于是打败了张燕大军。而后吕布请求扩充兵众，手下的将领抢劫掠夺，袁绍深为之忧虑。吕布觉察到袁绍的心思，到袁绍那里请求离开。袁绍恐怕吕布以后回来会成为自己的祸害，就派遣壮士深夜暗杀吕布，却没有获得成功。事情败露，吕布出走河内，与张杨会合。袁绍命令众军追杀吕布，但这些人都畏惧吕布，没有敢逼近吕布的。

张邈字孟卓，东平寿张人也。少以侠闻，振穷救急，倾家无爱，士多归之。太祖、袁绍皆与邈友。辟公府，以高第拜骑都尉，迁陈留太守。董卓之乱，太祖与邈首举义兵。汴水之战，邈遣卫兹将兵随太祖。袁绍既为盟主，有骄矜色，邈正议责绍。绍使太祖杀邈，太祖不听，责绍曰："孟卓，亲友也，是非当容之。今天下未定，不宜自相危也。"邈知之，益德太祖。太祖之征陶谦，敕[①]家曰："我若不还，往依孟卓。"后还，见邈，垂泣相对。其亲如此。

注释

①敕：告诫，告诉。

译文

张邈字孟卓，东平寿张人。年少时以游侠闻名，接济穷困救助急难，倾其家产也不吝惜，士人多归附他。太祖和袁绍都与张邈友善。被公府征召，因为成绩优秀被任命为骑都尉，升任陈留太守。董卓之乱中，太祖与张邈首先发动义兵。汴水之战，张邈派遣卫兹率兵跟随太祖。袁绍做了盟主，面有骄傲神色，张邈义正词严地责备袁绍。袁绍让太祖杀张邈，太祖没有听从，责备袁绍说："孟卓是我们的亲密朋友，有争论也应当宽容他。现在天下没有平定，不应该自相危害。"张邈知道这件事，更加感恩太祖。太祖去征讨陶谦，告诉家里人说："我如果不能归来，就去投靠张邈。"太祖后来回来，见到张邈，相对痛哭。他们的感情亲近到这种程度。

吕布之舍袁绍从张杨也，过邈临别，把手共誓。绍闻之，大恨。邈畏太祖终为绍击己也，心不自安。兴平元年，太祖复征谦，邈弟超，与太祖将陈宫、从事中郎许汜、王楷共谋叛太祖。宫说邈曰："今雄杰并起，天下分崩，君以千里之众，当四战之地，抚剑顾眄，亦足以为人豪，而反制于人，不以鄙乎？今州军东征，其处空虚，吕布壮士，善战无前，若权迎之，共牧兖州，观天下形势，俟[①]时事之变通，此亦纵横之一时也。”邈从之。太祖初使宫将兵留屯东郡，遂以其众东迎布为兖州牧，据濮阳。郡县皆应，唯鄄城、东阿、范为太祖守。太祖引军还，与布战于濮阳，太祖军不利，相持百余日。是时岁旱、虫蝗、少谷，百姓相食，布东屯山阳。二年间，太祖乃尽复收诸城，击破布于钜野。布东奔刘备。邈从布，留超将家属屯雍丘。太祖攻围数月，屠之，斩超及其家。邈诣袁术请救未至，自为其兵所杀。

注释

①俟：等待。

译文

吕布离开袁绍投靠张杨，去张邈那里拜访告别，两人握手起誓。袁绍听说这件事，非常愤恨。张邈害怕太祖最终会为袁绍而攻击自己，心里不安。兴平元年，太祖又征讨陶谦，张邈的弟弟张超，与太祖的将军陈宫，从事中郎许汜、王楷一起谋划背叛太祖。陈宫劝张邈说：“现在雄杰纷纷起兵，天下分崩离析，您以占据千里土地的军队，处在战争要地，按着剑左右观望，也足以成为人中豪杰，而现在却反而受制于人，岂不是太无能了！现在州里的军队东征，这里守备空虚，吕布是个壮士，英勇善战所向无前，如果暂且迎接他来，一起执掌兖州，观察天下的形势，等待时事的变化，也能纵横称霸天下一时。”张邈听从了陈宫的意见。太祖起初命令陈宫率兵驻守东郡，陈宫随即以自己统领的兵马东迎吕布为兖州牧，占据濮阳。郡县都响应陈宫，唯有鄄城、东阿、范为太祖把守。太祖率领军队回来，与吕布在濮阳大战，太祖的军队失利，相持一百多天。这时天气干旱、蝗虫成灾、粮食减产，百姓人吃人，吕布在东驻军山阳。二年之间，太祖就全部收复这些城池了，在钜野把吕布打得大败。吕布向东投奔刘备。张邈跟从吕布，留下张超带领家属在雍丘驻扎。太祖进攻围困雍丘几个月，最终屠灭了雍丘，斩杀张超及其家人。张邈到袁术那里请求救助，还没赶到袁术那里，自己被手下的士兵杀死。

备东击术，布袭取下邳，备还归布。布遣备屯小沛。布自称徐州刺史。术遣将纪灵等步骑三万攻备，备求救于布。布诸将谓布曰：“将军常欲杀备，今可假手于术。”布曰：“不然。术若破备，则北连太山诸将，吾为在术围中，不得不救也。”便严步兵千、骑二百，驰往赴备。灵等闻布至，皆敛兵不敢复攻。布于沛西南一里安屯，遣铃下[①]请灵等，灵等亦请布共饮食。布谓灵等曰：“玄德，布弟也。弟为诸君所困，故来救之。布性不喜合斗，但喜解斗耳。”布令门候于营门中举一只戟，布言：“诸君观布射戟小支，一发中者诸君当解去，不中可留决斗。”布举弓射戟，正中小支。诸将皆惊，言“将军天威也”！明日复欢会，然后各罢。

注释

①铃下：指侍卫。

译文

刘备向东攻击袁术，吕布偷袭取得下邳，刘备归来依附了吕布。吕布派遣刘备驻守小沛。吕布自称徐州刺史。袁术派遣将军纪灵等人率领步骑兵三万进攻刘备，刘备向吕布求救。吕布众将领对吕布说：“将军常常想杀掉刘备，现在可以借袁术之手杀掉刘备。”吕布说：“不能这样。袁术如果打败刘备，那么向北就可以联合泰山的众将，我就处于袁术的包围之中了，所以不得不救刘备。”吕布整装出动步兵一千人、骑兵二百人，前往刘备那里。纪灵等人听说吕布到了，都收兵不敢再攻击。吕布在沛县西南一里处安营驻军，派遣侍卫邀请纪灵等人，纪灵等人也邀请吕布一起饮食。吕布对纪灵等人说：“刘备，是我吕布的弟弟。弟弟被你们围困，所以才来救他。吕布性情不喜欢争斗，只是喜欢解除争斗。”吕布命令守门的将士在营门中竖起一只戟，吕布说：“大家请看我吕布射这个戟的小支，一箭射中的话大家就解围离去，射不中大家就留下来决战。”吕布举起弓射戟，正好射中小支。各位将领都很惊奇，说：“将军真是天威！”第二天又相聚欢饮，然后各自离去。

术欲结布为援，乃为子索布女，布许之。术遣使韩胤以僭号议告布，并求迎妇。沛相陈珪恐术、布成婚，则徐、扬合从，将为国难，于是往说布曰：“曹公奉迎天子，辅赞国政，威灵命世，将征四海，将军宜与协同策谋，图太山之安。今与术结婚，受天下不义之名，必有累卵之危①。”布亦怨术初不已受也，女已在涂，追还绝婚，械送韩胤，枭首许市。珪欲使子登诣太祖，布不肯遣。会使者至，拜布左将军。布大喜，即听登往，并令奉章谢恩。登见太祖，因陈布勇而无计，轻于去就，宜早图之。太祖曰：“布，狼子野心，诚难久养，非卿莫能究其情也 。”即增珪秩中二千石，拜登广陵太守。临别，太祖执登手曰：“东方之事，便以相付。”令登阴合部众以为内应。

注释

①累卵之危：比喻形势非常危险，如同堆起来的蛋，随时都有塌下打碎的可能。

译文

袁术想结交吕布作为外援，就为他的儿子向吕布的女儿提亲，吕布答应了袁术。袁术派遣使者韩胤把他僭称皇帝的计划告诉了吕布，并且请求迎娶儿媳妇。沛相陈珪害怕袁术、吕布两家成婚，那么徐州、扬州就会联合，将会成为国家的灾难，于是前去游说吕布说：“曹公奉迎天子，辅助国政，威名显耀当世，将要征服四海，将军应该与曹公共同谋划，求得泰山一般的安定。现在与袁术结为亲家，忍受天下不义的名声，必然会像堆累起的鸟蛋般危险。”吕布也怨恨袁术当初不肯收留自己，女儿已经在路上了，又派人追回女儿拒绝了这门婚事，把韩胤带上镣铐送往许都，在许都的街头杀头悬挂示众。陈珪想让儿子陈登前往拜诣太祖，吕布不肯派遣。正好赶上太祖的使者来到，任命吕布为左将军。吕布很高兴，立即派遣陈登前往拜见太祖，并且命令陈登带着自己的表章去谢恩。陈登拜见太祖，趁机陈述吕布英勇而无谋略，轻率地与人联盟或分裂，应该早早铲除他。太祖说：“吕布是狼子野心，真是难以长久地养用，除了你没有能探察他的情况的。”随即增加陈珪的俸禄为中二千石，任命陈登为广陵太守。临别时，太祖拉着陈登的手说：“东方的事情，就托付给你了。”命令陈登暗地里集合部属作为内应。

始，布因登求徐州牧，登还，布怒，拔戟斫[①]几曰："卿父劝吾协同曹公，绝婚公路；今吾所求无一获，而卿父子并显重，为卿所卖耳！卿为吾言，其说云何？"登不为动容，徐喻之曰："登见曹公言：'待将军譬如养虎，当饱其肉，不饱则将噬人[②]。'公曰：'不如卿言也。譬如养鹰，饥则为用，饱则扬去。'其言如此。"布意乃解。

注释

①斫 zhuó：用刀、斧等砍劈。

②噬 shì 人：咬人。

译文

起初，吕布是让陈登去为自己求徐州牧的，陈登回来，吕布发怒，拔出戟砍在几案上说："你的父亲劝我联合曹公，断绝与袁术的婚事；现在我所请求的没有得到一个，而你父子都显重起来，我被你们出卖了！你给我讲讲，曹公都说了什么？"陈登不为这改变面色，慢慢告诉吕布说："陈登见到曹公说：'对待将军就像养老虎，应当让他吃饱肉，不吃饱将要咬人。'曹公说：'不是你说的那样。而应是像养鹰，饥饿时才能有用处，吃饱了就会飞走。'曹公说了这些。"听完这些，吕布的怒气才消去。

术怒，与韩暹、杨奉等连势，遣大将张勋攻布。布谓珪曰："今致术军，卿之由也，为之奈何？"珪曰："暹、奉与术，卒合之军耳，策谋不素定，不能相维持，子登策之，比之连鸡，势不俱栖，可解离[1]也。"布用珪策，遣人说暹、奉，使与己并力共击术军，军资所有，悉许暹、奉。于是暹、奉从之，勋大破败。

注释

①解离：使别人相互分离。

译文

袁术发怒，与韩暹、杨奉等联合，派遣大将张勋攻打吕布。吕布对陈珪说："现在招来袁术的军队，都是因为你的计策，该怎么办？"陈珪说："韩暹、杨奉与袁术，仓促间联合起来军队，计策谋略不能一直稳定，不能相互维持，我儿子陈登推测，他们就像缚在一起的小鸡，势必不能相处长久，可以离间他们使他们不再联合。"吕布用陈珪的计策，派人游说韩暹、杨奉，使他们与自己同力攻击袁术的军队，缴获的军事物资，答应全部给韩暹、杨奉。于是韩暹、杨奉听从了吕布，张勋被打得大败。

建安三年，布复叛为术，遣高顺攻刘备于沛，破之。太祖遣夏侯惇救备，为顺所败。太祖自征布，至其城下，遗布书，为陈祸福。布欲降，陈宫等自以负罪深，沮其计。布遣人求救于术，自将千余骑出战，败走，还保城，不敢出。术亦不能救。布虽骁猛,然无谋而多猜忌,不能制御其党,但信诸将。诸将各异意自疑，故每战多败。太祖堑围之三月，上下离心，其将侯成、宋宪、魏续缚陈宫，将其众降。布与其麾下登白门楼。兵围急，乃下降。遂生缚布，布曰:“缚太急，小缓之。”太祖曰:“缚虎不得不急也。”布请曰:“明公所患不过于布,今已服矣,天下不足忧。明公将步,令布将骑，则天下不足定也。”太祖有疑色。刘备进曰:“明公不见布之事丁建阳及董太师乎！”太祖颔之。布因指备曰:“是儿最叵信[1]者 。”于是缢杀布。布与宫、顺等皆枭首送许，然后葬之。

注释

①叵pǒ信：不可相信。

译文

建安三年，吕布又背叛太祖帮助袁术，派遣高顺在沛攻击刘备，打败刘备。太祖派遣夏侯惇救援刘备，被高顺打败。太祖亲自征讨吕布，到吕布城下，给吕布书信，为吕布陈述祸福利害。吕布想投降，陈宫等人自认为罪责深重，阻挠吕布的计划。吕布派人向袁术求救，又亲自率领一千多名骑兵出战，大败逃走，退而守城，不敢再出来应战。袁术也不能救吕布。吕布虽然骁勇，但是没有谋略并且容易猜忌，不能控制驾驭部下，只是信任一部分将领。各将领各有不同考虑，所以战争多失败。太祖挖壕沟围困吕布三个月，吕布军中上下离心，他的将领侯成、宋宪、魏续捆绑陈宫，率领他们的士兵投降。吕布与他的部下登上白门楼。太祖军队围得更紧了，于是吕布开城投降。随即将吕布捆绑起来，吕布说："捆得太紧了，绑松点。"太祖说："捆绑老虎不得不紧。"吕布请求说："明公所忧患的不过是吕布，现在我已经降服了，天下不足您忧患了。明公率领步兵，命令吕布率领骑兵，则天下就不难平定了。"太祖脸上露出迟疑之色。刘备上前说道："明公难道没有看见吕布是怎么对待丁原和董卓的吗？"太祖点头。吕布因而指责刘备说："你小子是最不可信任的人。"于是太祖缢杀吕布。吕布与陈宫、高顺等人都被砍下头送到许都，然后埋葬了他们。

太祖之禽宫也，问宫欲活老母及女不，宫对曰："宫闻孝治天下者不绝人之亲，仁施四海者不乏人之祀，老母在公，不在宫也 。”太祖召养其母终其身，嫁其女。

译文

太祖擒住陈宫，问陈宫想不想让老母和女儿活着，陈宫回答说：“陈宫听说以孝治天下的人不杀绝别人的亲人，在天下施行仁义的人不断绝别人的祭祀，老母的生死在您手里，不在陈宫手里。”太祖召来陈宫母亲并赡养她直到她去世，又嫁出他的女儿。

夏侯惇传

题解

夏侯惇是曹操十分宠信的将军。曹操大军驻扎摩陂时，经常召夏侯惇一起坐车，一起出入休息。夏侯惇不仅能征惯战，而且好学、专师，即使在军队中，也常常亲自迎接老师学习。可以说，夏侯惇是一个文武双全的将才。另外，夏侯惇还是一个十分称职的地方长官，他做地方长官时修建了不少有利于百姓的工程。

夏侯惇字元让，沛国谯人，夏侯婴之后也。年十四，就师学。人有辱其师者，惇杀之，由是以烈气闻。太祖初起，惇常为裨将[①]，从征伐。太祖行奋武将军，以惇为司马，别屯白马，迁折冲校尉，领东郡太守。太祖征陶谦，留惇守濮阳。张邈叛迎吕布，太祖家在鄄城，惇轻军往赴，适与布会，交战。布退还，遂入濮阳，袭得惇军辎重。遣将伪降，共执持惇，责以宝货，惇军中震恐。惇将韩浩乃勒兵屯惇营门，召军吏诸将，皆案甲当部不得动，诸营乃定。遂诣惇所，叱持质者曰："汝等凶逆，乃敢执劫大将军，复欲望生邪！且吾受命讨贼，宁能以一将军之故，而纵汝乎？"因涕泣谓惇曰："当奈国法何！"促召兵击持质者。持质者惶遽叩头，言："我但欲乞资用去耳！"浩数责，皆斩之。惇既免，太祖闻之，谓浩曰："卿此可为万世法。"乃著令，自今已后有持质者，皆当并击，勿顾质。由是劫质者遂绝。

注释

①裨将：副将。

译文

夏侯惇字元让，沛国谯人，是夏侯婴的后人。十四岁时，随老师学习。有人侮辱他的老师，夏侯惇杀了那人，因此以刚烈而闻名。太祖开始起兵，夏侯惇一直做副将，跟从太祖征伐四方。太祖代理奋武将军，任命夏侯惇为司马，夏侯惇单独在白马驻扎，升任折冲校尉，兼任东郡太守。太祖征讨陶谦，留夏侯惇据守濮阳。张邈背叛太祖迎接吕布，太祖家在鄄城，夏侯惇轻军赶往，刚好与吕布相遇，双方交战。吕布后退，就进入濮阳，袭击并缴获夏侯惇军事物资。吕布派遣将领假装投降，一起捉住夏侯惇，向他索要财宝货物，夏侯惇军中震惊惶恐。夏侯惇的将领韩浩就带领兵马在夏侯惇营门驻扎，昭告军中官吏和各将领，全部放下铠甲管束，部下不得行动，各营才得以安定。韩浩于是来到夏侯惇被抓地方，呵叱劫持人质的人说："你们这些凶逆之徒，竟然敢劫持大将军，还想活命吗？并且我接受命令讨伐贼寇，怎么能因为一个将军而纵容你们？”接着哭泣着对夏侯惇说：“国法怎么能违背！”韩浩催促召兵攻击挟持人质的人。挟持人质的人惶恐地赶紧叩头，说：“我们只想求取财物就离去！”韩浩一再斥责，把他们全部斩杀。夏侯惇免于一劫，太祖听说这件事，对韩浩说：“你的这次行动可被万世后人效法。”就下令说，从今以后有劫持人质的人，应当一起攻击，不要考虑人质。从此劫持人质的人就没有了。

太祖自徐州还，惇从征吕布。为流矢所中，伤左目。复领陈留、济阴太守，加建武将军，封高安乡侯。时大旱，蝗虫起，惇乃断太寿水作陂，身自负土，率将士劝种稻，民赖其利。转领河南尹。太祖平河北，为大将军后拒。邺破，迁伏波将军，领尹如故，使得以便宜从事，不拘科制。建安十二年，录惇前后功，增封邑千八百户，并前二千五百户。二十一年，从征孙权还，使惇都督二十六军，留居巢。赐伎乐名倡。令曰：“魏绛以和戎之功[①]，犹受金石之乐，况将军乎！”二十四年，太祖军于摩陂，召惇常与同载，特见亲重，出入卧内，诸将莫得比也。拜前将军，督诸军还寿春，徙屯召陵。文帝即王位，拜惇大将军，数月薨。

注释

①魏绛以和戎之功：春秋时，魏绛劝晋悼公安抚北方少数民族，使晋国北部得以安定，促使晋国强大起来。

译文

太祖从徐州返回，夏侯惇跟随征讨吕布。被流箭射中，伤到左眼。夏侯惇又兼任陈留、济阴太守，加封建武将军，封高安乡侯。这时大旱，发生蝗灾，夏侯惇就截断太寿水修建水池，亲自背土，率领将士劝百姓种植水稻，人民因此得利。后又调任代理河南尹。太祖平定黄河以北地区，作为大将军夏侯惇后援。邺城被攻破，夏侯惇升任伏波将军，像从前一样兼任河南尹，太祖让他可以随机行事，不必拘束于制度。建安十二年，记录夏侯惇前后的功劳，增加封邑一千八百户，加上先前的共二千五百户。建安二十一年，跟从太祖征讨孙权返回，太祖让夏侯惇统领二十六军，留守在居巢。赐他歌妓舞女，下令说："魏绛以和戎的功劳，尚且接受钟磬之类乐器的赏赐，何况将军呢！"建安二十四年，太祖大军驻扎摩陂，经常召夏侯惇一起坐车，夏侯惇特别受亲近和重用，和太祖一起出入休息，各将领都没有比得上他的。夏侯惇被任命为前将军，统领各军回到寿春，又移到召陵驻扎。魏文帝即王位，任命夏侯惇为大将军，几个月后夏侯惇去世。

惇虽在军旅，亲迎师受业。性清俭，有余财辄以分施。不足资之于官，不治产业。谥曰忠侯。子充嗣。帝追思惇功，欲使子孙毕侯，分惇邑千户，赐惇七子二孙爵皆关内侯。惇弟廉及子楙[1]素自封列侯。初，太祖以女妻楙，即清河公主也。楙历位侍中、尚书、安西、镇东将军，假节。充薨，子廙[2]嗣。廙薨，子劭嗣。

注释

①楙：音mào。

②廙：音yì。

译文

夏侯惇即使常在军队中，也亲自延请老师学习。他生性高洁简朴，有多余的财物就拿出来分给别人。不够用时就取用官府的钱财，不置办产业。谥号忠侯。他的儿子夏侯充继承爵位。魏文帝追念夏侯惇的功劳，想让他的子孙都得到封侯，就分出夏侯惇食邑一千户，赐夏侯惇七个儿子两个孙子都为关内侯。夏侯惇的弟弟夏侯廉及其儿子夏侯楙已凭自己的功劳得到列侯爵位。当初，太祖把女儿嫁给夏侯楙，就是清河公主。夏侯楙历任侍中、尚书、安西将军、镇东将军，被授予符节。夏侯充去世，儿子夏侯廙继承爵位。夏侯廙去世，儿子夏侯劭继承爵位。

荀攸传

题解

荀攸是曹操的主要谋士之一，是曹魏阵营里的军师。他智慧过人，又深谋远虑。曹操说他外表愚钝内心聪慧，外表胆怯内心勇敢，外表柔弱内心刚强，不夸赞自己的优点，不显耀自己的功劳，即使是颜回、宁武也不能超过他。

荀攸字公达，彧从子也。祖父昙，广陵太守。攸少孤。及昙卒，故吏张权求守昙墓。攸年十三，疑之，谓叔父衢曰："此吏有非常之色，殆将有奸！"衢寤，乃推问，果杀人亡命。由是异之。何进秉政，征海内名士攸等二十余人。攸到，拜黄门侍郎。董卓之乱，关东兵起，卓徙都长安。攸与议郎郑泰、何颙、侍中种辑、越骑校尉伍琼等谋曰："董卓无道，甚于桀纣，天下皆怨之，虽资强兵，实一匹夫耳。今直刺杀之以谢百姓，然后据淆、函，辅王命，以号令天下，此桓文之举也。"事垂就而觉，收颙、攸系狱，颙忧惧自杀，攸言语饮食自若，会卓死得免。弃官归，复辟公府，举高第，迁任城相，不行。攸以蜀汉险固，人民殷盛，乃求为蜀郡太守，道绝不得至，驻荆州。

译文

荀攸字公达，是荀彧的侄子。祖父荀昙，是广陵太守。荀攸年少时就是孤儿。等到荀昙去世，从前的属官张权请求为荀昙守墓。荀攸当时才十三岁，对张权感到怀疑，对叔父荀衢说："这个小吏神色不像平时的样子，可能有奸诈！"荀衢醒悟，就推究追问张权，张权果然是因为杀了人逃亡出来的。因为这件事大家都认为荀攸不同寻常。何进执政，征召天下名士荀攸等二十多人。荀攸到京城，被任命为黄门侍郎。董卓之乱，关东起兵，董卓迁都长安。荀攸与议郎郑泰、何颙、侍中种辑、越骑校尉伍琼等人商量说："董卓无道，比夏桀和商纣还厉害，天下都怨恨他，虽然他拥有强兵，其实不过是一个平庸之人。如果现在直接刺杀他以告慰百姓，然后据崤山、函谷关，辅佐天子，以号令天下，这是像齐桓公和晋文公一样的壮举。"事情快成功时被发觉，何颙、荀攸下狱，何颙因忧虑恐惧而自杀，荀攸则说话吃喝像平时一样，正逢董卓死去才得以幸免。荀攸弃官回家，又被征召到公府，在考核中获得优等，升任任城相，没去就职。荀攸认为西蜀地区地势险要易于固守，人民富足，就请求担任蜀郡太守，因为道路隔绝不能到达，驻留在荆州。

太祖迎天子都许，遗攸书曰：“方今天下大乱，智士劳心之时也，而顾观变蜀汉，不已久乎！”于是征攸为汝南太守，入为尚书。太祖素闻攸名，与语大悦，谓荀彧、钟繇曰：“公达，非常人也，吾得与之计事，天下当何忧哉！”以为军师。建安三年，从征张绣。攸言于太祖曰：“绣与刘表相恃为强，然绣以游军①仰食于表，表不能供也，势必离。不如缓军以待之，可诱而致也；若急之，其势必相救。”太祖不从，遂进军之穰，与战。绣急，表果救之。军不利。太祖谓攸曰：“不用君言至是。”乃设奇兵复战，大破之。

注释

①游军：指没有根据地和固定供给的军队。

译文

太祖奉迎天子定都许昌，给荀攸写信说：“如今天下大乱，是智谋之士操心的时候，而你在观望蜀汉的局势变化，不是太久了吗！”于是征召荀攸为汝南太守，到许昌又任尚书。太祖一直听闻荀攸的大名，与他交谈后非常高兴，对荀彧、钟繇说：“公达不是普通人呀，我能与他谋划天下大事，天下还有什么可以忧虑的呀！”任命荀攸为军师。建安三年，荀攸跟从太祖征讨张绣。荀攸对太祖说："张绣与刘表相互依靠才强大，然而张绣的流动兵马依靠刘表提供粮食，若刘表不能供给，他们一定会分离。不如迟缓进军以等到他们分裂，可引诱张绣归顺；如急迫攻击他，他们势必相互救援。"太祖没有听从，于是就进军到穰，与张绣作战。张绣危急，刘表果然救援他。太祖大军作战失利。太祖对荀攸说："不用你的计策才导致这个结果呀。"于是设奇兵再战，大败张绣。

是岁，太祖自宛征吕布，至下邳，布败退固守，攻之不拔，连战，士卒疲，太祖欲还。攸与郭嘉说曰："吕布勇而无谋，今三战皆北，其锐气衰矣。三军以将为主，主衰则军无奋意。夫陈宫有智而迟，今及布气之未复，宫谋之未定，进急攻之，布可拔也。"乃引沂、泗灌城，城溃，生禽布。

译文

这一年，太祖从宛城去征讨吕布，至下邳，吕布败退坚守，太祖久攻不下，连续作战，士兵疲惫，太祖想撤兵返回。荀攸和郭嘉劝太祖说："吕布勇而无谋，如今三战都失败了，他的锐气已经衰竭了。三军以将为主，主将锐气衰竭则军队就没有奋勇杀敌的意志。陈宫有智谋却决断迟缓，如今在吕布锐气没有恢复，陈宫计谋没有定下之时，进军迅猛攻城，吕布就可以被攻破了。”于是就掘开沂水、泗水灌下邳城，城破，生擒吕布。

后从救刘延于白马，攸画策斩颜良。语在《武纪》。太祖拔白马还，遣辎重循河而西。袁绍渡河追，卒与太祖遇。诸将皆恐，说太祖还保营，攸曰：“此所以禽敌，奈何去之！”太祖目攸而笑。遂以辎重饵贼，贼竞奔之，陈乱。乃纵步骑击，大破之，斩其骑将文丑，太祖遂与绍相拒于官渡。军食方尽，攸言于太祖曰：“绍运车旦暮至，其将韩莫锐而轻敌，击可破也。”太祖曰：“谁可使？”攸曰：“徐晃可。”乃遣晃及史涣邀击破走之，烧其辎重。会许攸来降，言绍遣淳于琼等将万余兵迎运粮，将骄卒惰，可要击也。众皆疑，唯攸与贾诩劝太祖。太祖乃留攸及曹洪守。太祖自将攻破之，尽斩琼等。绍将张郃、高览烧攻橹降，绍遂弃军走。郃之来，洪疑不敢受，攸谓洪曰：“郃计不用，怒而来，君何疑？”乃受之。

译文

荀攸后来跟从太祖到白马救刘延，荀攸定下计策斩杀颜良。这些事情记录在《武帝纪》里。太祖攻下白马返回，派遣人马运输军备物资沿着黄河向西撤退。袁绍渡过黄河追击，最终与太祖相遇。各将领都恐慌，劝说太祖后撤守护营寨，荀攸说："正是用这些物资来擒敌的，为什么要舍弃不管！"太祖看着荀攸而笑。于是就以军事物资为饵引诱敌军，敌军竞相追逐，军阵大乱。太祖就让步兵骑兵攻击，大败敌军，斩杀他们的骑兵将领文丑，太祖于是与袁绍在官渡相持。军粮快要用尽，荀攸对太祖说："袁绍运粮车早晚就要到达，他的将领韩莫英勇却轻敌，出击可以打败他。"太祖说："可以用谁为将？"荀攸说："徐晃可以。"太祖就派遣徐晃和史涣半路截击敌军，把他们打得大败而逃，烧掉他们的军备物资。这时赶上许攸来投降，说袁绍派遣淳于琼等人率领一万多士兵迎接运粮队，他们将领骄傲士卒懈怠，可以半路截击。众人都有疑虑。只有荀攸与贾诩劝太祖出击。太祖就留下荀攸和曹洪守营，亲自率兵打败敌军，斩杀淳于琼等人。袁绍将领张郃、高览烧掉攻城的战车前来投降时，袁绍弃军逃走。张郃来投降，曹洪怀疑不敢接纳，荀攸对曹洪说："张郃的计策不被采用，愤怒而来，你怀疑什么？"曹洪就接纳了他们。

七年，从讨袁谭、尚于黎阳。明年，太祖方征刘表，谭、尚争冀州。谭遣辛毗乞降请救，太祖将许之，以问群下。群下多以为表强，宜先平之，谭、尚不足忧也。攸曰："天下方有事，而刘表坐保江、汉之间，其无四方志可知矣。袁氏据四州之地，带甲十万，绍以宽厚得众，借使二子和睦以守其成业，则天下之难未息也。今兄弟遘恶[①]，此势不两全。若有所并则力专，力专则难图也。及其乱而取之，天下定矣，此时不可失也。”太祖曰：“善。”乃许谭和亲，遂还击破尚。其后谭叛，从斩谭于南皮。冀州平，太祖表封攸曰：“军师荀攸，自初佐臣，无征不从，前后克敌，皆攸之谋也。”于是封陵树亭侯。十二年，下令大论功行封，太祖曰：“忠正密谋，抚宁内外，文若[②]是也。公达其次也。”增邑四百，并前七百户，转为中军师。魏国初建，为尚书令。

注释

①遘恶 gòu è：结怨，交恶。

②文若：指荀彧，字文若。

译文

建安七年，荀攸跟随太祖到黎阳讨伐袁谭、袁尚。第二年，太祖正在征讨刘表之时，袁谭、袁尚争夺冀州，袁谭派遣辛毗乞降求救，太祖打算接受投降，并询问群臣意见。群臣大多认为刘表强大，应该先平定刘表，袁谭、袁尚不足为虑。荀攸说：“如今天下正是战乱纷争的时节，而刘表坐守长江、汉水之间，他没有争夺天下的志向就很明了了。袁氏占据四州之地，甲兵十万人，袁绍因为宽厚得到众人支持，假使两个儿子和睦相处以守卫袁绍建成的基业，那么天下战乱就不能平息了。如今他们兄弟交恶，这样的形势下双方都不能保全。如果他们一方兼并另一方，就会力量统一，力量统一就难以图谋了。趁着他们战乱而夺取那里，天下就可以平定了，这个大好时机不可以错过。”太祖说：“好。”就同意和袁谭和好结亲，回军打败袁尚。后来袁谭反叛，荀攸跟从太祖在南皮斩杀袁谭。冀州平定，太祖上表请封荀攸说：“军师荀攸，自从开始辅佐我以来，没有哪次征伐不跟从，先后打败敌军，都是因为荀攸的计谋。”于是封荀攸为陵树亭侯。建安十二年，朝廷下令按功劳实行封赏，太祖说：“忠诚刚正，秘密谋划，安抚朝廷内外，文若第一。公达第二。”增加荀攸食邑四百户，加上先前的一共有七百户，荀攸转任为中军师。魏国建立之初，以荀攸任尚书令。

攸深密有智防，自从太祖征伐，常谋谟帷幄，时人及子弟莫知其所言。太祖每称曰：“公达外愚内智，外怯内勇，外弱内强，不伐善，无施劳，智可及，愚不可及，虽颜子、宁武不能过也。”文帝在东宫，太祖谓曰：“荀公达，人之师表也，汝当尽礼敬之。”攸曾病，世子问病，独拜床下，其见尊异如此。攸与钟繇善，繇言：“我每有所行，反覆思惟，自谓无以易；以咨公达，辄复过人意。”公达前后凡画奇策十二，唯繇知之。繇撰集未就，会薨，故世不得尽闻也。攸从征孙权，道薨。太祖言则流涕。

长子缉，有攸风，早没。次子适嗣，无子，绝。黄初中，绍封攸孙彪为陵树亭侯，邑三百户，后转封丘阳亭侯。正始中，追谥攸曰敬侯。

译文

荀攸智谋深远周密，富智慧且能保护自己，自从跟随太祖征伐，他常常在营帐中出谋划策，当时人和他的子弟没有人知道他说了什么。太祖每每称赞他说：“公达外表愚钝内心智慧，外表胆怯内心勇敢，外表柔弱内心刚强，不夸赞自己的优点，不显耀自己的功劳，他的智慧别人可以赶上，但他外表的愚钝别人却不可能赶上，即使是颜回、宁武这样的贤人也不能超过他。”魏文帝为世子时，太祖对他说：“荀公达，是人们的师表，你应当尽到礼节尊敬他。”荀攸曾经生病，世子去询问病情，独自在床下下拜，他受到尊敬已经到了这种地步。荀攸与钟繇关系亲密，钟繇说：“我每次有所行动，都反复思考，自认为没有什么可改变的了；拿来询问公达，他的意见又往往超出我的意料。”公达前前后后一共谋划十二条神妙的计策，只有钟繇知道这些。钟繇撰写搜集这些计策还没完成，就死去了，所以世人不能得知荀攸的全部计策。荀攸跟从太祖征讨孙权，在途中去世。太祖说到他就要哭泣。

荀攸的长子荀缉，有荀攸的风度，早年去世。次子荀适继承爵位，没有儿子，爵位就断绝了。黄初年中，朝廷封荀攸的孙子荀彪为陵树亭侯以延续爵位，食邑三百户，后来转封丘阳亭侯。正始年中，追谥荀攸为敬侯。

贾诩传

题解

贾诩是三国时曹魏的重要谋士，先随李傕，再投张绣，最后为曹操所用。贾诩以智谋见长，算无遗策，所献计策奇、绝、毒、狠，被称为“毒士”“鬼才”。在李傕帐下时，劝李傕、郭汜攻打长安，使原本脆弱的东汉政权更加残败；效命张绣时，两次献计大败曹操，却又劝张绣降曹；辅佐曹操后，累出妙计，在立曹丕为太子的过程中起了决定性的作用。但他自知不是曹操旧人，所以一生谨慎，韬光养晦，明哲保身，得以寿终，并保全家人，实属难得。

贾诩字文和，武威姑臧人也。少时人莫知，唯汉阳阎忠异之，谓诩有良、平之奇。察孝廉为郎，疾病去官，西还至汧，道遇叛氐，同行数十人皆为所执。诩曰：“我段公外孙也，汝别埋我，我家必厚赎之。”时太尉段颎，昔久为边将，威震西土，故诩假以惧氐。氐果不敢害，与盟而送之，其余悉死。诩实非段甥，权以济事，咸此类也。

译文

贾诩字文和，武威姑臧人。年少时没有人了解他，只有汉阳人阎忠认为他很奇异，说贾诩有张良、陈平那样的神奇谋略。贾诩被察举为孝廉做了郎官，因为生病辞官，从西返乡走到汧，路上遇到叛乱的氐人，同行的几十人全被捉住。贾诩说："我是段公外孙，你们别埋我，我家必定会用重金把我赎回去。"当时的太尉段颎，从前做了很长时间的边地将领，威震西土，所以贾诩假借他的声名恐吓氐人。氐人果然不敢加害贾诩，与他结盟并送他回去，其他的则全都被害。贾诩其实并不是段公的外孙，他通过灵活应变成事，都是像这样的情形。

董卓之入洛阳，诩以太尉掾为平津都尉，迁讨虏校尉。卓婿中郎将牛辅屯陕，诩在辅军。卓败，辅又死，众恐惧，校尉李傕、郭汜、张济等欲解散，间行归乡里。诩曰："闻长安中议欲尽诛凉州人，而诸君弃众单行，即一亭长能束君矣。不如率众而西，所在收兵，以攻长安，为董公报仇，幸而事济，奉国家以征天下，若不济，走未后也。"众以为然。傕乃西攻长安。语在《卓传》。后诩为左冯翊，傕等欲以功侯之，诩曰："此救命之计，何功之有！"固辞不受。又以为尚书仆射，诩曰："尚书仆射，官之师长，天下所望，诩名不素重,非所以服人也。纵诩昧于荣利,奈国朝何！"乃更拜诩尚书，典选举，多所匡济，傕等亲而惮之。会母丧去官，拜光禄大夫。傕、汜等斗长安中，傕复请诩为宣义将军。傕等和，出天子，祐护大臣，诩有力焉。天子既出，诩上还印绶。是时将军段煨屯华阴，与诩同郡，遂去傕托煨。诩素知名，为煨军所望。煨内恐其见夺，而外奉诩礼甚备，诩愈不自安。

译文

董卓进入洛阳，贾诩以太尉属官的身份做了平津都尉，升任讨虏校尉。董卓的女婿中郎将牛辅在陕驻扎，贾诩在牛辅军中。董卓大败，牛辅又死了，众人都很恐慌，校尉李傕、郭汜、张济等人想解散军队，走小路逃归乡里。贾诩说：“听闻长安有杀尽凉州人的意见，而你们弃众单独逃走，那只要一个亭长就能捉住你们。不如率领士众向西，在经过的地方招兵买马，以攻打长安，为董卓报仇，如果有幸成功，就尊奉朝廷征讨天下，如果不成功，那时再逃走也不晚。”众人都认为他说得对。李傕就西攻长安。这些事情记录在《董卓传》里。后来贾诩担任左冯翊，李傕等人因为他的功劳而想给他封侯，贾诩说：“这是救命的计策，算什么功劳！”坚持推辞不接受。又要让他做尚书仆射，贾诩说：“尚书仆射，是官吏的首脑，天下所仰望的人，贾诩声望一直不高，没有使人信服的方法。纵使我贾诩贪图虚名利禄，对朝廷又有什么用呢！”于是就改任贾诩为尚书，主管人才选拔，对朝廷事务做了不少补正工作，李傕等人既亲近他又忌惮他。恰逢母亲去世，贾诩便辞官，又被任命为光禄大夫。李傕、郭汜等人在长安争斗，李傕又请贾诩做宣义将军。李傕等人和好，放出天子，保护大臣，贾诩对这件事尽了很大力。天子被放出后，贾诩上交印玺绶带。这时将军段煨驻扎在华阴，他与贾诩是同一个郡的人，贾诩就离开李傕依附段煨。贾诩一直有名声，被段煨军中将士仰慕。段煨心里害怕被贾诩夺取权力，但表面上又装作对贾诩礼遇很厚，贾诩心中更加不安。

张绣在南阳，诩阴结绣，绣遣人迎诩。诩将行，或谓诩曰："煨待君厚矣，君安去之？"诩曰："煨性多疑，有忌诩意，礼虽厚，不可恃，久将为所图。我去必喜，又望吾结大援于外，必厚吾妻子。绣无谋主，亦愿得诩，则家与身必俱全矣。"诩遂往，绣执子孙礼，煨果善视其家。诩说绣与刘表连和。太祖比征之，一朝引军退，绣自追之。诩谓绣曰："不可追也，追必败。"绣不从，进兵交战，大败而还。诩谓绣曰："促更追之，更战必胜。"绣谢曰："不用公言，以至于此。今已败，奈何复追？"诩曰："兵势有变，亟往必利。"绣信之，遂收散卒赴追，大战，果以胜还。问诩曰："绣以精兵追退军，而公曰必败；退以败卒击胜兵，而公曰必克。悉如公言，何其反而皆验也？”诩曰："此易知耳。将军虽善用兵，非曹公敌也。军虽新退，曹公必自断后；追兵虽精，将既不敌，彼士亦锐，故知必败。曹公攻将军无失策，力未尽而退，必国内有故；已破将军，必轻军速进，纵留诸将断后，诸将虽勇，亦非将军敌，故虽用败兵而战必胜也。”绣乃服。是后，太祖拒袁绍于官渡，绍遣人招绣，并与诩书结援。绣欲许之，诩显于绣坐上谓绍使曰："归谢袁本初，兄弟不能相容，而能容天下国士乎？”绣惊惧曰："何至于此！”窃谓诩曰："若此，当何归？”诩曰："不如从曹公。”绣曰："袁强曹弱，又与曹为仇，从之如何？”诩曰："此乃所以宜从也。夫曹公奉天子以令天下，其宜从一也。绍强盛，我以少众从之，必不以我为重。曹公众弱，其得我必喜，其宜从二也。夫有霸王之志者，固将释私怨，以明德于四海，其宜从三也。愿将军无疑！”绣从之，率众归太祖。太祖见之，喜，执诩手曰："使我信重于天下者，子也。”表诩为执金吾，封都亭侯，迁冀州牧。冀州未平，留参司空军事。

译文

张绣在南阳时，贾诩私下结交张绣，张绣派人迎接贾诩。贾诩将要启程，有人对贾诩说："段煨对您很好，您为什么要离开他呢？”贾诩说："段煨生性多疑，有忌惮我的意思，礼遇虽然很厚，但是不可以依靠，时间久了我将要为他所害。我离开他肯定高兴，又希望我帮他在外结援，必然会厚待我的妻子儿女。张绣没有主要的谋士，也愿意得到我相助，这样我的家人和自己都可以得到保全。”贾诩就往张绣那里去了，张绣对贾诩行子孙对上的礼节，段煨果然也善待贾诩的家人。贾诩劝说张绣与刘表联合。太祖连连征讨张绣，一天清早率军撤退，张绣亲自追击太祖。贾诩对张绣说：“不可以追，追击必定会失败。”张绣没有听从，进兵和曹军作战，大败而归。贾诩对张绣说：“赶快再追击他们，再打一仗必胜。”张绣致歉说：“不听您的话，以至有此失败。如今已经失败，为什么还要再追？”贾诩说：“军事形势有变化，赶快去追击必然有利。”张绣听从他，就收集散佚的士卒去追击，大战，果然胜利返回。张绣问贾诩说：“我以精兵追击退军，而您说必败；退回后以战败的士卒追击胜利的军队，而您说必能攻克。事情都像您说的那样发生了，为什么不合常理的事情都应验了呢？”贾诩说：“这是很容易理解的。将军您虽善于用兵，却不是曹操的对手。他们的军队虽然刚刚退去，曹操必然亲自在后面掩护撤退；我们追兵虽然精锐，将领既打不过他们，而他们的士兵锐气还在，所以知道必败。曹操攻打将军没有失策的地方，兵力未耗尽就退去，必定是国内有变故；已经打败将军，必定轻军快速进军，纵然留将领断后，他们虽然勇猛，也不是将军的对手，所以虽然用的是败兵却必能获胜。”张绣这才信服。这之后，太祖在官渡抗拒袁绍，袁绍派人招降张绣，并且给贾诩写信希望双方互为外援。张绣想答应袁绍，贾诩在张绣席上公然对袁绍的信使说：“回去谢谢袁本初，他们兄弟之间都不能相容，难道还能容天下贤士吗？”张绣惊恐地说：“为什么要这样呀！”张绣私下对贾诩说：“如果这样，我们应当归附于谁呢？”贾诩说：“不如归附曹公。”张绣说：“形势上袁强曹弱，我们又与曹公是仇敌，归附他会怎么样？”贾诩说：“这就是为什么我们要归附曹公的原因。曹公奉天子以令天下，这是应该归附的第一个原因。袁绍强盛，我们以很少的士卒归附，他必定不会看重我们。曹公兵马少，他得到我们的人马必定喜悦，这是应该归附的第二个原因。有成就霸王功业志向的人，肯定会化解私怨，以向天下彰明德行，这是应该归附的第三个原因。希望将军不要迟疑！”张绣听从了贾诩，率众归附太祖。太祖见到他们，非常高兴，握着贾诩的手说：“使我的威信在天下显重的人是你呀。”上表推荐贾诩为执金吾，封都亭侯，升任冀州牧。冀州没有平定，贾诩便留下参与司空军事。

袁绍围太祖于官渡，太祖粮方尽，问诩计焉出，诩曰：“公明胜绍，勇胜绍，用人胜绍，决机胜绍，有此四胜而半年不定者，但顾万全故也。

必决其机，须臾[1]可定也。”太祖曰：“善。”乃并兵出，围击绍三十余里营，破之。绍军大溃，河北平。太祖领冀州牧，徙诩为太中大夫。建安十三年，太祖破荆州，欲顺江东下。诩谏曰：“明公昔破袁氏，今收汉南，威名远著，军势既大；若乘旧楚之饶，以飨吏士，抚安百姓，使安土乐业，则可不劳众而江东稽服矣。”太祖不从，军遂无利。太祖后与韩遂、马超战于渭南，超等索割地以和，并求任子。诩以为可伪许之。又问诩计策，诩曰：“离之而已。”太祖曰：“解。”一承用诩谋。语在《武纪》。卒破遂、超，诩本谋也。

注释

①须臾：极短的时间，片刻。

译文

袁绍把太祖围困在官渡，太祖军粮快要用完，问贾诩有什么计策，贾诩说：“您的英明胜过袁绍，勇武胜过袁绍，用人胜过袁绍，决断战机胜过袁绍，有这四胜却半年没有平定的原因，只是为了要做到万无一失罢了。必须果断地定下战机，很快就可以平定。”太祖说：“好。”于是就集合兵马出击，包围攻击袁绍三十多里的营寨，打败了他。袁绍军大败，黄河以北地区得到平定。太祖代理冀州牧，贾诩转任为太中大夫。建安十三年，太祖攻下荆州，想顺长江东下。贾诩劝谏说："明公从前打败袁氏，现在收复了汉水以南的地方，威名远扬，军势已经扩大；如果依靠从前楚地的富饶，以奉养官员兵马，安抚百姓，使他们安居乐业，那么可以不用兴师动众则江东就会臣服了。"太祖没有听从贾诩的意见，战事失败。太祖后来与韩遂、马超在渭南大战，马超等人要割献土地讲和，并请求送他们的子弟做人质。贾诩认为可以假装同意。太祖又问贾诩有什么计策，贾诩说："离间他们之间的关系就可以了。"太祖说："明白了。"于是一一采用贾诩的计策。这些事情记载在《武帝纪》里。最终打败韩遂、马超，这是贾诩的计谋。

是时，文帝为五官将，而临菑侯植才名方盛，各有党与，有夺宗之议。文帝使人问诩自固之术，诩曰："愿将军恢崇德度，躬素士之业，朝夕孜孜，不违子道。如此而已。"文帝从之，深自砥砺[①]。太祖又尝屏除左右问诩，诩嘿然不对。太祖曰："与卿言而不答，何也？"诩曰："属适有所思，故不即对耳。"太祖曰："何思？"诩曰："思袁本初、刘景升父子[②]也。"太祖大笑，于是太子遂定。诩自以非太祖旧臣，而策谋深长，惧见猜疑，阖门自守，退无私交，男女嫁娶，不结高门，天下之论智计者归之。

注释

①砥砺：本指磨刀石，这里意为激励，磨砺。

②袁本初、刘景升父子：袁绍、刘表都因为废长立幼而导致儿子相互为敌，最后失败。

译文

这时，魏文帝任五官中郎将，而临菑侯曹植才名正盛，各有自己的党羽，有争夺继承权的议论。魏文帝使人向贾诩询问巩固自我地位的方法，贾诩说："希望将军您崇尚德行宽大气度，像普通的士人一样从事学业，早晚孜孜不倦，不违背做儿子的操行。这样就可以了。"魏文帝听从了他的意见，刻苦磨炼自己。太祖又曾经屏退身边的人问贾诩，贾诩默然不语。太祖说："跟你说话你却不回答，为什么？"贾诩说："我刚才在思考，所以没有回答。"太祖说："思考什么问题？"贾诩说："思考袁绍、刘表父子的事情。"太祖大笑，于是太子之位就定下了。贾诩认为自己不是太祖亲信旧臣，而计谋深远，害怕被猜疑，就关门自守，退处时没有私交，男女嫁娶，不攀高门，天下论起有智谋的人都认为是他。

文帝即位，以诩为太尉，进爵魏寿乡侯，增邑三百，并前八百户。又分邑二百，封小子访为列侯。以长子穆为驸马都尉。帝问诩曰："吾欲伐不从命以一天下，吴、蜀何先？"对曰："攻取者先兵权，建本者尚德化。陛下应期受禅[①]，抚临率土，若绥[②]之以文德而俟其变，则平之不难矣。吴、蜀虽蕞[③]尔小国，依阻山水，刘备有雄才，诸葛亮善治国，孙权识虚实，陆议见兵势，据险守要，泛舟江湖，皆难卒谋也。用兵之道，先胜后战，量敌论将，故举无遗策。臣窃料群臣，无备、权对，虽以天威临之，未见万全之势也。昔舜舞干戚而有苗服，臣以为当今宜先文后武。"文帝不纳。后兴江陵之役，士卒多死。诩年七十七，薨，谥曰肃侯。子穆嗣，历位郡守。穆薨，子模嗣。

注释

①受禅：接受君主禅让，指曹丕代汉献帝。

②绥：安抚。

③蕞 zuì：渺小的样子。

译文

魏文帝即位，任命贾诩为太尉，晋封爵位魏寿乡侯，增加食邑三百户，加上从前的一共八百户。又分出食邑二百户，封贾诩的小儿子贾访为列侯。以贾诩长子贾穆为驸马都尉。魏文帝问贾诩说："我想讨伐不听从命令的地方以统一天下，吴、蜀哪一个可以先讨伐？"贾诩回答："攻取别国的人以兵权为先，建立基业的人崇尚德行教化。陛下顺天命接受禅让，统治国家，如果用文德安抚敌国以等待时机变化，那么平定他们就不难了。吴、蜀虽是小国，但有山水阻隔，刘备有雄才，诸葛亮善于治国，孙权能识局势，陆议能预见军事变化的形势，蜀国凭借地势在险要地方固守，吴国的战船能航行在江湖上，他们都是很难一下子就谋取的。用兵之道，先要确保胜利才能开战，估量敌军的实力，议论将领的优劣，所以举动不会有失策。我私下分析群臣，没有是刘备、孙权对手的，即使陛下以天子的威仪亲临，也没有万全之策。从前舜做干戚之舞就使有苗归顺，臣以为当今应该先文后武。”魏文帝没有采纳。后来兴起江陵之战，士卒战死的很多。贾诩七十七岁时去世，谥号肃侯。他的儿子贾穆继承爵位，做过多任郡守。贾穆去世后，他的儿子贾模继承爵位。

郭嘉传

题解

郭嘉是曹操的重要谋士之一，官至军师祭酒。他一生跟随曹操南征北战，帮助曹操打败吕布，平定河北袁氏，剿灭乌桓，对曹操的军事政策产生重要影响。可惜他只活到三十八岁，没能进一步建立功业。曹操赤壁之战失败后，曾叹曰："郭奉孝在，不使孤至此。"可见曹操对他的倚重。

郭嘉字奉孝，颍川阳翟人也。初，北见袁绍，谓绍谋臣辛评、郭图曰："夫智者审于量主，故百举百全而功名可立也。袁公徒欲效周公之下士，而未知用人之机。多端寡要，好谋无决，欲与共济天下大难，定霸王之业，难矣！"于是遂去之。先是时，颍川戏志才，筹画士也，太祖甚器之。早卒。太祖与荀彧书曰："自志才亡后，莫可与计事者。汝、颍固多奇士，谁可以继之？"彧荐嘉。召见，论天下事。太祖曰："使孤成大业者，必此人也。"嘉出，亦喜曰："真吾主也。"表为司空军祭酒。

译文

郭嘉字奉孝，颍川阳翟人。起初，他北上面见袁绍，对袁绍的谋臣辛评、郭图说："有智慧的人选择君主非常慎重，所以事事成功并且成就自己的功名。袁绍只想效法周公礼贤下士，但是却不知道使用人才的关键。管的事务多却不得要领，喜好谋略却不会决断，想和他一起拯救天下大难，奠定霸王大业，实在是难呀！"于是就离开了袁绍。在这之前，颍川的戏志才，是个善于谋略的人，太祖非常器重他。但戏志才英年早逝。太祖给荀彧写信说："自从戏志才死后，没有可以一同谋划大事的人了。汝南、颍川一直多有奇士，谁可以接替？"荀彧推荐郭嘉。太祖召见，谈论天下大事。太祖说："使我成就大业的人，必定是此人。"郭嘉出来，也非常喜悦地说："这真是我的主公。"太祖上表推荐郭嘉为司空军祭酒。

征吕布，三战破之，布退固守。时士卒疲倦，太祖欲引军还，嘉说太祖急攻之，遂禽布。语在《荀攸传》。

孙策转斗千里，尽有江东，闻太祖与袁绍相持于官渡，将渡江北袭许。众闻皆惧，嘉料之曰："策新并江东，所诛皆英豪雄杰，能得人死力者也。然策轻而无备，虽有百万之众，无异于独行中原也。

若刺客伏起，一人之敌耳。以吾观之，必死于匹夫之手。”策临江未济，果为许贡客所杀。

译文

太祖征讨吕布，三次交战打败吕布，吕布撤退固守。这时士卒疲倦，太祖想撤军回去，郭嘉劝说太祖尽快打败吕布，于是擒住吕布。这些事记录在《荀攸传》里。

孙策转战千里，占领江东全部，听说太祖与袁绍在官渡相持不下，将要渡江北上袭取许都。众人听说后都非常害怕，郭嘉推测说：“孙策刚刚吞并江东，所诛杀的都是英豪雄杰，都是能得到别人以死相助的人。然而孙策轻率而无防备，即使有百万之众，也和自己独自行走在原野没有什么区别。如果刺客埋伏冲出，他只是一人的敌手而已。以我看来，孙策必死于普通人之手。”孙策到长江边还没有渡江，果然被许贡的门客所杀。

从破袁绍，绍死，又从讨谭、尚于黎阳，连战数克。诸将欲乘胜遂攻之，嘉曰：“袁绍爱此二子，莫适立也。有郭图、逢纪为之谋臣，必交斗其间，还相离也。急之则相持，缓之而后争心生。不如南向荆州若征刘表者，以待其变；变成而后击之，可一举定也。”太祖曰：“善。”乃南征。军至西平，谭、尚果争冀州。谭为尚军所败，走保平原，遣辛毗乞降。太祖还救之，遂从定邺。又从攻谭于南皮，冀州平。封嘉洧阳亭侯。

译文

郭嘉跟从太祖打败袁绍，袁绍死后，又跟从太祖到黎阳讨伐袁谭、袁尚，接连数次都成功克敌。各将领都想乘胜攻打他们，郭嘉说：“袁绍爱这两个儿子，没有确立继承人。有郭图、逢纪给他们做谋臣，必然会使他们相互争斗，引起双方分离。急于进攻他们，他们就会相互支持，放松进攻他们，而后他们就会生出争斗之心。不如南下荆州好像要征讨刘表，以等待他们形势的变化；形势变化后再攻击他们，可以一举平定。”太祖说：“好。”于是就向南征讨。太祖行军到西平，袁谭、袁尚果然争夺冀州。袁谭被袁尚军队打败，逃走退守平原，派遣辛毗向太祖乞求投降。太祖回军救援他，郭嘉于是跟从太祖平定了邺城。又跟从太祖到南皮攻打袁谭，冀州平定。封郭嘉为洧阳亭侯。

太祖将征袁尚及三郡乌丸，诸下多惧刘表使刘备袭许以讨太祖，嘉曰：“公虽威震天下，胡恃其远，必不设备。因其无备，卒然击之，可破灭也。且袁绍有恩于民夷，而尚兄弟生存。今四州之民，徒以威附，德施未加，舍而南征，尚因乌丸之资，招其死主之臣，胡人一动，民夷俱应，以生蹋顿之心，成觊觎之计，恐青、冀非己之有也。表，坐谈客[①]耳，自知才不足以御备，重任之则恐不能制，轻任之则备不为用，虽虚国远征，公无忧矣。”太祖遂行。至易，嘉言曰：“兵贵神速。今千里袭人，辎重多，难以趣利，且彼闻之，必为备；不如留辎重，轻兵兼道以出，掩其不意。”太祖乃密出卢龙塞，直指单于庭。虏卒闻太祖至，惶怖合战。大破之，斩蹋顿及名王已下。尚及兄熙走辽东。

注释

①坐谈客：指只会坐着空谈的人。

译文

太祖将要征讨袁尚及三郡乌丸，各部将大多惧怕刘表派刘备袭取许都以讨伐太祖，郭嘉说：“您虽然威震天下，胡人依仗自己地处偏远，必然不设防备。趁着他们没有防备，突然攻击他们，可以攻破消灭他们。并且袁绍对平民有恩，而袁尚兄弟还活着。如今四州的百姓，只是因为您的威势才依附，恩德尚未施加，舍弃北方而南征，袁尚凭借乌丸的资助，招纳能以死尽忠的臣子，胡人一动，百姓全都响应，以使蹋顿生出不轨之心，成全他觊觎南方的计划，这样恐怕连青州、冀州都不是我们能占有的了。刘表只是一个会坐着闲谈的人，自知自己才能不足以驾驭刘备，重用刘备则害怕不能控制他，不重用刘备则刘备不能为他出力，现在即使出动我们全部的兵力远征乌丸，您也不用担心。”太祖于是就北上。到易水，郭嘉说：“兵贵神速。现在从千里之外去袭击别人，物资又多，难以取胜，并且他们如果听到消息，必然有防备；不如留下物资，轻兵日夜兼程出击，可以出其不意。”太祖就秘密地出了卢龙塞，直接进军单于庭。乌桓突然听说太祖大军已到，惊慌失措地集合军队迎战。于是打败乌桓，斩杀蹋顿及名王以下等将领。袁尚和他的哥哥袁熙逃往辽东。

嘉深通有算略，达于事情。太祖曰：“唯奉孝为能知孤意。”年三十八，自柳城还，疾笃，太祖问疾者交错。及薨，临其丧，哀甚，谓荀攸等曰：“诸君年皆孤辈也，唯奉孝最少。天下事竟，欲以后事属之，而中年夭折，命也夫！”乃表曰：“军祭酒郭嘉，自从征伐，十有一年。每有大议，临敌制变。臣策未决，嘉辄成之。平定天下，谋功为高。不幸短命，事业未终。追思嘉勋，实不可忘。可增邑八百户，并前千户。”谥曰贞侯。子奕嗣。

后太祖征荆州还，于巴丘遇疾疫，烧船，叹曰：“郭奉孝在，不使孤至此。”初，陈群非嘉不治行检，数廷诉嘉，嘉意自若。太祖愈益重之，然以群能持正，亦悦焉。奕为太子文学，早薨。子深嗣。深薨，子猎嗣。

译文

郭嘉深沉有谋略，通情达理。太祖说："只有奉孝能了解我。"郭嘉三十八岁时，从柳城返回，病情严重，太祖派去探视病情的人往来不绝。等到郭嘉去世，太祖亲临他的丧礼，非常悲伤，对荀攸等人说："你们诸位年纪和我差不多，只有奉孝最年轻。天下平定后，我想把死后的事情托付给他，但他却中年夭折，这是天命呀！"于是上表说："军师祭酒郭嘉，自从军征伐，一共十一年。每每有大的决议，临敌应变。我的计策没有定下，郭嘉就促成我做出决断。平定天下，他谋略的功劳很高。不幸他短命去世，事业未能完成。追思郭嘉的功劳，实在不可以遗忘。可增加封邑八百户，加上以前的一共一千户。"谥号为贞侯。他的儿子郭奕继承爵位。

后来太祖征荆州回来，在巴丘遇到瘟疫，烧掉了船，他叹息着说："如果郭奉孝还在，不会使我沦落至此。"起初，陈群非议郭嘉行为不检点，数次在朝廷上指控郭嘉，郭嘉镇定自若。太祖更加器重他，然而因为陈群能守持正道，太祖也非常喜欢他。郭奕担任了太子文学，英年早逝。儿子郭深继承爵位。郭深死，儿子郭猎继承爵位。

徐晃传

题解

徐晃是曹操五子良将之一。他智勇双全，审时度势地选择投靠到曹操麾下之后建功无数，先后在官渡之战中烧毁袁绍粮草，与韩遂、马超大战时率先渡过黄河掌握战略主动权，樊城之战中打败关羽。徐晃对曹魏政权忠心耿耿，曾经说：“古人忧患遇不到明君，如今有幸遇到，应当立功效命，要自己的声名做什么！”

徐晃字公明，河东杨人也。为郡吏，从车骑将军杨奉讨贼有功，拜骑都尉。李傕、郭汜之乱长安也，晃说奉，令与天子还洛阳，奉从其计。天子渡河至安邑，封晃都亭侯。及到洛阳，韩暹、董承日争斗，晃说奉令归太祖；奉欲从之，后悔。太祖讨奉于梁，晃遂归太祖。

译文

徐晃字公明，河东杨人。做过州郡小吏，因为跟从车骑将军杨奉讨伐贼寇有功，被任命为骑都尉。李傕、郭汜扰乱长安，徐晃劝杨奉和天子一起回洛阳，杨奉听从他的计策。天子渡过黄河到达安邑，封徐晃为都亭侯。等到了洛阳，韩暹、董承日日争斗，徐晃劝说杨奉让他归附太祖；杨奉打算听从他的意见，后来又反悔。太祖到梁讨伐杨奉，徐晃于是归附太祖。

太祖授晃兵，使击卷、原武贼，破之，拜裨将军。从征吕布，别降布将赵庶、李邹等。与史涣斩眭固于河内。从破刘备，又从破颜良，拔白马，进至延津，破文丑，拜偏将军。与曹洪击㶏强贼祝臂，破之，又与史涣击袁绍运车于故市，功最多，封都亭侯。太祖既围邺，破邯郸，易阳令韩范伪以城降而拒守，太祖遣晃攻之，晃至，飞矢城中，为陈成败。范悔，晃辄降之。既而言于太祖曰："二袁未破，诸城未下者倾耳而听，今日灭易阳，明日皆以死守，恐河北无定时也。愿公降易阳以示诸诚，则莫不望风。"太祖善之。别讨毛城，设伏兵掩击，破三屯。从破袁谭于南皮，讨平原叛贼，克之。从征蹋顿，拜横野将军。从征荆州，别屯樊，讨中庐、临沮、宜城贼。又与满宠讨关羽于汉津，与曹仁击周瑜于江陵。

译文

太祖授予徐晃兵马，派他攻打卷、原武的贼寇，作战胜利，任命他为裨将军。他跟从太祖征讨吕布，独自降服吕布的将领赵庶、李邹等人。与史涣一起在河内斩杀眭固。他跟从太祖打败刘备，又跟从太祖打败颜良，攻下白马，进军到了延津，打败文丑，被任命为偏将军。与曹洪在㶏强攻打贼寇祝臂，打败他们，又与史涣一起到故市攻打袁绍的运输车队，徐晃功劳最多，被封为都亭侯。太祖围困邺城后，攻破邯郸，易阳令韩范假装率城投降却固守抗命，太祖派遣徐晃攻击他，徐晃到后，把一封信射入城中，为韩范陈述成败形势。韩范悔悟，徐晃就收降了他。不久徐晃对太祖说："袁谭和袁尚还没有被打败，各个没有被攻下的城池都在倾听我们的行动，今日若毁灭易阳，明日各个城池都会拼死守城，恐怕黄河以北平定的时候将要遥遥无期了。希望您接受易阳的投降，给没有攻下的各个城池看，那么就没有不屈于形势而归顺投降的了。"太祖认为这个计策很好。徐晃单独带兵征讨毛城，设下伏兵突然袭击，攻破了三个壁垒。徐晃跟从太祖在南皮打败袁谭，征讨平原的背叛贼寇，攻下平原。跟从太祖征讨蹋顿，被任命为横野将军。跟从太祖征讨荆州，单独带兵驻扎在樊城，讨伐中庐、临沮、宜城的贼寇。又与满宠一起到汉津讨伐关羽，与曹仁共同到江陵攻打周瑜。

十五年，讨太原反者，围大陵，拔之，斩贼帅商曜。韩遂、马超等反关右，遣晃屯汾阴以抚河东，赐牛酒，令上先人墓。太祖至潼关，恐不得渡，召问晃。晃曰：“公盛兵于此，而贼不复别守蒲阪，知其无谋也。今假臣精兵渡蒲坂津，为军先置，以截其里，贼可擒也。”太祖曰：“善。”使晃以步骑四千人渡津。作堑栅未成，贼梁兴夜将步骑五千余人攻晃，晃击走之，太祖军得渡。遂破超等，使晃与夏侯渊平隃麋、汧诸氐，与太祖会安定。太祖还邺，使晃与夏侯渊平鄜、夏阳余贼，斩梁兴，降三千余户。从征张鲁。别遣晃讨攻椟、仇夷诸山氐，皆降之。迁平寇将军。解将军张顺围。击贼陈福等三十余屯，皆破之。

译文

建安十五年，徐晃讨伐在太原反叛的人，围困大陵，攻破它，斩杀贼人统帅商曜。韩遂、马超等人在关右反叛，太祖派遣徐晃驻守汾阴以安抚河东地区百姓，赏赐给他牛酒，让他到祖先坟墓祭拜。太祖到潼关，害怕不能渡过黄河，召来徐晃询问。徐晃说：“您在这里部署大军，而贼人不再分兵把守蒲阪，可知他们无谋。现在给我精兵渡过蒲坂津，为大军作先锋，以截断他们逃回的去路，贼人就可以擒住了。”太祖说：“好。”派徐晃率步兵和骑兵四千人渡过蒲坂津。徐晃挖壕沟、建栅栏未成，贼人梁兴夜里率领步兵和骑兵五千多人攻打徐晃，徐晃还击打跑他们，太祖大军得以渡过黄河。于是攻破马超等人，太祖派徐晃与夏侯渊一起平定隃麋、汧氐人部族，与太祖在安定会和。太祖回到邺城，派徐晃与夏侯渊一起平定鄜、夏阳剩余的贼寇，斩杀梁兴，招降三千多户人家。徐晃跟从太祖征讨张鲁。太祖单独派遣徐晃讨伐椟、仇夷等各山氐部落，使他们全部投降。徐晃升任平寇将军。解救了围困中的将军张顺。攻击贼寇陈福等人的三十多个堡垒，把它们全部攻占。

太祖还邺，留晃与夏侯渊拒刘备于阳平。备遣陈式等十余营绝马鸣阁道，晃别征破之，贼自投山谷，多死者。太祖闻，甚喜，假晃节，令曰："此阁道，汉中之险要咽喉也。刘备欲断绝外内，以取汉中。将军一举，克夺贼计，善之善者也。"太祖遂自至阳平，引出汉中诸军。复遣晃助曹仁讨关羽，屯宛。会汉水暴溢，于禁等没。羽围仁于樊，又围将军吕常于襄阳。晃所将多新卒，以羽难与争锋，遂前至阳陵陂屯。太祖复还，遣将军徐商、吕建等诣晃，令曰："须兵马集至，乃俱前。"贼屯偃城。晃到，诡道作都堑，示欲截其后，贼烧屯走。晃得偃城，两面连营，稍前，去贼围三丈所。未攻，太祖前后遣殷署、朱盖等凡十二营诣晃。贼围头有屯，又别屯四冢。晃扬声当攻围头屯，而密攻四冢。羽见四冢欲坏，自将步骑五千出战，晃击之，退走，遂追陷与俱入围，破之，或自投沔水死。太祖令曰："贼围堑鹿角十重，将军致战全胜，遂陷贼围，多斩首虏。吾用兵三十余年，及所闻古之善用兵者，未有长驱径入敌围者也。且樊、襄阳之在围，过于莒、即墨[①]，将军之功，逾孙武、穰苴[②]。"晃振旅还摩陂，太祖迎晃七里，置酒大会。太祖举卮酒劝晃，且劳之曰："全樊、襄阳，将军之功也。"时诸军皆集，太祖案行诸营，士卒咸离陈观，而晃军营整齐，将士驻陈不动。太祖叹曰："徐将军可谓有周亚夫之风矣。"

注释

①莒、即墨：战国时燕国打败齐国，几乎攻下齐国全境，最后只剩下莒和即墨没有被攻下，燕国一直围困这两个地方，形势十分危急。

②穰苴：即司马穰苴，春秋末年齐国名将。

译文

太祖回到邺城，留下徐晃与夏侯渊在阳平抵抗刘备。刘备派遣陈式等十多个营兵马截断了马鸣阁道，徐晃单独带兵征讨并且打败了他们，贼人自己跳入山谷，死的人很多。太祖听说后，非常高兴，授予徐晃符节，下令说："这个阁道，是汉中险要的咽喉。刘备想截断这里与外界的联系，以取得汉中。

将军你的这一举动，挫败了贼人的计策，实在是太好了。”太祖就亲自到阳平，撤出汉中各军。又派遣徐晃帮助曹仁讨伐关羽,驻扎在宛城。恰逢汉水暴涨，于禁等人被水淹没。关羽把曹仁围困在樊城，又把将军吕常围困在襄阳。徐晃所率领的大多是新兵，因为难与关羽争锋得胜，就前往阳陵陂驻扎。太祖又返回，派遣将军徐商、吕建等人去见徐晃，下令说：“等到我的兵马集合完毕，才一起向前进攻。”贼军驻扎偃城。徐晃到达偃城后，假装要修建壕沟，显示出想截断贼军退路的样子，贼军烧掉营垒逃跑。徐晃得到偃城，使两面的营寨连接起来，稍稍向前，来到离贼军包围三丈远的地方，没有进攻，太祖前后派遣殷署、朱盖等一共十二个营的兵力到徐晃处集结。贼军在围头有军队驻扎，又单独在四冢驻军。徐晃扬言要攻取围头驻地，却秘密攻打四冢。关羽发现四冢将要被攻陷，亲自率领步兵和骑兵五千人出战，徐晃攻击他，关羽败退逃走，就追击他们一起进入包围圈，打败关羽，有的贼人自投沔水而死。太祖下令说：“贼军包围圈的壕沟像鹿角一样有十重，将军出战大获全胜，于是攻破贼军的包围，斩杀了很多贼人。我用兵三十多年，以及我所听闻到的古代善于用兵的人，都没有长驱直入敌军包围圈的人。并且樊城、襄阳的围困，其形势比从前莒、即墨的围困还要厉害，将军的功绩，超过了孙武、司马穰苴。”徐晃整治军队返回摩陂，太祖到七里以外迎接徐晃，布置酒宴。太祖向徐晃举杯劝酒，并且慰劳徐晃说：“保全樊城、襄阳，是将军的功劳。”这时各军集结完毕，太祖巡视各营，士卒都离开阵营一睹太祖容貌，而徐晃的军营整齐，将士在阵营中不动。太祖感叹说：“徐将军真有周亚夫治军的风范呀。”

文帝即王位，以晃为右将军，进封逯乡侯。及践阼，进封杨侯。与夏侯尚讨刘备于上庸，破之。以晃镇阳平，徙封阳平侯。明帝即位，拒吴将诸葛瑾于襄阳。增邑二百，并前三千一百户。病笃，遗令敛以时服。

译文

魏文帝即王位，以徐晃为右将军，进封逯乡侯。后来文帝登上皇帝之位，进封徐晃为杨侯。徐晃与夏侯尚一起在上庸讨伐刘备，打败刘备。任命徐晃镇守阳平，转封阳平侯。魏明帝即位，徐晃在襄阳抗拒吴将诸葛瑾。增加徐晃的食邑二百户，加上先前的一共有三千一百户。徐晃病重，遗嘱说用当时通行的衣服入殓。

性俭约畏慎[①]，将军常远斥候。先为不可胜，然后战，追奔争利，士不暇食。常叹曰：“古人患不遭明君，今幸遇之，当以功自效，何用私誉为！”终不广交援。太和元年薨，谥曰壮侯。子盖嗣。盖薨，子霸嗣。明帝分晃户，封晃子孙二人列侯。

注释

①畏慎：戒惕谨慎。

译文

徐晃生性节俭谨慎，率领军队常常在远处设置哨兵。先做到自己不会被打败，这样之后才出战，追击逃敌争夺战利，士兵都没有闲暇吃饭。徐晃常感叹说：“古人忧患遇不到明君，如今有幸遇到，应当立功效命，要自己的声名做什么！”他始终不多与他人结交。太和元年去世，谥号为壮侯。他的儿子徐盖继承爵位。徐盖去世，儿子徐霸继承爵位。魏明帝分出徐晃的食邑，封徐晃子孙二人为列侯。

许褚传

题解

许褚是曹操身边的侍卫，他长期跟随曹操，保护曹操的安全，曾经多次救曹操于危难之间，是曹操最信任的将领之一。许褚勇猛无比，人称虎痴，曾经以威武打消马超袭杀曹操的想法。许褚性情谨慎奉法，质朴少言，不愿结交权贵，甚至婉拒曹仁的私谈邀请。

许褚字仲康，谯国谯人也。长八尺余，腰大十围，容貌雄毅，勇力绝人。汉末，聚少年及宗族数千家，共坚壁以御寇。时汝南葛陂贼万余人攻褚壁，褚众少不敌，力战疲极。兵矢尽，乃令壁中男女，聚治石如杅斗者置四隅。褚飞石掷之，所值皆摧碎。贼不敢进。粮乏，伪与贼和，以牛与贼易食，贼来取牛，牛辄奔还。褚乃出陈前，一手逆曳牛尾，行百余步。贼众惊，遂不敢取牛而走。由是淮、汝、陈、梁间，闻皆畏惮之。

译文

许褚字仲康，谯国谯人。身高有八尺多，腰有十围粗，容貌雄壮坚毅，勇力过人。东汉末年，许褚聚集年轻人和宗族数千家，一起修建堡垒以抵御贼寇。当时汝南葛陂的贼寇一万多人攻打许褚的壁垒，许褚带领的人少抵挡不住，全力作战之后疲惫至极。兵器和箭用完了，许褚就命令壁中男女，收集盂斗般大小的石头放置在堡垒四周。许褚飞石掷向贼寇，被石头砸到的人都粉身碎骨。贼寇于是不敢进攻。堡垒里缺少粮食，许褚就假装和贼寇讲和，用牛和贼寇换粮食，贼寇来取牛，牛就掉头往回跑。许褚走到阵前，一手倒拉牛尾，走了一百多步。贼众震惊，于是牛也不敢取就逃跑了。因此淮河、汝水、陈、梁一带，听到过这件事的人都畏惧他。

太祖徇淮、汝，褚以众归太祖。太祖见而壮之曰："此吾樊哙也。"即日拜都尉，引入宿卫。诸从褚侠客，皆以为虎士。从征张绣，先登，斩首万计，迁校尉。从讨袁绍于官渡。时常从士徐他等谋为逆，以褚常侍左右，惮之不敢发。伺褚休下日，他等怀刀入。褚至下舍心动，即还侍。他等不知，入帐见褚，大惊愕。他色变，褚觉之，即击杀他等。太祖益亲信之，出入同行，不离左右。从围邺，力战有功，赐爵关内侯。从讨韩遂、马超于潼关。太祖将北渡，临济河，先渡兵，独与褚及虎士百余人留南岸断后。超将步骑万余人，来奔太祖军，矢下如雨。褚白太祖，贼来多，今兵渡已尽，宜去，乃扶太祖上船。贼战急，军争济，船重欲没。褚斩攀船者，左手举马鞍蔽太祖。船工为流矢所中死，褚右手并溯船，仅乃得渡。是日，微褚几危。其后太祖与遂、超等单马会语，左右皆不得从，唯将褚。超负其力，阴欲前突太祖，素闻褚勇，疑从骑是褚。乃问太祖曰："公有虎侯者安在？"太祖顾指褚，褚瞋目盼之。超不敢动，乃各罢。后数日会战，大破超等，褚身斩首级，迁武卫中郎将。武卫之号，自此始也。军中以褚力如虎而痴，故号曰虎痴；是以超问虎侯，至今天下称焉，皆谓其姓名也。

译文

太祖占领淮河、汝水地区，许褚带来士卒归顺太祖。太祖见到他后称赞他的雄壮说："这是我的樊哙呀。"当日太祖就任命许褚为都尉，带他入营寨值宿侍卫。那些跟从许褚的侠客，都令他们作了虎士。许褚跟从太祖征讨张绣，冲杀在前，斩杀敌军数以万计，升任校尉。又跟从太祖到官渡讨伐袁绍。当时太祖身边的徐他等人图谋叛乱，因为许褚常侍奉在太祖身边，忌惮他而不敢发难。趁着许褚休息退下的时候，徐他等人带着刀进入太祖营帐。许褚到了住处心中隐隐不安，立即返回侍奉。徐他等人不知，入帐见到许褚，非常惊愕。徐他脸色大变，被许褚察觉，许褚当即杀死徐他等人。太祖更加亲近信任许褚，出入和许褚同行，不让许褚离开自己身边。许褚跟从太祖围困邺城，全力作战有很多军功，太祖赐他关内侯的爵位。跟从太祖到潼关讨伐韩遂、马超。太祖将要北渡黄河，到岸边渡河时，先让士兵渡河，自己独自与许褚和虎士一百多人留在南岸断后。马超统领步兵和骑兵一万多人，来追太祖大军，箭如雨下。许褚对太祖说，贼人来得多，如今士兵已经都过河了，应该赶快离开，就扶太祖上船。贼人追杀得很急迫，士卒争着渡河，船太重将要沉没。许褚斩杀攀附船的人，左手举起马鞍蔽护太祖。船工被流箭射中死去，许褚右手撑船，这样才得以渡过黄河。这一天，如果没有许褚太祖就要危险了。之后太祖与韩遂、马超等人单马相会说话，左右人员都不得跟从，只带着许褚一人。马超自负他的勇力，心里暗自想出前袭击太祖，他一向听闻许褚勇猛，怀疑跟从的骑兵是许褚，就问太祖说："您的虎侯在哪里？"太祖回头指着许褚，许褚怒目瞪着马超。马超不敢行动，就各自归去。几日后会战，大败马超等人，许褚亲自斩杀敌军首级，升任武卫中郎将。武卫的称号，由此开始。军中人因为许褚力大如虎并且憨厚似痴，所以称他虎痴；因此马超问虎侯，直至今天天下还如此称呼许褚，都说这是他的姓名。

褚性谨慎奉法，质重少言。曹仁自荆州来朝谒，太祖未出，入与褚相见于殿外。仁呼褚入便坐语，褚曰：“王将出。”便还入殿，仁意恨之。或以责褚曰：“征南宗室重臣，降意呼君，君何故辞？”褚曰：“彼虽亲重，外籓也。褚备内臣，众谈足矣，入室何私乎？”太祖闻，愈爱待之，迁中坚将军。太祖崩，褚号泣欧血。文帝践阼，进封万岁亭侯，迁武卫将军，都督中军宿卫禁兵，甚亲近焉。初，褚所将为虎士者从征伐，太祖以为皆壮士也，同日拜为将，其后以功为将军封侯者数十人，都尉、校尉百余人，皆剑客也。明帝即位，进封牟乡侯，邑七百户，赐子爵一人关内侯。褚薨，谥曰壮侯。子仪嗣。褚兄定，亦以军功为振威将军，都督徼道虎贲。太和中，帝思褚忠孝，下诏褒赞，复赐褚子孙二人爵关内侯。仪为钟会所杀。泰始初，子综嗣。

译文

许褚性情谨慎奉法，质朴少言。曹仁从荆州来朝见，太祖未出，曹仁进宫在殿外与许褚相见。曹仁招呼许褚进去坐下说话，许褚说：“魏王就要出来了。”便回入殿中，曹仁心里憎恨他。有人因此责怪许褚说：“曹征南是宗室重臣，他降下身份招呼您，您为什么要推辞呀？”许褚说：“他虽然是亲近重臣，但仍是朝外的藩臣。我许褚是内臣，当众谈话就足够了，为什么要到屋里私谈呢？”太祖听说后，愈加厚爱许褚，升任他为中坚将军。太祖去世，许褚悲号哭泣，口中呕血。魏文帝登上皇位，晋封许褚为万岁亭侯，任命他为武卫将军，统领中军在宫内值宿警卫的军队，特别亲近他。起初，许褚带领的虎贲之士跟从太祖征伐，太祖认为他们都是壮士，同一天升任为将领，之后因为军功做了将军又封侯的人有几十人，做了都尉、校尉的有一百多人，都是剑术精通的剑客。魏明帝即位后，晋封许褚为牟乡侯，食邑七百户，赐给他的一个儿子关内侯的爵位。许褚去世，谥号壮侯。他的儿子许仪继承爵位。许褚哥哥许定，也凭军功做了振威将军，统领巡查道路的虎贲。太和年间，魏明帝追思许褚忠孝，下诏褒奖，又赐许褚子孙二人关内侯的爵位。许仪被钟会所杀。泰始初年，许仪的儿子许综继承爵位。

蜀书

刘备传

题解

刘备是三国时期蜀汉的开国皇帝。他为人谦和、礼贤下士，宽以待人，志向远大，知人善用，是三国时期著名的政治家。陈寿认为他有汉高祖刘邦的风范，有英雄般的才能。

先主姓刘，讳备，字玄德，涿郡涿县人，汉景帝子中山靖王胜之后也。胜子贞，元狩六年封涿县陆城亭侯，坐酎金①失侯，因家焉。先主祖雄，父弘，世仕州郡。雄举孝廉，官至东郡范令。

注释

①酎金：汉代诸侯献给朝廷供祭祀之用的贡金。

译文

先主姓刘，名备，字玄德，涿郡涿县人，汉景帝的儿子中山靖王刘胜的后人。刘胜的儿子刘贞，元狩六年被封为涿县陆城亭侯，因为进献助祭的酎金不合礼制而失去侯爵，于是就在那里安家。先主的祖父刘雄，父亲刘弘，世代在州郡任职。刘雄被推举为孝廉，官至东郡范令。

先主少孤，与母贩履织席为业。舍东南角篱上有桑树生高五丈余，遥望见童童如小车盖[①]，往来者皆怪此树非凡，或谓当出贵人。先主少时，与宗中诸小儿于树下戏，言："吾必当乘此羽葆盖车[②]。"叔父子敬谓曰："汝勿妄语，灭吾门也！"年十五，母使行学，与同宗刘德然、辽西公孙瓒俱事故九江太守同郡卢植。德然父元起常资给先主，与德然等。起妻曰："各自一家，何能常尔邪！"元起曰："吾宗中有此儿，非常人也。"而瓒深与先主相友。瓒年长，先主以兄事之。先主不甚乐读书，喜狗马、音乐、美衣服。身长七尺五寸，垂手下膝，顾自见其耳。少语言，善下人，喜怒不形于色。好交结豪侠，年少争附之。中山[③]大商张世平、苏双等赀累千金，贩马周旋于涿郡，见而异之，乃多与之金财。先主由是得用合徒众。

注释

①车盖：古代只有贵族才能乘坐马车，使用车盖。这里暗示刘备以后能够显贵。

②羽葆盖车：指天子乘坐的车子。

③中山：汉代诸侯国，在今河北境内。

译文

先主幼时便失去了父亲，与母亲以卖鞋子、织草席为生。在他家的东南藩篱边有棵高达五丈余的桑树，远远望去像车的盖子一样，往来的人都认为这棵树不平凡，将来这家会有贵人出现。先主小的时候，与家族中的小孩子们一起在树下玩耍，说：“我以后一定要乘坐这种羽葆盖车（皇帝专用）。”他的叔父刘子敬对他说：“你不要乱说话，这可是灭门之祸！”先主十五岁时，他的母亲让他外出学习，与同家族的刘德然、辽西人公孙瓒一起拜原任九江太守、同郡人卢植为师。刘德然的父亲刘元起经常资助先主，像对待刘德然一样。刘元起的妻子说：“他是别人的孩子，你怎么能总是如此！”刘元起说：“我们家族出现了这样一个孩子，可不是一般的人啊！”公孙瓒与先主交情非常深。公孙瓒比先主年长，先主像对兄长一般对待他。先主不是很喜欢读书，却很喜欢养狗、骑马、音乐和穿漂亮的衣服。先主身高七尺五寸，手垂下来可在膝盖以下，眼睛可以看到自己的耳朵。他很少说话，对身份低微的人非常友善，喜怒不形于色。喜欢交结豪侠之士，大家都争着去依附他。中山的大商人张世平、苏双等有资产千金，贩马的时候路过涿郡，见到刘备觉得他异于常人，于是给了他很多的资助。先主因此可以征募部属。

灵帝末，黄巾起，州郡各举义兵，先主率其属从校尉邹靖讨黄巾贼有功，除安喜尉。督邮以公事到县，先主求谒，不通，直入缚督邮，杖二百，解绶系其颈着马枊①，弃官亡命。顷之，大将军何进遣都尉毌丘毅诣丹杨募兵，先主与俱行，至下邳遇贼，力战有功，除为下密丞。复去官。后为高唐尉，迁为令。为贼所破，往奔中郎将公孙瓒，瓒表为别部司马，使与青州刺史田楷以拒冀州牧袁绍。数有战功,试守平原令,后领平原相。郡民刘平素轻先主，耻为之下，使客刺之。客不忍刺，语之而去。其得人心如此。

注释

①枊 àng：拴马的柱子。

译文

灵帝末年，黄巾造反，各州郡都兴起义兵，先主率领他的部属跟从校尉邹靖讨伐黄巾军有功，被任命为安喜县县尉。督邮因为公事到安喜县，先主请求拜见，不得入内，先主直接进去捆绑住督邮，杖击他二百下，解下官印绶带系住督邮的脖子捆在马枊上，随后弃官逃命。不久，大将军何进派遣都尉毌丘毅到丹杨募兵，先主与他一同前行，至下邳遇到贼人，力战有功，被任命为下密县县丞。再次弃官离职。后来为高唐县县尉，升任为县令。高唐县被黄巾贼攻破，先主投奔中郎将公孙瓒，公孙瓒上表请求任命刘备为别部司马，派他与青州刺史田楷一起抗拒冀州牧袁绍。先主多次有战功，暂时兼任平原令，后来又兼任平原相。郡民刘平一直轻视先主，耻于地位在先主之下，派刺客刺杀先主。刺客不忍行刺，向先主说明原委而离去。他得人心到这样的程度。

袁绍攻公孙瓒，先主与田楷东屯齐。曹公征徐州，徐州牧陶谦遣使告急于田楷，楷与先主俱救之。时先主自有兵千余人及幽州乌丸杂胡骑，又略得饥民数千人。既到，谦以丹杨兵四千益先主，先主遂去楷归谦。谦表先主为豫州刺史，屯小沛。谦病笃，谓别驾麋竺曰："非刘备不能安此州也。"谦死，竺率州人迎先主，先主未敢当。下邳陈登谓先主曰："今汉室陵迟[①]，海内倾覆，立功立事，在于今日。彼州殷富，户口百万，欲屈使君抚临州事。"先主曰："袁公路近在寿春，此君四世五公，海内所归，君可以州与之。"登曰："公路骄豪，非治乱之主。今欲为使君合步骑十万，上可以匡主济民，成五霸之业，下可以割地守境，书功于竹帛。若使君不见听许，登亦未敢听使君也。"北海相孔融谓先主曰："袁公路岂忧国忘家者邪？冢中枯骨，何足介意。今日之事，百姓与能，天与不取，悔不可追。"先主遂领徐州。袁术来攻先主，先主拒之于盱眙、淮阴。曹公表先主为镇东将军，封宜城亭侯，是岁建安元年也。先主与术相持经月，吕布乘虚袭下邳。下邳守将曹豹反，间迎布。布虏先主妻子，先主转军海西。杨奉、韩暹寇徐、扬间，先主邀击，尽斩之。先主求和于吕布，布还其妻子。先主遣关羽守下邳。

注释

①陵迟：衰败，败坏。

译文

袁绍攻打公孙瓒，先主与田楷向东驻扎在齐。曹公征讨徐州，徐州牧陶谦遣使者向田楷告急，田楷与先主一起前去救援他。这时先主自己有兵一千多人和幽州乌丸胡人骑兵，又抓到饥民数千人。到了之后，陶谦把丹杨的四千兵马给先主，先主于是就离开田楷归附陶谦。陶谦上表推荐先主为豫州刺史，驻军小沛。陶谦病重，对别驾麋竺说："非刘备不能使徐州安定。"陶谦死去，麋竺率领州人迎接先主，先主不敢接受。下邳人陈登对先主说："如今汉室衰微，天下危急，建功立业，就在现在了。徐州人民富足，有户口上百万，想使您委屈统领徐州事务。”先主说：“袁术近在寿春，这个人家里四代出了五个公卿，是天下要归附的人，您可以把徐州交给他。”陈登说：“袁术为人骄纵，不是治理乱世的君主。如今想为使君集合步兵和骑兵十万，在上可以匡助君主救济人民，成就五霸的事业；在下可以割据一方据守，建立可以被后世传颂的功业。如果使君不听取我的意见，陈登我也不敢听使君的意见。”北海相孔融对先主说：“袁术难道是个忧国忘家的人吗？他只是墓中的枯骨，有什么值得介意。现在的情况是，百姓拥戴有才能的人，老天给予的机会却不要，以后后悔就来不及了。”先主于是就统领徐州。袁术来攻打先主，先主在盱眙、淮阴与他相持。曹公上表推荐先主为镇东将军，封宜城亭侯，这一年是建安元年。先主与袁术相持一个多月，吕布乘虚袭击下邳。下邳守将曹豹反叛，暗中迎接吕布。吕布俘虏了先主的妻子儿女，先主转而驻军海西。杨奉、韩暹向徐州、扬州之间进犯，先主截击，把他们全部斩杀。先主向吕布求和，吕布归还他的妻子儿女。先主派关羽守下邳。

先主还小沛，复合兵得万余人。吕布恶之，自出兵攻先主，先主败走归曹公。曹公厚遇之，以为豫州牧。将至沛收散卒，给其军粮，益与兵使东击布。布遣高顺攻之，曹公遣夏侯惇往，不能救，为顺所败，复虏先主妻子送布。曹公自出东征，助先主围布于下邳，生禽布。先主复得妻子，从曹公还许。表先主为左将军，礼之愈重，出则同舆，坐则同席。袁术欲经徐州北就袁绍，曹公遣先主督朱灵、路招要击术。未至，术病死。

译文

先主返回小沛，又集合兵马得到一万多人。吕布憎恶他，亲自率兵攻打先主，先主失败逃跑归附曹公。曹公厚待先主，任命他为豫州牧。先主率兵至沛收集流散的士兵，曹公供给他军粮，又增加他的兵马使他向东攻打吕布。吕布派遣高顺攻打他，曹公派遣夏侯惇前去，但不能救援先主，被高顺打败，高顺又俘虏了先主的妻子儿女送给吕布。曹公亲自东征，帮助先主把吕布围困在下邳，生擒吕布。先主又得到妻子儿女，跟从曹公返回许都。曹公上表推荐先主为左将军，对他十分敬重，外出时坐同一辆车，坐下就坐同一个席子上。袁术想经过徐州北上投靠袁绍，曹公派遣先主统领朱灵、路招兵马攻打袁术。他们还没有到，袁术就病死了。

先主未出时，献帝舅车骑将军董承辞受帝衣带中密诏，当诛曹公。先主未发。是时曹公从容谓先主曰："今天下英雄，唯使君与操耳。本初之徒，不足数也。”先主方食，失匕箸①，遂与承及长水校尉种辑、将军吴子兰、王子服等同谋。会见使，未发。事觉，承等皆伏诛。

注释

①匕箸：羹匙和筷子

译文

先主没有出发时，汉献帝的丈人车骑将军董承接受汉献帝藏在衣带中的密诏，将要诛杀曹操。先主没有行动。这时曹公从容地对先主说：“当今天下英雄，只有你和我曹操啦。袁绍这样的人，不算英雄。”先主正要吃东西，吓得掉下羹匙和筷子，于是就与董承以及长水校尉种辑、将军吴子兰、王子服等一起商量对策。赶上先主奉命出征，就没有行动。事情败露后，董承等人全都被杀。

先主据下邳。灵等还，先主乃杀徐州刺史车胄，留关羽守下邳，而身还小沛。东海昌霸反，郡县多叛曹公为先主，众数万人，遣孙乾与袁绍连和，曹公遣刘岱、王忠击之，不克。五年，曹公东征先主，先主败绩。曹公尽收其众，虏先主妻子，并禽关羽以归。

译文

先主占据下邳。朱灵等人返回，先主就杀徐州刺史车胄，留下关羽守下邳，而自己返回小沛。东海的昌霸反叛，郡县大多叛曹公归顺先主，有数万人马，先主派遣孙乾与袁绍联合，曹公派遣刘岱、王忠攻打先主，没有胜利。建安五年，曹公亲自东征先主，先主大败。曹公全部夺取了先主的兵马，俘虏先主妻子儿女，并擒住关羽而返。

先主走青州。青州刺史袁谭，先主故茂才也，将步骑迎先主。先主随谭到平原，谭驰使白绍。绍遣将道路奉迎，身去邺二百里，与先主相见。驻月余日，所失亡士卒稍稍来集。曹公与袁绍相拒于官渡，汝南黄巾刘辟等叛曹公应绍。绍遣先主将兵与辟等略许下。关羽亡归先主。曹公遣曹仁将兵击先主，先主还绍军，阴欲离绍，乃说绍南连荆州牧刘表。绍遣先主将本兵复至汝南，与贼龚都等合，众数千人。曹公遣蔡阳击之，为先主所杀。

译文

先主逃到青州。青州刺史袁谭，是先主从前推举的茂才，他率领步兵骑兵迎接先主。先主随袁谭到平原，袁谭派使者报告袁绍。袁绍派遣将领在道路上迎接，他亲自离开邺城二百里，与先主相见。驻留一个多月，先主之前流失的士卒逐渐来会合。曹公与袁绍在官渡相持，汝南黄巾军将领刘辟等人背叛曹公响应袁绍。袁绍派遣先主率兵与刘辟等人攻打许县。关羽逃归先主。曹公派遣曹仁率兵攻击先主，先主返回袁绍大军，私下想离开袁绍，就劝说袁绍向南联合荆州牧刘表。袁绍派遣先主率本部兵马又到汝南，与贼人龚都等人会合，有数千人。曹公派遣蔡阳攻打他们，被先主所杀。

曹公既破绍，自南击先主。先主遣麋竺、孙乾与刘表相闻，表自郊迎，以上宾礼待之，益其兵，使屯新野。荆州豪杰归先主者日益多，表疑其心，阴御之。使拒夏侯惇、于禁等于博望。久之，先主设伏兵，一旦自烧屯伪遁，惇等追之，为伏兵所破。

译文

曹公打败袁绍后，亲自向南攻打先主。先主派遣麋竺、孙乾告知刘表，刘表亲自郊迎先主，以上宾礼对待先主，增加他的兵马，让他驻军新野。荆州豪杰归附先主的人日益增多，刘表怀疑先主用心，私下防御他。派他在博望抗拒夏侯惇、于禁等人。

过了一段时候先主设下伏兵，一天早上自己烧毁营寨假装逃跑，夏侯惇等人追击，被伏兵打败。

十二年，曹公北征乌丸，先主说表袭许，表不能用。曹公南征表，会表卒，子琮代立，遣使请降。先主屯樊，不知曹公卒至，至宛乃闻之，遂将其众去。过襄阳，诸葛亮说先主攻琮，荆州可有。先主曰："吾不忍也。"乃驻马呼琮，琮惧不能起。琮左右及荆州人多归先主。比到当阳，众十余万，辎重数千两，日行十余里，别遣关羽乘船数百艘，使会江陵。或谓先主曰："宜速行保江陵，今虽拥大众，被甲者少，若曹公兵至，何以拒之？"先主曰："夫济大事必以人为本，今人归吾，吾何忍弃去！"

译文

十二年，曹公北征乌丸，先主劝说刘表袭击许都，刘表没有采用。曹公南征刘表，赶上刘表去世，儿子刘琮代立，遣使请降。先主驻扎樊城，不知曹公突然来到，至宛才听说这件事，于是就率领他的兵马离去。路过襄阳，诸葛亮劝说先主攻打刘琮，荆州就可以占据。先主说："我不忍心这样做。"就驻马呼唤刘琮，刘琮害怕得不能起身应对。刘琮左右以及荆州的很多人大多归附先主。到了当阳，有十多万人，辎重物资有数千辆车，日行十多里，先主单独派遣关羽乘船数百艘，让他在江陵和自己相会。有人对先主说：“应该快速行进保住江陵，如今虽然拥有大众，能打仗的士兵却很少，如果曹公兵至，用什么抗拒呢？”先主说：“做大事必须以人为本，如今别人归附我，我怎么忍心抛弃他们而去！”

曹公以江陵有军实①，恐先主据之，乃释辎重，轻军到襄阳。闻先主已过，曹公将精骑五千急追之，一日一夜行三百余里，及于当阳之长坂。先主弃妻子，与诸葛亮、张飞、赵云等数十骑走，曹公大获其人众辎重。先主斜趋汉津，适与羽船会，得济沔，遇表长子江夏太守琦众万余人，与俱到夏口。先主遣诸葛亮自结于孙权，权遣周瑜、程普等水军数万，与先主并力，与曹公战于赤壁，大破之，焚其舟船。先主与吴军水陆并进，追到南郡，时又疾疫，北军多死，曹公引归。

注释

①军实：军事物资，江陵是荆州重镇，物资充足。

译文

曹公因为江陵有军需物资，害怕先主占据那里，就丢下车辆辎重，轻军到襄阳。听说先主已过去，曹公便率精骑五千紧追先主，一日一夜行三百多里，在当阳的长坂追上先主。先主抛下妻子儿女，与诸葛亮、张飞、赵云等数十骑兵逃走，曹公获得他的很多兵马和军需物资。先主穿过汉津，刚好与关羽的船相会，得以渡过沔河，遇到刘表长子江夏太守刘琦统领的一万多人，便与他一起到夏口。先主派遣诸葛亮与孙权结交，孙权派遣周瑜、程普等水军数万人，与先主合力，与曹公在赤壁大战，大败曹公，焚烧曹公舟船。先主与吴军水陆并进，追到南郡，这时又流行瘟疫，北方军士大多死去，曹公率军返回。

先主表琦为荆州刺史，又南征四郡。武陵太守金旋、长沙太守韩玄、桂阳太守赵范、零陵太守刘度皆降。庐江雷绪率部曲数万口稽颡[①]。琦病死，群下推先主为荆州牧，治公安。权稍畏之，进妹固好。先主至京见权，绸缪恩纪。权遣使云欲共取蜀，或以为宜报听许，吴终不能越荆有蜀，蜀地可为己有。荆州主簿殷观进曰："若为吴先驱，进未能克蜀，退为吴所乘，即事去矣。今但可然赞其伐蜀，而自说新据诸郡，未可兴动，吴必不敢越我而独取蜀。如此进退之计，可以收吴、蜀之利。"先主从之，权果辍计。迁观为别驾从事。

注释

①稽颡 qǐ sǎng：古代的一种跪拜礼。

译文

先主上表举荐刘琦为荆州刺史，又率军南征四郡。武陵太守金旋、长沙太守韩玄、桂阳太守赵范、零陵太守刘度均降服。庐江雷绪地率领部众投降。刘琦病死后，众部下拥立先主为荆州牧，治所在公安。孙权见势始惮先主威势，故将自己的妹妹与先主联姻，以此巩固双方关系。先主赶赴京城与孙权会面，约定双方融洽亲密。孙权派使者告于先主说想一起联合攻取蜀郡，有的人认为可以答应孙权的计划，因为东吴终究难以越过荆州而占据蜀郡，那蜀郡就可以为我所有了。荆州主簿殷观进言道："倘若我们作了东吴的先锋，进若不能攻下蜀郡，退又会被东吴乘虚而入，那样的话就大事不好了。我们现在只认可东吴征伐蜀郡的计谋就好，但因为刚占据了几个新郡，不宜继续兴师动众，那么东吴必定不敢越过我们单独去伐蜀郡。这样做的话就可以同时得到东吴和蜀郡双方的好处。"先主听从了殷观的计划，孙权果然放弃了伐蜀郡的计划。殷观被升迁为别驾从事。

十六年，益州牧刘璋遥闻曹公将遣钟繇等向汉中讨张鲁，内怀恐惧。别驾从事蜀郡张松说璋曰：“曹公兵强无敌于天下，若因张鲁之资以取蜀土，谁能御之者乎？”璋曰：“吾固忧之而未有计。”松曰：“刘豫州，使君之宗室而曹公之深仇也，善用兵，若使之讨鲁，鲁必破。鲁破，则益州强，曹公虽来，无能为也。”璋然之，遣法正将四千人迎先主，前后赂遗以巨亿[①]计。正因陈益州可取之策。先主留诸葛亮、关羽等据荆州，将步卒数万人入益州。至涪，璋自出迎，相见甚欢。张松令法正白先主，及谋臣庞统进说，便可于会所袭璋。先主曰：“此大事也，不可仓卒。”璋推先主行大司马，领司隶校尉；先主亦推璋行镇西大将军，领益州牧。璋增先主兵，使击张鲁，又令督白水军。先主并军三万余人，车甲器械资货甚盛。是岁，璋还成都。先主北到葭萌，未即讨鲁，厚树恩德，以收众心。

注释

①亿：中国古代指十万。

译文

建安十六年，益州牧刘璋听说曹公将要派遣钟繇等人到汉中讨伐张鲁，心里很害怕。别驾从事蜀郡人张松劝说刘璋说："曹公兵强，天下无敌，如果依靠张鲁的物资来夺取蜀地，谁能抗拒他呢？"刘璋说："我也一直担忧此事，只是没有计策。"张松说："刘豫州，是您的同宗却是曹公的仇敌，善于用兵，如果派他讨伐张鲁，张鲁必败。张鲁若被打败，则益州就会强大，曹公就算来了，也无可奈何。"刘璋同意张松的意见，派遣法正率领四千人迎接先主，前后赠送的财物数以十万计，法正趁机陈述夺取益州的计策，先主留诸葛亮、关羽等人据守荆州，自己率领步兵数万人进入益州。至涪，刘璋亲自出迎，相见非常高兴。张松让法正告诉先主，谋臣庞统也劝说，可以在宴会上袭击刘璋。先主说："这是大事，不可仓促行事。"刘璋推荐先主代理大司马，兼任司隶校尉；先主也推荐刘璋代理镇西大将军，兼任益州牧。刘璋增加先主兵马，让他攻击张鲁，又令他统领白水军。先主合并各军三万多人，车辆、盔甲、器械等物资非常多。这一年，刘璋返回成都。先主向北到了葭萌，没有立即讨伐张鲁，而是广布仁德来收买人心。

明年，曹公征孙权，权呼先主自救。先主遣使告璋曰："曹公征吴，吴忧危急。孙氏与孤本为唇齿，又乐进在青泥与关羽相拒，今不往救羽，进必大克，转侵州界，其忧有甚于鲁。鲁自守之贼，不足虑也。”乃从璋求万兵及资实，欲以东行。璋但许兵四千，其余皆给半。张松书与先主及法正曰：“今大事垂可立，如何释此去乎！”松兄广汉太守肃，惧祸逮己，白璋发其谋。于是璋收斩松，嫌隙始构矣。璋敕关戍诸将文书勿复关通先主。先主大怒，召璋白水军督杨怀，责以无礼，斩之。乃使黄忠、卓膺①勒兵向璋。先主径至关中，质诸将并士卒妻子，引兵与忠、膺等进到涪，据其城。璋遣刘璝②、冷苞、张任、邓贤等拒先主于涪，皆破败，退保绵竹。璋复遣李严督绵竹诸军，严率众降先主。先主军益强，分遣诸将平下属县。诸葛亮、张飞、赵云等将兵泝流定白帝、江州、江阳，惟关羽留镇荆州。先主进军围雒。时璋子循守城，被攻且一年。

注释

①膺：音 yīng。

②璝：音 guī。

译文

次年，曹公征讨孙权，孙权请先主前往救援。先主派人告知刘璋：“曹操征吴，东吴十分危急。孙氏与我是唇齿相依关系，而且乐进正与关羽在青泥相持，现在如果不前往救援关羽，乐进一定大获全胜，进而转头侵犯益州，那样忧患比张鲁大得多。张鲁只不过是割据一方的贼寇，不必过于担忧。”于是向刘璋请求拨给一万兵马和大批粮草物资，刘璋只答应增派四千人，其他东西也只提供一半。张松给先主和法正写信说：“现在大事眼看即将成功，怎么可以舍之而去呢？”张松的哥哥广汉太守张肃，害怕祸及自身，便向刘璋揭发了张松的密谋。于是刘璋逮捕处死张松，从此先主与刘璋结怨。刘璋下令守关将领的文书不要再送给先主。先主大怒，召来刘璋在白水关的督军杨怀，责怪他无礼，将他斩首。又命令黄忠、卓膺领兵进攻刘璋。先主率军直奔关中，扣押益州将领和士卒的妻子儿女为人质，然后率军与黄忠、卓膺等人向涪县进攻，占据涪县。刘璋派刘璝、冷苞、张任、邓贤等到涪县抵御先主，全都被打败，只能退守绵竹。刘璋又派李严统领绵竹各军，李严率军投降先主。先主兵力更为强大，于是分派各将领平定了下属的郡县，诸葛亮、张飞、赵云等人领兵溯江而上，平定白帝、江州、江阳，只留下关羽镇守荆州。先主进军围攻雒城，这时守城的人是刘璋之子刘循，被围攻将近一年。

十九年夏，雒城破。进围成都数十日，璋出降。蜀中殷盛丰乐，先主置酒大飨[1]士卒，取蜀城中金银分赐将士，还其谷帛。先主复领益州牧，诸葛亮为股肱，法正为谋主，关羽、张飞、马超为爪牙，许靖、麋竺、简雍为宾友。及董和、黄权、李严等本璋之所授用也，吴壹、费观等又璋之婚亲也，彭羕又璋之所排摈也，刘巴者宿昔之所忌恨也，皆处之显任，尽其器能。有志之士。无不竞劝。

注释

①飨：用酒食慰劳。

译文

建安十九年夏，雒城被攻破。先主进军围攻成都数十日，刘璋出降。蜀中富足安乐，先主设置酒会慰劳士卒，取蜀城中金银分别赐给将士，把谷物布帛归还原主。先主又兼任益州牧，诸葛亮为助手，法正为主要谋士，关羽、张飞、马超为武将，许靖、麋竺、简雍为宾客和朋友。至于董和、黄权、李严等原来是刘璋所用的人，吴壹、费观等人又是刘璋的婚姻亲戚，彭羕又是刘璋排斥的人，刘巴是从前刘璋所忌恨的人，他们都位居显耀，使他们充分发挥才能。有志之士，无不争相劝勉。

二十年，孙权以先主已得益州，使使报欲得荆州。先主言："须得凉州，当以荆州相与。"权忿之，乃遣吕蒙袭夺长沙、零陵、桂阳三郡。先主引兵五万下公安，令关羽入益阳。是岁，曹公定汉中，张鲁遁走巴西。先主闻之，与权连和，分荆州江夏、长沙、桂阳东属，南郡、零陵、武陵西属，引军还江州。遣黄权将兵迎张鲁，张鲁已降曹公。曹公使夏侯渊、张郃屯汉中，数数犯暴巴界。先主令张飞进兵宕渠，与郃等战于瓦口，破张郃等，收兵还南郑。先主亦还成都。

译文

建安二十年，孙权因为先主已得到益州，便派遣使者说明想得到荆州。先主说："必须先得到凉州，才能把荆州归还。"孙权非常愤怒，就派遣吕蒙夺取了长沙、零陵、桂阳三郡。先主率兵五万攻下公安，命令关羽入驻益阳。这一年，曹公平定汉中，张鲁逃跑到巴西。先主听说这件事，便与孙权结盟讲和，分荆州的江夏、长沙、桂阳归东吴，南郡、零陵、武陵属先主，先主率军返回江州。先主派遣黄权率兵迎接张鲁，张鲁已经投降曹公。曹公使夏侯渊、张郃驻扎汉中，多次侵犯巴郡边界。先主命令张飞进兵宕渠，与张郃在瓦口大战，打败张郃等人，收兵返回南郑。先主也返回成都。

二十三年，先主率诸将进兵汉中，分遣将军吴兰、雷铜等入成都，皆为曹公军所没。先主次于阳平关，与渊、郃等相拒。

二十四年春，自阳平南渡沔水，缘山稍前，于定军兴势作营。渊将兵来争其地。先主命黄忠乘高鼓噪攻之，大破渊军，斩渊及曹公所署益州刺史赵颙等。曹公自长安举众南征。先主遥策之曰："曹公虽来，无能为也，我必有汉川矣。"及曹公至，先主敛众拒险，终不交锋，积月不拔，亡者日多。夏，曹公果引军还，先主遂有汉中。遣刘封、孟达、李平等攻申耽于上庸。

译文

建安二十三年，先主率领各将领进兵汉中，分派将军吴兰、雷铜等进入武都，都被曹军打败。先主驻扎阳平关，与夏侯渊、张郃等人相拒。

建安二十四年春，先主自阳平向南渡过沔水，攀山逐渐向前，依照定军山山势建立营寨。夏侯渊率兵来争夺这个地方。先主命令黄忠在高处击鼓呐喊攻打他们，大败夏侯渊军，斩杀夏侯渊及曹公所任命的益州刺史赵颙等人。曹公自长安率众南征。先主预计说："曹公即使来，也无能为力了，我们一定能占据汉川。"等到曹公到了，先主收缩军队凭借险要地形据守，始终不与曹军交锋，曹军一个多月都没有攻下，逃兵日益增多。夏季，曹公果然率军返回，先主于是就占有汉中。派遣刘封、孟达、李平等人到上庸攻打申耽。

秋，群下上先主为汉中王，表于汉帝曰："平西将军都亭侯臣马超、左将军长史领镇军将军臣许靖、营司马臣庞羲、议曹从事中郎军议中郎将臣射援、军师将军臣诸葛亮、荡寇将军汉寿亭侯臣关羽、征虏将军新亭侯臣张飞、征西将军臣黄忠、镇远将军臣赖恭、扬武将军臣法正、兴业将军臣李严等一百二十人，上言曰：昔唐尧至圣而四凶在朝[①]，周成仁贤而四国作难[②]，高后称制而诸吕窃命，孝昭幼冲而上官逆谋[③]，皆冯世宠，藉履国权，穷凶极乱，社稷几危。非大舜、周公、朱虚[④]、博陆[⑤]，则不能流放禽讨，安危定倾。伏惟陛下诞姿圣德，统理万邦，而遭厄运不造之艰。董卓首难，荡覆京畿，曹操阶祸，窃执天衡。皇后太子，鸩杀见害，剥乱天下，残毁民物。久令陛下蒙尘忧厄，幽处虚邑。人神无主，遏绝王命，厌昧皇极，欲盗神器。左将军领司隶校尉豫、荆、益三州牧宜城亭侯备，受朝爵秩，念在输力，以殉国难。睹其机兆，赫然愤发，与车骑将军董承同谋诛操，将安国家，克宁旧都。会承机事不密，令操游魂得遂长恶，残泯海内。臣等每惧王室大有阎乐之祸，小有定安之变[⑥]，夙夜惴惴，战栗累息。昔在《虞书》，敦序九族，周监二代，封建同姓，《诗》著其义，历载长久。汉兴之初，割裂疆土，尊王子弟，是以卒折诸吕之难，而成太宗之基。臣等以备肺腑枝叶，宗子藩翰，心存国家，念在弭乱。自操破于汉中，海内英雄望风蚁附，而爵号不显，九锡未加，非所以镇卫社稷，光昭万世也。奉辞在外，礼命断绝。昔河西太守梁统等值汉中兴，限于山河，位同权均，不能相率，咸推窦融以为元帅，卒立效绩，摧破隗嚣。今社稷之难，急于陇、蜀，操外吞天下，内残群寮，朝廷有萧墙之危，而御侮未建，可为寒心。臣等辄依旧典，封备汉中王，拜大司马，董齐六军，纠合同盟，扫灭凶逆。以汉中、巴、蜀、广汉、犍为为国，所署置依汉初诸侯王故典。夫权宜之制，苟利社稷，专之可也。然后功成事立，臣等退伏矫罪，虽死无恨。”遂于沔阳设坛场，陈兵列众，群臣陪位，读奏讫，御王冠于先主。

注释

①唐尧至圣而四凶在朝：唐尧，上古的至圣明君。四凶，指共工、驩兜、三苗、鲧，他们都是和唐尧同时代的人，因不服从统治而发动叛乱，被称为四凶。

②周成仁贤而四国作难：周成王，姓姬，名诵，周武王之子，西周第二代君主，为人贤明仁义。四国作难，指周成王时的管叔、蔡叔等人作乱。

③孝昭幼冲而上官逆谋：汉孝昭帝年幼即位，上官桀与大将军霍光争权，欲谋杀霍光，并废昭帝立燕王旦，事情失败被杀。

④朱虚：即朱虚侯刘章（?—前177），西汉初年宗室，汉高祖刘邦的孙子，齐悼惠王刘肥的次子。吕后称制期间被封为朱虚侯，后来由于在诛灭吕氏的过程中有功而被加封为城阳王。去世后谥号景王。

⑤博陆：即博陆侯霍光（? —前68），字子孟，是汉昭帝的辅政大臣，执掌汉室最高权力近20年，为汉室的安定和中兴建立了功勋，成为西汉历史发展中的重要政治人物。

⑥大有阎乐之祸，小有定安之变：阎乐，赵高女婿，奉赵高之命杀秦二世。定安，即汉孺子刘婴（5—25），西汉末代皇帝，被王莽废为定安公。

译文

秋，众僚属请立先主为汉中王，给汉献帝上表说：“平西将军都亭侯马超、左将军长史领镇军将军许靖、营司马庞羲、议曹从事中郎军议中郎将射援、军师将军诸葛亮、荡寇将军汉寿亭侯关羽、征虏将军新亭侯张飞、征西将军黄忠、镇远将军赖恭、扬武将军法正、兴业将军李严等一百二十人，一起上奏：从前唐尧非常圣明却有四个恶人在朝廷，周成王仁义贤明却有四个诸侯国叛乱，汉高后吕雉执掌朝政而吕氏族人篡夺君权，孝昭帝年幼而上官桀图谋叛乱，都是凭借世代受宠，掌握国家大权，穷凶极恶，社稷几乎遭受危险。如果不是有大舜、周公、朱虚侯刘章、博陆侯霍光那样的臣子，就不能铲除流放这些恶人，使处于危难之中的国家得到安定。我们以为陛下禀赋伟大，天资圣明，统治管理天下，却遭受厄运艰险。董卓首先作乱，扰乱倾覆京畿，曹操继续祸乱，窃取并执掌天下大权。皇后和太子被毒杀，祸乱天下，残害人民。长久以来让陛下蒙受忧患，被幽禁在空城之中。人民没有君主，宗庙没人祭礼，曹操又截绝君王的命令，觊觎皇位，想盗取国家政权。左将军领司隶校尉豫、荆、益三州牧宜城亭侯刘备，接受朝廷的爵位和俸禄，想要为国效力，为国家殉难。看到贼子要作乱的先兆，愤然地发起行动，与车骑将军董承一起谋划诛杀曹操，将安定国家，返回旧都。恰逢董承的计划泄露，使得曹操又得以苟延残喘继续作恶，残害天下。臣等常常害怕王室大则会有阎乐杀害秦二世那样的祸乱，小则会有王莽废皇帝为定安公那样的政变，早晚心里都忐忑不安，战战兢兢。从前《虞书》说，按次序宽厚地对待九族宗亲，周代的制度参照夏商二代，册封建立同姓诸侯，《诗经》宣扬它的意义，周朝历时长久。汉代兴建之初，分割疆土，封赐君王子弟，所以最终能平定吕氏众人造成的灾难，成就太宗皇帝的基业。臣等认为刘备是汉朝皇室的心腹和后裔，皇室宗子的屏藩，一心为国，志在平定动乱。自从曹操在汉中被打败，天下的英雄望风归附刘备，但是他的爵号不显贵，没有天子的九锡赏赐，不能凭借这些守卫社稷，从而使功业光芒照耀后世。奉君命在外驻守，封赐的礼仪命令无法通达。从前的河西太守梁统等人在汉室中兴之时，受困于山河阻碍，各地官员官位权力相当，不能相互统率，就都推举窦融为元帅，最终立下很多功绩，打败了隗嚣。如今国家有难，比隗嚣在陇、蜀叛乱更加紧迫，曹操在朝外吞并天下，在朝内残害百官，朝廷有动乱的危险，但是抵御危险的势力还没有建立，这让人寒心。臣等就依照从前的典章制度，立刘备为汉中王，授官大司马，整治六军，纠集同盟，扫除凶狠的逆贼。以汉中、巴、蜀、广汉、犍为等郡作为封国，统署设置依照汉初诸侯王的旧典。权宜之计，如果有利于国家，专断也是可以的。成就功业之后，臣等就辞官接受惩治，即使死也没有遗憾。”于是就在沔阳设下坛场，排列兵马，群臣按位陪立，宣读奏章完毕，把王冠献给先主。

先主上言汉帝曰：“臣以具臣之才，荷上将之任，董督三军，奉辞于外，不能扫除寇难，靖匡王室，久使陛下圣教陵迟，六合之内，否而未泰，惟忧反侧，疢[①]如疾首。曩者董卓造为乱阶，自是之后，群凶纵横，残剥海内。赖陛下圣德威灵，人神同应，或忠义奋讨，或上天降罚，暴逆并殪，以渐冰消。惟独曹操，久未枭除，侵擅国权，恣心极乱。臣昔与车骑将军董承图谋讨操，机事不密，承见陷害，臣播越失据，忠义不果。遂得使操穷凶极逆，主后戮杀，皇子鸩害。虽纠合同盟，念在奋力，懦弱不武，历年未效。常恐殒没，孤负国恩，寤寐永叹，夕惕若厉。今臣群寮[②]以为在昔《虞书》敦叙九族，庶明励翼，五帝[③]损益，此道不废。周监二代，并建诸姬，实赖晋、郑夹辅之福[④]。高祖龙兴，尊王子弟，大启九国，卒斩诸吕[⑤]，以安大宗。今操恶直丑正，实繁有徒，包藏祸心，篡盗已显。既宗室微弱，帝族无位，斟酌古式，依假权宜，上臣大司马汉中王。臣伏自三省，受国厚恩，荷任一方，陈力未效，所获已过，不宜复忝高位以重罪谤。群寮见逼，迫臣以义。臣退惟寇贼不枭，国难未已，宗庙倾危，社稷将坠，成臣忧责碎首之负。若应权通变，以宁靖圣朝，虽赴水火，所不得辞，敢虑常宜，以防后悔。辄顺众议，拜受印玺，以崇国威。仰惟爵号，位高宠厚，俯思报效，忧深责重，惊怖累息，如临于谷。尽力输诚，奖厉六师，率齐群义，应天顺时，扑讨凶逆，以宁社稷，以报万分。谨拜章因驿上还所假左将军、宜城亭侯印绶。”于是还治成都。拔魏延为都督，镇汉中。时关羽攻曹公将曹仁，禽于禁于樊。俄而孙权袭杀羽，取荆州。

注释

①疢 chèn：热病。

②寮：通“僚”，官员。

③五帝：有多种说法，一般指黄帝、颛顼、帝喾、尧、舜。

④晋、郑夹辅之福：指西周末年和东周时期周王朝多次发生动乱，晋国和郑国多次出兵勤王，保证了周代的延续。

⑤卒斩诸吕：刘邦死后，吕后掌权，外戚横行，吕后去世后，齐国倡导铲除吕氏，最后将吕氏全部剿灭。

译文

先主上奏汉献帝，说：“臣以占位充数的才能，担负上将军的职位，整治三军，奉王命在外，不能扫除贼寇的祸乱，安定辅佐王室，让陛下圣大的教化长久地衰微，国境之内，饱受战乱不得安定，我忧虑不安，痛心疾首。从前董卓作乱，从那之后，成群的凶恶之徒纵横天下，残害生灵。仰仗陛下圣大的德行和威赫的神威，人神一起努力，有的忠义之人奋起讨逆，有的是上天降下惩罚，残暴的叛逆之人都被剿灭，就像冰雪渐渐消融。只有曹操，长久以来没有被消灭，他篡夺国家大权，随心作乱。

臣从前与车骑将军董承图谋讨伐曹操，事情泄密，董承被害，臣四处流亡没有据守之地，想对朝廷效尽忠义之命却不能实现。于是使曹操可以肆意逞凶，以致皇后被杀，皇太子也被毒害。我虽然纠合同盟，志在奋力讨伐，却懦弱不勇武，多年来一直没能实现。常常害怕若突然死去，便辜负了国家的大恩，睡觉时都在叹息，早晚都在害怕。今臣下的群官因为从前《虞书》说要宽厚地对待九族，使他们贤明来辅助国家，五帝有所损益，但这个大道一直盛行不废。周代按夏和商二代制度，建立诸姬姓诸侯，确实是仰仗了晋、郑等诸侯辅助的福祉。高祖皇帝创立汉朝，封王室子弟，建立九个王国，最终铲除吕氏叛乱，安定宗室。如今曹操厌恶正直大臣，实在还有不少追随他的人，他包藏祸心，篡夺皇位的野心已经显现。现在宗室已经微弱，皇帝宗族没有身负重位，考究古代惯例，按权宜之计，尊奉臣为大司马和汉中王。臣反复反省自己，受国家厚恩，身负一方重任，效力没有显出成果，所获得的封赏已经超过功劳，不应该再接受高位以加重我的罪责和非议。百官用大义逼迫我。臣如果退官，那么寇贼就不能剿灭，国难就不能停止，社稷将衰亡，这些都成为臣忧虑自责但求以死报国的责任。如果因时通变，以此安抚朝政，即使赴汤蹈火，臣也在所不辞，又怎么敢考虑不能逾越常规，致使将来后悔。因而暂且顺从众人意见，接受印玺，以抬高朝廷声威。我抬头就会想到爵位，位高而恩宠又厚，低头就思索报效朝廷，忧虑深而任务重，心中惶惶不安，气息急促，如临万丈深渊。臣将尽力尽忠朝廷，努力劝勉六军将士，督率天下忠义志士，顺应天时，剿灭逆贼，安定国家，以报陛下恩德的万分之一。拜上奏章，借驿使交还原来授予的左将军、宜城亭侯印绶。”于是先主退驻成都为治所。提拔魏延为都督，镇守汉中。此时关羽进攻曹操将领曹仁，并在樊城生擒于禁。不久孙权袭杀关羽，夺回荆州。

二十五年，魏文帝称尊号，改年曰黄初。或传闻汉帝见害，先主乃发丧制服，追谥曰孝愍皇帝。是后在所并言众瑞，日月相属，故议郎阳泉侯刘豹、青衣侯向举、偏将军张裔、黄权、大司马属殷纯、益州别驾从事赵莋、治中从事杨洪、从事祭酒何宗、议曹从事杜琼、劝学从事张爽、尹默、谯周等上言：“臣闻《河图》《洛书》[①]，五经谶、纬[②]，孔子所甄，验应自远。谨案《洛书甄曜度》曰：‘赤三日德昌，九世会备，合为帝际。’《洛书宝号命》曰：‘天度帝道备称皇，以统握契，百成不败。’《洛书录运期》曰：‘九侯七杰争命民炊骸，道路籍籍履人头，谁使主者玄且来。’《孝经钩命决录》曰：‘帝三建九会备。’臣父群未亡时，言西南数有黄气，直立数丈，见来积年，时时有景云祥风，从璿玑下来应之，此为异瑞。又二十二年中，数有气如旗，从西竟东，中天而行，《图》《书》曰：‘必有天子出其方’。加是年太白、荧惑、填星，常从岁星相追。近汉初兴，五星从岁星谋；岁星主义，汉位在西，义之上方，故汉法常以岁星候人主。当有圣主起于此州，以致中兴。时许帝尚存，故群下不取漏言。顷者荧惑复追岁星,见在胃昴毕;昴毕为天纲，《经》曰：‘帝星处之，众邪消亡。’圣讳豫睹，推揆期验，符合数至，若此非一。臣闻圣王先天而天不违，后天而奉天时，故应际而生，与神合契。愿大王应天顺民，速即洪业，以宁海内。”

注释

①《河图》：传说伏羲时有龙马跃出黄河，马背有图，伏羲借助龙马身上的图案与自己的观察，画出“八卦”，而龙马身上的图案就叫作“河图”。

《洛书》：古称龟书，传说有神龟出于洛水，其甲壳上绘有细纹，形如文字，禹据此而治水患。

②谶、纬：谶是秦汉间巫师、方士编造的预示吉凶的隐语，纬是汉代附会儒家经义衍生出来的一类书，后泛指各种预言未来的神秘文书。

译文

建安二十五年，魏文帝曹丕称帝，改年号为黄初。

有传闻说汉献帝被害，于是先主身着丧服为汉献帝发丧，追谥他孝愍皇帝。此后各地纷纷报告很多祥瑞现象，日日月月都有此类消息。所以议郎阳泉侯刘豹、青衣侯向举、偏将军张裔、黄权、大司马属殷纯、益州别驾从事赵莋、治中从事杨洪、从事祭酒何宗、议曹从事杜琼、劝学从事张爽、尹默、谯周等上奏说:“臣听说《河图》《洛书》,及五经谶、纬，经过孔子阐明,长久以来都能应验。按《洛书甄曜度》说:‘崇尚红色的第三位君主德运昌盛，经历九代会有名叫“备”的人出现，应该是称帝之时。’《洛书宝号命》说:‘上天掌管帝王之道，名叫“备”的人称皇帝，因为正统获得天命，百事都能成功不失败。’《洛书录运期》说:‘九侯七杰争夺王命，百姓用尸骨作柴烧，道路上到处都是遭到踩踏的人头，上天派来的君主是位名叫“玄”的人。’《孝经钩命决录》说:‘帝王三人经过九代遇见“备”。’臣的父亲群没去世时说西南方数次有黄气出现，直立有数丈高，出现已经很久了，经常还会有祥瑞的风和云，从北斗璇玑星下来与黄气相应和，这是奇异的祥瑞。并且建安二十二年时，数次出现像旗一样的云气，从西向东，在天上运行,《河图》《洛书》说:‘必定有天子在那里出现。’加上那一年太白星、荧惑星、填星常常跟随岁星运行。东汉兴起之初，五星跟从岁星相随；岁星主要显示义，汉朝的方位在西方，是义所在的方向，所以汉朝法典常常以岁星占卜君主。应当有圣主在这一州兴起，以使汉代中兴。当时许都汉献帝尚在,故群臣不敢说明。不久荧惑又追随岁星，出现在胃、昴、毕三个星之间;昴和毕显示天纲,《星经》说:‘象征帝王的星出现在这里，众邪恶就会消亡。’圣上的名号已经在谶纬之中显现，推求就都应验，符命和人事都相合，这样的征兆不止一个。臣听说圣明的君王若在天时之前行事，天命也不会违逆他的意愿，若在天时之后行事，则是顺承天命与神灵相契合。希望大王能应天时顺民心，立即登临皇位以安定天下。”

太傅许靖、安汉将军麋竺、军师将军诸葛亮、太常赖恭、光禄勋黄柱、少府王谋等上言:“曹丕篡弑，湮灭汉室，窃据神器，劫迫忠良，酷烈无道。人鬼忿毒,咸思刘氏。今上无天子,海内惶惶,靡所式仰。群下前后上书者八百余人，咸称述符瑞，图、谶明征。间黄龙见武阳赤水，九日乃去。《孝经援神契》曰‘德至渊泉则黄龙见’，龙者，君之象也。《易》乾九五‘飞龙在天’，大王当龙升，登帝位也。又前关羽围樊、襄阳，襄阳男子张嘉、王休献玉玺，玺潜汉水，伏于渊泉，晖景烛耀，灵光彻天。夫汉者，高祖本所起定天下之国号也，大王袭先帝轨迹，亦兴于汉中也。今天子玉玺神光先见，玺出襄阳，汉水之末，明大王承其下流，授与大王以天子之位，瑞命符应，非人力所致。昔周有乌鱼之瑞，咸曰休哉。二祖受命，《图》《书》先著，以为征验。今上天告祥，群儒英俊，并起《河》《洛》，孔子谶、记，咸悉具至。伏惟大王出自孝景皇帝中山靖王之胄，本支百世，乾祇降祚，圣姿硕茂，神武在躬，仁覆积德，爱人好士，是以四方归心焉。考省《灵图》，启发谶、纬，神明之表，名讳昭著。宜即帝位，以纂二祖，绍嗣昭穆，天下幸甚。臣等谨与博士许慈、议郎孟光，建立礼仪，择令辰，上尊号。”即皇帝位于成都武担之南。为文曰：“惟建安二十六年四月丙午，皇帝备敢用玄牡，昭告皇天上帝后土神祇：汉有天下，历数无疆。曩者王莽篡盗，光武皇帝震怒致诛，社稷复存。今曹操阻兵安忍，戮杀主后，滔天泯夏，罔顾天显。操子丕，载其凶逆，窃居神器。群臣将士以为社稷堕废，备宜修之，嗣武二祖，龚行天罚。备惟否德，惧忝帝位。询于庶民，外及蛮夷君长，佥曰‘天命不可以不答，祖业不可以久替，四海不可以无主’。率土式望，在备一人。备畏天明命，又惧汉阼将湮于地，谨择元日，与百寮登坛，受皇帝玺绶。修燔瘗[1]，告类于天神，惟神飨祚于汉家，永绥四海！”

注释

① 燔瘗 fán yì：祭祀天地。

译文

太傅许靖、安汉将军麋竺、军师将军诸葛亮、太常赖恭、光禄勋黄柱、少府王谋等上奏说："曹丕篡位弑君，毁灭汉室，窃夺国家政权，胁迫忠良之士，残忍无道，人和鬼都愤怒埋怨他，都思念刘氏。现在国家无主，人心惶惶，无所仰瞻。群臣上书的人前后有八百之多，纷纷报告祥瑞的征象，图、谶也应验得很明显。其间有黄龙出现在武阳县的赤水里，九天后才离去。《孝经援神契》说'德行至大就会有黄龙出现'，龙，是君主的征象。《易经》乾卦九五爻说'飞龙在天'，大王应当像龙一样跃升，登上帝位。先前关羽围困樊城、襄阳，襄阳男子张嘉、王休献上玉玺，玉玺潜藏在汉水里，沉伏在深渊里，光辉显耀，灵光直达天上。汉，本来就是汉高祖安定天下的国号，大王继承先帝皇位，也会在汉中兴起。如今天子玉玺的神光已经先显现出来，玉玺出现在襄阳，汉水的末流，明示大王要继承汉高祖的后续事业，授予大王天子之位，祥瑞的符命降临，不是人力所能做到的。从前周代有赤乌和白鱼的祥瑞，天下人都赞美。汉高祖和汉世祖接受天命，《河图》《洛书》先显现，作为征验。如今上天降下吉祥，成群的儒生和英杰，一起发掘《河图》《洛书》和孔子图谶著述的秘示，全部都得到应验。大王是孝景皇帝之子中山靖王之后，王室宗族百世相传，上天降下福瑞，姿态威武，全身散发着神武，仁深德重，礼贤下士，故而赢得天下归心。考究《灵图》，阐发谶、纬，神明显示的名号昭然若揭。理应马上登临皇位，继承高祖、世祖创下的伟业，续传宗庙位秩，对天下百姓则是幸事。臣等与博士许慈、议郎孟光，拟定登基礼仪，选择吉日良辰，为您奉上尊号。”先主在成都武担山南即位登基。祭告天地的表文为:“建安二十六年四月丙午，皇帝刘备恭谨奉献黑色的公牛祭品，告示天地神灵：汉朝得到天下，万代相传不绝。昔日王莽篡位，光武皇帝勃然震怒将其诛灭，使汉家社稷重得安定。如今曹操依靠武力残忍行事，杀害皇后，罪恶滔天，不顾上天的旨意。曹操的儿子曹丕，继承了曹操的凶恶，窃取皇位。群臣将士认为国家灭亡，我刘备应该修整国家，继承汉高祖和汉世祖的事业，代替上天执行惩罚。我才德不高，惧怕继承帝位。咨询臣民,以及外族蛮夷的部落首领，都回答说‘天命不可以不答应，祖业不可以长久地被取代，四海不可以没有君主’。全国仰望的人，只有刘备一人。刘备畏惧天命，又畏惧汉朝灭亡，就选择吉日，与群臣登上祭坛，接受皇帝玺印和绶带。准备了燔瘞的礼仪，把这件事告诉天神，祈求天神降福给汉家，保佑四海平安！”

章武元年夏四月，大赦，改年。以诸葛亮为

丞相，许靖为司徒。置百官，立宗庙，祫祭高皇帝以下。五月，立皇后吴氏，子禅为皇太子。六月，以子永为鲁王，理为梁王。车骑将军张飞为其左右所害。初，先主忿孙权之袭关羽，将东征，秋七月，遂帅诸军伐吴。孙权遣书请和，先主盛怒不许，吴将陆议、李异、刘阿等屯巫、秭归；将军吴班、冯习自巫攻破异等，军次秭归，武陵五谿蛮夷遣使请兵。

译文

章武元年夏四月，大赦天下，更改年号。任命诸葛亮为丞相，许靖为司徒。设置百官，建立宗庙，合祭高祖皇帝以下各代先祖。五月，立吴氏为皇后，儿子刘禅为皇太子。六月，以儿子刘永为鲁王，刘理为梁王。车骑将军张飞被他身边的亲信杀害。起初，先主愤恨孙权袭杀关羽，准备东征，秋七月，就率各军讨伐东吴。孙权写信请和，先主大怒没有答应，吴将陆议、李异、刘阿等人驻扎巫、秭归；将军吴班、冯习从巫地打败李异等人，驻军秭归，武陵五谿的少数民族部落派使者来请求出兵。

二年春正月，先主军还秭归，将军吴班、陈式水军屯夷陵，夹江东西岸。二月，先主自秭归率诸将进军，缘山截岭，于夷道猇亭驻营，自佷山通武陵，遣侍中马良安慰五谿蛮夷，咸相率响应。镇北将军黄权督江北诸军，与吴军相拒于夷陵道。夏六月，黄气见自秭归十余里中，广数十丈。后十余日，陆议大破先主军于猇亭，将军冯习、张南等皆没。先主自猇亭还秭归，收合离散兵，遂弃船舫，由步道还鱼复，改鱼复县曰永安。吴遣将军李异、刘阿等踵蹑[1]先主军，屯驻南山。秋八月，收兵还巫。司徒许靖卒。冬十月，诏丞相亮营南北郊于成都。孙权闻先主住白帝，甚惧，遣使请和。先主许之，遣太中大夫宗玮报命。冬十二月，汉嘉太守黄元闻先主疾不豫，举兵拒守。

注释

①踵蹑：相继，接连。这里指追击。

译文

章武二年春正月，先主大军返回秭归，将军吴班、陈式水军驻扎夷陵，分驻长江东西两岸。二月，先主从秭归率诸将进军，翻山越岭，在夷道猇亭驻军，从佷山打通到武陵的道路，派遣侍中马良安抚五谿蛮夷部落，他们都相继响应先主。镇北将军黄权统领江北诸军，与吴军在夷陵道对峙。夏六月，在距离秭归十多里的地方出现黄气，有数十丈宽。十多天后，陆议在猇亭大败先主大军，将军冯习、张南等人全部战死。先主从猇亭返回秭归，收集整合离散的士兵，于是弃船，由陆路返回鱼复，改鱼复县为永安县。东吴派遣将军李异、刘阿等人追击先主大军，驻扎南山。秋季八月，先主收兵返回巫县。司徒许靖去世。冬十月，下诏命令丞相诸葛亮在成都南北营建祭祀用的祭坛。孙权听说先主住在白帝城，非常惧怕，派遣使者请求和好。先主答应他，派遣太中大夫宗玮回命。冬十二月，汉嘉太守黄元听说先主的疾病不能治愈，发兵抗命，据城固守。

三年春二月，丞相亮自成都到永安。三月，黄元进兵攻临邛县。遣将军陈曶[①]讨元，元军败，顺流下江，为其亲兵所缚，生致成都，斩之。先主病笃，托孤于丞相，尚书令李严为副。夏四月癸巳，先主殂于永安宫，时年六十三。亮上言于后主曰："伏惟大行皇帝迈仁树德，覆焘无疆，昊天不吊，寝疾弥留，今月二十四日奄忽升遐，臣妾号咷，若丧考妣。乃顾遗诏，事惟大宗，动容损益。百寮发哀，满三日除服，到葬期复如礼；其郡国太守、相、都尉、县令长，三日便除服。臣亮亲受敕戒，震畏神灵，不敢有违。臣请宣下奉行。"五月，梓宫自永安还成都，谥曰昭烈皇帝。秋，八月，葬惠陵。

注释

①曶：音hù。

译文

章武三年春二月，丞相诸葛亮从成都到永安。三月，黄元进兵攻打临邛县。先主派遣将军陈曶讨伐黄元，黄元军败，顺着长江向下游而去，被他的亲兵捆绑，送到成都，被斩杀。先主病重，把太子托付给诸葛亮，尚书令李严为副手。夏季四月癸巳，先主在永安宫去世，时年六十三岁。诸葛亮上奏后主说："大行皇帝广施大德，光照四方，上天不悯，使得他病入膏肓，本月二十四日驾崩，臣民痛哭，如丧父母。遵照遗诏，丧事应由宗子主持，服丧期间应当斟酌礼节：朝中服丧三日即可除服，至大行皇帝安葬之日，再按礼节服丧。各郡太守、国相、属国都尉、县令、县长，服丧三日即可除服。臣受大行皇帝临终受命，敬畏神明有灵，不敢有所更改。请陛下宣布执行。"五月，先主灵柩从永安运回成都，谥号昭烈皇帝。秋，八月，葬在惠陵。

评曰：先主之弘毅宽厚，知人待士，盖有高祖之风，英雄之器焉。及其举国托孤于诸葛亮，而心神无二，诚君臣之至公，古今之盛轨也。机权干略，不逮魏武，是以基宇亦狭。然折而不挠，终不为下者，抑揆彼之量必不容己，非唯竞利，且以避害云尔。

译文

评价说：先主为人刚毅宽厚，能发现人才又善于使用人才，有汉高祖刘邦的风范，有英雄的气度。他把整个国家的事务和太子托付给诸葛亮，却心里没有任何疑虑，这真是君臣之间最大的公心，是古今盛大的楷模。先主临机应变的才干，不如魏武帝曹公，所以他的国家疆域很狭小。然而他却屡受挫折不灰心，最终不愿屈居曹操之下，大概猜测以曹操的度量必定容不下自己，这并非只是为了争利，也是为了避免祸害。

诸葛亮传

题解

诸葛亮是三国时期重要的政治家、军事家。在民间，诸葛亮是三国中最家喻户晓的人物，是智慧的化身，但在正史中，诸葛亮更多的是以战略家和政治家的面目出现。他为刘备制定的三分天下、联吴抗曹的政策，对三国局势产生了重要的影响。刘备死后，他受刘备托孤之任，掌蜀国之政，尽心竭力辅佐后主，使蜀国政治稳定，经济发展，民族和睦，堪称一代贤相。他晚年数次北伐中原，都以失败告终，陈寿认为是因为“应变将略，非其所长”，更有论者认为正是他的伐魏无功，使蜀国国力凋敝，最终灭亡。但他“鞠躬尽瘁，死而后已”的精神，与刘备君臣相得的佳话，却流传千古。

诸葛亮字孔明，琅邪阳都人也。汉司隶校尉诸葛丰后也。父珪，字君贡，汉末为太山都丞。亮早孤，从父玄为袁术所署豫章太守，玄将亮及亮弟均之官。会汉朝更选朱皓代玄。玄素与荆州牧刘表有旧，往依之。玄卒，亮躬耕陇亩，好为《梁父吟》。身长八尺，每自比于管仲、乐毅，时人莫之许也。惟博陵崔州平、颍川徐庶元直与亮友善，谓为信然。

译文

诸葛亮字孔明，琅邪阳都人。是汉代司隶校尉诸葛丰的后裔。他的父亲诸葛珪，字君贡，是汉代末年太山郡的郡丞。诸葛亮年幼丧父，叔父诸葛玄被袁术任命为豫章太守，诸葛玄带着诸葛亮及其弟弟诸葛均任职，恰巧汉朝改派朱皓代替诸葛玄去任职。诸葛玄一直与荆州牧刘表有交情，便去投靠刘表。诸葛玄死后，诸葛亮亲自在陇亩耕田，喜欢吟唱《梁父吟》。他身高八尺，每每喜欢把自己比作管仲、乐毅，当时的人都不认同。只有博陵崔州平、颍川徐庶和诸葛亮关系友好，认为确实是这样。

时先主屯新野。徐庶见先主，先主器之，谓先主曰："诸葛孔明者，卧龙也，将军岂愿见之乎？"先主曰："君与俱来。"庶曰："此人可就见①，不可屈致也。将军宜枉驾顾之。"由是先主遂诣亮，凡三往，乃见。因屏人曰："汉室倾颓，奸臣窃命，主上蒙尘。孤不度德量力，欲信大义于天下，而智术短浅，遂用猖蹶，至于今日。然志犹未已，君谓计将安出？"

注释

①就见：登门拜见。

译文

当时先主刘备在新野驻军。徐庶前去拜见刘备，刘备很器重他，徐庶对刘备说："诸葛孔明，是卧龙，将军愿意见见他吗？"刘备说："您和他一起来吧。"徐庶说："这个人应该亲自去拜见，不可以把他屈身召来。将军应该屈尊去见他。"所以刘备就亲自去拜访诸葛亮，一共去了三次，才见到诸葛亮。刘备于是屏退了其他人说："汉室倾弱颓败，奸臣篡权，皇帝遭受屈辱。我不顾我的德行与力量的不足，想在天下伸张大义，但是智谋不足，所以才如此颓败，以至于到了今天这个地步。但是我的志向仍然没有改变，您认为有什么好计谋吗？"

亮答曰："自董卓已来，豪杰并起，跨州连郡者不可胜数。曹操比于袁绍，则名微而众寡，然操遂能克绍，以弱为强者，非惟天时，抑亦人谋也。今操已拥百万之众，挟天子而令诸侯，此诚不可与争锋。孙权据有江东，已历三世，国险而民附，贤能为之用，此可以为援而不可图也。荆州北据汉、沔，利尽南海，东连吴会，西通巴、蜀，此用武之国，而其主不能守，此殆天所以资将军，将军岂有意乎？益州险塞，沃野千里，天府之土，高祖因之以成帝业。刘璋暗弱，张鲁在北，民殷国富而不知存恤，智能之士思得明君。将军既帝室之胄，信义著于四海，总揽英雄，思贤如渴，若跨有荆、益，保其岩阻，西和诸戎，南抚夷越，外结好孙权，内修政理；天下有变，则命一上将将荆州之军以向宛、洛，将军身率益州之众出于秦川，百姓孰敢不箪食壶浆以迎将军者乎？诚如是，则霸业可成，汉室可兴矣。”先主曰：“善！”于是与亮情好日密。关羽、张飞等不悦，先主解之曰：“孤之有孔明，犹鱼之有水也。愿诸君勿复言。”羽、飞乃止。

译文

诸葛亮回答说：“自从董卓之乱以来，豪杰都纷纷起兵，雄踞州郡的不计其数。曹操和袁绍相比，名望很小而实力又弱，但曹操能打败袁绍，从弱变强，不仅是因为时机好，也是因为谋划得当。现在曹操已经拥有百万大军，挟持天子以命令诸侯，这真是无法和他一较高下的。孙权据有江东地区，已经有三代了，国家地势险要而又有人民依附，贤能的人能被他们任用，这是可以作为援助但不能有所企图的。荆州北面据有汉水、沔水，向南可以获得南海的利益，东面连着孙吴、会稽，西面与巴地、蜀地相通，这是可以用兵的国土，但是这里的主人不能好好把守，这大概是上天资助将军的吧，将军有这样的打算吗？益州是险固的要塞，沃野千里，是像天府一样的国土，汉高祖依靠它成就帝王之业。刘璋昏庸懦弱，张鲁又在他的北面威胁，人民殷实国家富裕却不知道体恤吏民，有才学见识的人都想有个明主。将军是皇室的后代，信用恩义名传四海，招揽了很多英雄豪杰，思盼贤才如饥似渴，如果能横跨荆、益二州，守住这些险要关口，在西面和各戎族部落和好，在南面安抚越人部落，在外和孙权结好，在内整治政务；天下一旦有变化，就派遣一名上将率领荆州的大军向宛、洛等地进攻，将军亲自率领益州大军从秦川出兵，百姓哪里敢不用竹篮装上食物、用壶装上美酒来迎接将军呢？如果真是那样，那么就可以成就霸业，汉室就可以复兴了。”先主说：“很好！”于是和诸葛亮感情亲密并日日加深。关羽、张飞等都不高兴，刘备解释说：“我有孔明，就像鱼得到水一样。希望你们不要再抱怨了。”关羽、张飞才停止议论。

刘表长子琦，亦深器亮。表受后妻之言，爱少子琮，不悦于琦。琦每欲与亮谋自安之术，亮辄拒塞，未与处画。琦乃将亮游观后园，共上高楼，饮宴之间，令人去梯，因谓亮曰：“今日上不至天，下不至地，言出子口，入于吾耳，可以言未？”亮答曰：“君不见申生在内而危，重耳在外而安乎①？”琦意感悟，阴规出计。会黄祖死，得出，遂为江夏太守。俄而表卒，琮闻曹公来征，遣使请降。先主在樊闻之,率其众南行,亮与徐庶并从,为曹公所追破,获庶母。庶辞先主而指其心曰:“本欲与将军共图王霸之业者，以此方寸之地也。今已失老母，方寸乱矣，无益于事，请从此别。”遂诣曹公。

注释

①申生在内而危，重耳在外而安乎：春秋时，晋献公的宠姬骊姬祸乱晋国，太子申生在都城被逼迫自杀，公子重耳在外地而逃亡避害，免于一劫。

译文

刘表的长子刘琦，也很器重诸葛亮。刘表听信后妻的话，偏爱小儿子刘琮，不喜欢刘琦。刘琦每每想和诸葛亮谋划自我保护的策略，诸葛亮都是搪塞拒绝，不同刘琦谋划。刘琦就带着诸葛亮游览观赏后园，一起上了高楼，宴会喝酒时，命令人撤掉楼梯，接着对诸葛亮说：“今天向上不能上天，向下不能落地，从您口中说出的话，只进入我的耳朵，可以说说吗？”诸葛亮回答说：“你没听过公子申生在朝内而危险，公子重耳在外任职而获得安全吗？”刘琦心里明白，私底下谋划外出计策。恰巧赶上黄祖死了，才得以在外任职，便做了江夏太守。很快刘表死了，刘琮听说曹公来征伐，派遣使臣请求投降。刘备在樊城听到这件事，率领他的部众向南撤退，诸葛亮和徐庶都跟随他，被曹公部队追击而败，曹公俘获徐庶的母亲。徐庶辞别刘备并指着自己的心说：“本来想凭借着这方寸之地和将军一起图划王霸之业，今天失去老母亲，方寸已经乱了，对于您的事业已没有益处，请允许我在这里与您分别。”于是便去往曹公那里。

先主至于夏口，亮曰：“事急矣，请奉命求救于孙将军。”时权拥军在柴桑，观望成败。亮说权曰：“海内大乱，将军起兵据有江东，刘豫州亦收众汉南，与曹操并争天下。今操芟夷大难，略已平矣，遂破荆州，威震四海。英雄无所用武，故豫州遁逃至此。将军量力而处之：若能以吴、越之众与中国[①]抗衡，不如早与之绝；若不能当[②]，何不案兵束甲，北面[③]而事之！今将军外托服从之名，而内怀犹豫之计，事急而不断，祸至无日矣！”权曰：“苟如君言，刘豫州何不遂事之乎？”亮曰：“田横，齐之壮士耳，犹守义不辱，况刘豫州王室之胄，英才盖世，众士慕仰，若水之归海，若事之不济，此乃天也，安能复为之下乎！”

注释

①中国：指黄河中下游的中原地区。

②当：挡，抵挡。

③北面：指投降称臣。

译文

刘备到了夏口，诸葛亮说："事情危急了，我请求奉命向孙权求援。"这时孙权率兵在柴桑观望双方的胜负情况。诸葛亮劝孙权说："四海之内已经大乱，将军率兵而起据有江东，刘豫州也在江汉之南收罗士卒，和曹操一起争夺天下。现在曹操已经消灭了主要敌人，大体已经平定了，于是又攻破荆州，声威震荡四海。英雄没有用武之处，所以刘豫州才逃遁到这里。将军估量自己的力量来对待目前的局面吧：如果可以用吴、越的士众和中原兵马相抗衡，不如早点和曹操断绝关系；如果不能抵挡，为何不放下武器捆起盔甲，向曹操称臣呢？现在将军在外假托服从的名声，而在内又怀有犹豫的心思，事情危急而又不能决断，祸患降临已经不远了！"孙权说："如果真的像您说的那样，刘豫州为何不立即投降曹操？"诸葛亮说："田横，只不过是齐国的一个壮士，还能守住节操不受辱投降，何况刘豫州是王室的后代，英才盖过当世，为众多士人仰慕，像流水归入大海，如果事情不能成功，这也是天意，哪里能再做曹操的臣下？"

权勃然曰："吾不能举全吴之地，十万之众，受制于人。吾计决矣！非刘豫州莫可以当曹操者，然豫州新败之后，安能抗此难乎？"亮曰："豫州军虽败于长阪，今战士还者及关羽水军精甲万人，刘琦合江夏战士亦不下万人。曹操之众，远来疲弊，闻追豫州，轻骑一日一夜行三百余里，此所谓'强弩之末，势不能穿鲁缟①'者也。故兵法忌之，曰'必蹶上将军'。且北方之人，不习水战；又荆州之民附操者，逼兵势耳，非心服也。今将军诚能命猛将统兵数万，与豫州协规同力，破操军必矣。操军破，必北还，如此则荆、吴之势强，鼎足之形成矣。成败之机，在于今日。"权大悦，即遣周瑜、程普、鲁肃等水军三万，随亮诣先主，并力拒曹公。曹公败于赤壁，引军归邺。先主遂收江南，以亮为军师中郎将，使督零陵、桂阳、长沙三郡，调其赋税，以充军实。

注释

①强弩之末，势不能穿鲁缟：强弩所发的箭，已达射程的尽头，连布帛都不能射穿。比喻强大的力量已经衰弱，起不了什么作用。弩，古代发箭的弓。

译文

孙权愤然说道："我不能用东吴全部的土地，十万的士卒，受制于人。我的计策已经决定了！除了刘豫州没有能抵挡曹操的人了，但是刘豫州刚刚打了败仗后，哪里能抵抗这次大难呢？"诸葛亮说："刘豫州军队虽然在长阪被打败了，但现在战士生还者和关羽的水军精锐还有一万人，刘琦集合江夏的士兵也不下一万人，曹操的士卒，远道而来已疲惫，听说他追击刘豫州，轻骑兵一天一夜行进了三百多里，这正是所说的'强弩之末，势不能穿鲁缟'呀。所以兵法忌讳这样用兵，说这样的话一定会使上将军受到挫败。并且北方的人不熟悉水上作战；又加上荆州的人民依附曹操，只是迫于曹军攻逼的形势，并不是真心降服。现在将军若真能命令猛将统领士兵数万人，与刘豫州同心协力，必定能打败曹操的军队。曹操军队被打败后，必然要北归，这样则荆州和东吴的势力就会强盛，三足鼎立的形势就形成了。成败的关键，就在今天了。"孙权很高兴，立即派遣周瑜、程普、鲁肃等统领三万水军，跟随诸葛亮拜诣刘备，同力抵抗曹公。曹公在赤壁战败，率领军队回到邺城。刘备随即收复并占据长江南岸的地区，任命诸葛亮为军师中郎将，让他统领零陵、桂阳、长沙三郡，征调三郡的赋税，来充实军需物资。

建安十六年，益州牧刘璋遣法正迎先主，使击张鲁。亮与关羽镇荆州。先主自葭萌还攻璋，亮与张飞、赵云等率众溯江，分定郡县，与先主共围成都。成都平，以亮为军师将军，署左将军府事。先主外出，亮常镇守成都，足食足兵。二十六年，群下劝先主称尊号，先主未许，亮说曰："昔吴汉、耿弇等初劝世祖即帝位，世祖辞让，前后数四，耿纯进言曰：'天下英雄喁喁，冀有所望。如不从议者，士大夫各归求主，无为从公也。'世祖感纯言深至，遂然诺之。今曹氏篡汉，天下无主，大王刘氏苗族，绍世而起，今即帝位，乃其宜也。士大夫随大王久勤苦者，亦欲望尺寸之功如纯言耳 。"先主于是即帝位，策亮为丞相曰："朕遭家不造，奉承大统，兢兢业业，不敢康宁，思靖百姓，惧未能绥。於戏！丞相亮其悉朕意，无怠辅朕之阙，助宣重光，以照明天下，君其勖哉！"亮以丞相录尚书事，假节。张飞卒后，领司隶校尉。

译文

建安十六年，益州牧刘璋派遣法正迎接先主，让先主攻打张鲁。诸葛亮和关羽镇守荆州。先主从葭萌回军攻打刘璋，诸葛亮与张飞、赵云等人率兵逆长江而上，分别平定了各郡县，与先主一起围攻成都。成都平定后，先主任命诸葛亮为军师将军，代理左将军府事务。先主外出，诸葛亮常常镇守成都，粮食和兵卒都很充足。建安二十六年，群臣劝先主称皇帝，先主没有答应，诸葛亮劝说道：“从前吴汉、耿弇等最初劝世祖即皇帝位，世祖推辞不许，前后很多次，耿纯进言说：‘天下英雄仰慕您，怀有很大希望。如果不依从大家的意见，士大夫就要各自寻求别的贤主了，就没有再追随您的了。’世祖感觉耿纯的话诚挚恳切，于是便答应了他。现在曹氏篡汉，天下没有君主，大王您是刘氏后代，继承帝业而兴起，现在即皇帝位，正合时宜。士大夫跟随大王您长期以来辛勤劳苦，也希望像耿纯说的那样有些微薄的功劳。”先主于是即帝位，策命诸葛亮为丞相说：“朕家运不幸，奉天命继承大统，兢兢业业，不敢安闲，想要使百姓安宁，担心不能安抚百姓。呜呼！丞相诸葛亮应该明白朕的意念，不要懈怠辅助朕的缺漏，帮助宣扬汉室光辉，使其光辉普照天下，君当再接再厉！”诸葛亮以丞相身份兼管尚书事务，并授予符节。张飞去世后，他又代理司隶校尉。

章武三年春，先主于永安病笃，召亮于成都，属以后事，谓亮曰：“君才十倍曹丕，必能安国，终定大事。若嗣子可辅，辅之；如其不才，君可自取 。”亮涕泣曰：“臣敢竭股肱之力，效忠贞之节，继之以死！”先主又为诏敕后主曰：“汝与丞相从事，事之如父。”

建兴元年，封亮武乡侯，开府治事[1]。顷之，又领益州牧。政事无巨细，咸决于亮。南中诸郡，并皆叛乱，亮以新遭大丧，故未便加兵，且遣使聘吴，因结和亲，遂为与国。

注释

①开府治事：设置丞相府，以管理国家事务。

译文

章武三年春，先主在永安宫病重，把诸葛亮从成都召来，将后事嘱托给他，对诸葛亮说：“你的才能比曹丕强十倍，必能使国家安定，终会成就统一大业。如果继位的刘禅可以辅佐，就辅佐他；如果他没有才能，你就自己取而代之。”诸葛亮哭泣着说：“我哪里敢不竭尽全力，以忠贞之节效命，死了也要继续我的职责！”刘备又下诏给后主说：“你和丞相一同处理国事，要像对待父亲那样对待他。”

建兴元年，后主封诸葛亮为武乡侯，设立丞相府管理事务。不久，又兼任益州牧。政事无论大小，都由诸葛亮决定。南中各郡，一起发生叛乱，诸葛亮因为新遭刘备大丧，所以不方便马上派兵攻打，就暂且派遣使者与东吴通好，缔结友好关系，两国于是就成为盟国。

三年春，亮率众南征，其秋悉平。军资所出，国以富饶，乃治戎讲武，以俟大举。五年，率诸军北驻汉中，临发，上疏曰："先帝创业未半而中道崩殂，今天下三分，益州疲弊，此诚危急存亡之秋也。然侍卫之臣不懈于内，忠志之士忘身于外者，盖追先帝之殊遇，欲报之于陛下也。诚宜开张圣听，以光先帝遗德，恢弘志士之气，不宜妄自菲薄，引喻失义，以塞忠谏之路也。宫中府中俱为一体，陟罚臧否①，不宜异同。若有作奸犯科及为忠善者，宜付有司论其刑赏，以昭陛下平明之理，不宜偏私，使内外异法也。侍中、侍郎郭攸之、费祎、董允等，此皆良实，志虑忠纯，是以先帝简拔以遗陛下。愚以为宫中之事，事无大小，悉以咨之，然后施行，必能裨补阙漏，有所广益。将军向宠，性行淑均，晓畅军事，试用于昔日，先帝称之曰能，是以众议举宠为督。愚以为营中之事，悉以咨之，必能使行陈和睦，优劣得所。亲贤臣，远小人，此先汉所以兴隆也；亲小人，远贤臣，此后汉所以倾颓也。先帝在时，每与臣论此事，未尝不叹息痛恨于桓、灵也。侍中、尚书、长史、参军，此悉贞良死节之臣，愿陛下亲之信之，则汉室之隆，可计日而待也。

注释

①陟罚臧否：指对下级的奖罚、提拔和处分。

译文

建兴三年春天，诸葛亮率领众军南征，这年秋天各地叛乱全部平定。军备供给都仰仗这些郡县，蜀国因这些郡县而富饶，于是讲习演练军事，以等待时机进行大的军事行动。建兴五年，诸葛亮率领诸军向北进驻汉中，临近出发，上疏说："先帝开创大业没到一半而中途逝世，现在天下一分为三，益州最为疲惫颓弱，这真是生死存亡的危急时刻。但是服侍皇帝的大臣在朝中从不懈怠，忠心志诚的将士在外奋不顾身，这都是追念先帝对他们的恩遇，想报答给陛下。真应该广泛听取群臣的意见，以光大先帝遗留下来的美德，振作有志之士的士气，不应该妄自菲薄，说话引喻不当，以堵塞群臣的忠谏之路。宫中府中都是一个整体，赏罚褒贬，不应该有区别。如果有作恶犯罪或行为忠善的人，应该交付有关主管官员来评定对他们的刑罚或奖赏，以弘扬陛下公正严明的准则，不应该有什么偏私，使朝内朝外有不一样的法度。侍中、侍郎郭攸之、费祎、董允等，都是忠良诚实之人，志向思虑忠诚纯正，因此先帝选拔他们留给陛下。我认为宫中的事，事情无论大小，都可以请教他们，这样之后才施行，必然能弥补缺漏不足，获得很大的好处。将军向宠，性情品德善良公正，通晓军事策略，从前经过试用，先帝称赞他具备才能，所以大家商议推举向宠为中部督。我以为军营中的事，都可以请教他，必然能使军队和睦，不同才能的人都得到合理的任用。亲近贤臣，远离小人，这是先汉之所以兴隆的原因；亲近小人，远离贤臣，这是后汉之所以倾颓的原因。先帝在世时，每每与臣谈论这件事，没有不叹息，为汉桓帝、汉灵帝感到痛心遗憾的。侍中、尚书、长史、参军，这都是忠贞善良可以为气节而死的大臣，希望陛下亲近他们信任他们，那么汉室的兴隆，就指日可待了。

“臣本布衣，躬耕于南阳，苟全性命于乱世，不求闻达于诸侯。先帝不以臣卑鄙，猥自枉屈，三顾臣于草庐之中，咨臣以当世之事，由是感激，遂许先帝以驱驰。后值倾覆，受任于败军之际，奉命于危难之间，尔来二十有一年矣。先帝知臣谨慎，故临崩寄臣以大事也。受命以来，夙夜忧叹，恐托付不效，以伤先帝之明，故五月渡泸，深入不毛。今南方已定，兵甲已足，当奖率三军，北定中原，庶竭驽钝，攘除奸凶，兴复汉室，还于旧都。此臣所以报先帝，而忠陛下之职分也。

译文

“我本来是平民，在南阳耕种田地，只因为想在乱世中苟且保全性命，不企求在诸侯中闻名腾达。先帝不因为臣地位卑贱，亲自屈尊来访，三次到草庐中看我，请教我当今世上的大事，因此为先帝感动而奋发，随即答应先帝为他奔走效力。后来遇上军事失利，我在军队败亡的时候受任命，在危难的时候接受任务，到现在已经二十一年了。先帝知道我谨慎，所以临终时把国家大事托付给我。接受任命以来，我整夜忧愁叹息，恐怕先帝的托付不能完成，有损先帝的英明，所以在五月渡过泸水，深入到不毛之地作战。现在南方已经平定，兵甲也已经充足，应当激励率领三军，向北平定中原地区，竭尽我平庸愚钝的智谋，铲除奸恶凶狠的敌人，兴复大汉皇室，返回从前汉室的旧都。这是臣报答先帝，而忠于陛下的职分。

“至于斟酌损益，进尽忠言，则攸之、祎、允之任也。愿陛下托臣以讨贼兴复之效；不效，则治臣之罪，以告先帝之灵。若无兴德之言，则责攸之、祎、允等之慢，以彰其咎。陛下亦宜自谋，以谘诹善道，察纳雅言，深追先帝遗诏。臣不胜受恩感激。今当远离，临表涕零，不知所言 。”

遂行，屯于沔阳。

译文

“至于权衡政事的得失，进献忠言，就都是郭攸之、费祎、董允的责任了。希望陛下将讨伐奸贼、兴复汉室的任务托付给我；若不能做出成效，就治我的罪，以告慰先帝在天之灵。如果没有听到劝勉陛下兴盛德行的进言，就追究郭攸之、费祎、董允等人怠慢政事的责任，以公开明确他们的过失。陛下也应该自己谋划，以咨询吸取好的道理，观察采纳正确的意见，深切地追念先帝的遗诏。我领受恩惠不胜感激。现在就要远离陛下，临行前上表泣涕，不知所说的是什么。”

随即率军出发，在沔阳驻军。

六年春，扬声由斜谷道取郿，使赵云、邓芝为疑军，据箕谷，魏大将军曹真举众拒之。亮身率诸军攻祁山，戎陈整齐，赏罚肃而号令明，南安、天水、安定三郡叛魏应亮，关中响震。魏明帝西镇长安，命张郃拒亮，亮使马谡督诸军在前，与郃战于街亭。谡违亮节度，举动失宜，大为郃所破。亮拔西县千余家，还于汉中，戮谡以谢众。上疏曰：“臣以弱才，叨窃非据，亲秉旄钺[①]以厉三军，不能训章明法，临事而惧，至有街亭违命之阙，箕谷不戒之失，咎皆在臣授任无方。臣明不知人，恤事多暗，《春秋》责帅，臣职是当。请自贬三等，以督厥咎 。”于是以亮为右将军，行丞相事，所总统[②]如前。

注释

①旄钺：白旄黄钺，指代军权。

②总统：统管的所有事务。

译文

建兴六年春天，诸葛亮扬言要从斜谷夺取郿，派赵云、邓芝作为疑军，占据了箕谷，魏国大将军曹真率领众军前来抵抗。诸葛亮亲自率领诸军攻打祁山，军队布阵整齐，赏罚严肃而又号令严明，南安、天水、安定三郡背叛魏国响应诸葛亮，关中地区为之震动。魏明帝向西镇守长安，命令张郃抗击诸葛亮，诸葛亮派马谡统领诸军在前，在街亭大战张郃。马谡违反诸葛亮的指挥，致使军事行动失当，被张郃打得大败。诸葛亮迁移西县一千多户人家，退回到汉中，杀了马谡向大家承认错误。上疏说：“我以低劣的才能，担任了不能胜任的高位，亲自执掌白旄黄钺以统领三军，不能训示法规严明法纪，遇到军政大事不能有所谨慎戒备，以至于有街亭违背命令的重大过失，以及箕谷戒备不严的失误，责任都在于臣用人不当。我自知识人不明，处理事情又愚钝；

按照《春秋》里的道理，战争失败要责罚主帅，我的职位正应该受到这样的责罚。请允许我自己降职三级，以追究我的过失。”于是后主任命诸葛亮为右将军，代理丞相事务，他所统领的军政和从前一样。

冬，亮复出散关，围陈仓，曹真拒之，亮粮尽而还。魏将王双率骑追亮，亮与战，破之，斩双。七年，亮遣陈式攻武都、阴平。魏雍州刺史郭淮率众欲击式，亮自出至建威，淮退还，遂平二郡。诏策亮曰：“街亭之役，咎由马谡，而君引愆[1]，深自贬抑，重违君意，听顺所守。前年耀师，馘斩[2]王双；今岁爰征，郭淮遁走；降集氐、羌，兴复二郡，威镇凶暴，功勋显然。方今天下骚扰，元恶未枭，君受大任，干国之重，而久自挹损，非所以光扬洪烈矣。今复君丞相，君其勿辞。”

注释

①引愆：引以为自己的过失。

②馘斩：斩敌首级割下左耳计功。泛指战场杀敌。

译文

这年冬天，诸葛亮又出兵散关，围攻陈仓，曹真率军抵抗他，诸葛亮因粮草用尽而退兵返回。魏将王双率骑兵追击诸葛亮，诸葛亮与王双大战，打败了他的军队，斩杀王双。建兴七年，诸葛亮派遣陈式攻打武都、阴平。魏国雍州刺史郭淮率军队想攻击陈式，诸葛亮亲自出兵到建威，郭淮退兵返回，随即平定了武都、阴平二郡。后主刘禅下诏给诸葛亮说："街亭之役，责任在马谡，而您亲自领罪，深深地贬低并压制自己，我难以违背您的意思，听从您的意见把您安排在现在的职位。去年您出师，斩杀了王双；今年又出师征伐，使郭淮逃遁；收降氐、羌二族，振兴恢复了武都、阴平二郡，声威震慑凶暴的曹魏，功勋显赫如此。现在天下骚乱，最大的凶敌未被铲除，您肩负着大任，主持国家的重大事务，而又这样长久地自责贬抑，这样就不能发扬先帝的伟大功业了。今天恢复您丞相之位，您就不要推辞了。"

九年，亮复出祁山，以木牛运，粮尽退军，与魏将张郃交战，射杀郃。十二年春，亮悉大众由斜谷出，以流马运，据武功五丈原，与司马宣王对于渭南。亮每患粮不继，使己志不申，是以分兵屯田，为久驻之基。耕者杂于渭滨居民之间，而百姓安堵，军无私焉。相持百余日。其年八月，亮疾病，卒于军，时年五十四。及军退，宣王案行其营垒处所，曰："天下奇才也！"

译文

建兴九年，诸葛亮又出兵祁山，用木牛运输粮草，粮尽退军，与魏将张郃交战，射杀张郃。建兴十二年春，诸葛亮率领众军从斜谷出兵，用流马运粮草，占据武功的五丈原，与司马宣王在渭南对阵。诸葛亮经常担忧粮草不能供给，使自己统一中原的大志不能实现，所以分出兵力在驻地开垦荒田，要建立长久驻守的基地。耕种的士兵杂居在渭河之滨的居民之间，而百姓安居平稳，军队从不在这里的百姓身上取得私利。两军相持一百多日。这年八月，诸葛亮患上疾病，死在了军中，时年五十四岁。等到蜀军撤退，司马宣王仔细巡察蜀军营垒处所，说道："诸葛亮真是天下的奇才啊！"

亮遗命葬汉中定军山，因山为坟，冢足容棺，敛以时服，不须器物。诏策曰："惟君体资文武，明睿笃诚，受遗托孤，匡辅朕躬，继绝兴微，志存靖乱;爰整六师,无岁不征,神武赫然,威震八荒,将建殊功于季汉，参伊、周[1]之巨勋。如何不吊，事临垂克，遘疾陨丧？朕用伤悼，肝心若裂。夫崇德序功，纪行命谥，所以光昭将来，刊载不朽。令使使持节左中郎将杜琼，赠君丞相武乡侯印绶，谥君为忠武侯。魂而有灵,嘉兹宠荣。呜呼哀哉!

呜呼哀哉！”

注释

①伊、周：伊尹、周公，分别是商代和周代辅佐君主的贤臣。

译文

诸葛亮临终留下遗言将自己葬在汉中定军山，依山造坟，墓穴的大小仅能容下棺材即可，入殓时穿着平时穿的衣服，不需殉葬器物。刘禅下诏说：“您禀赋文武的奇才，智慧明睿心地忠实，接受先帝托孤的遗诏辅佐朕，使微弱的国家继续生存下去并兴旺起来，心中始终存有平定动乱的志向；整顿六军，没有哪一年不兴兵征伐，神武伟业赫赫，威名声望震荡八方，将为蜀汉建立殊功伟业，可以和伊尹、周公这样的大元勋相比肩。如何能不吊唁您，事情在即将成功之时，您竟因为疾病而陨落！朕因此而哀伤悲痛，肝心如裂。尊崇您的大德，评价您的功绩，按照您生前的德行追封谥号，使您的功德光照后世，载入史册永不磨灭。现在派遣持节左中郎将杜琼，追赠您丞相武乡侯的印绶，追封您的谥号为忠武侯。您的忠魂若在天有灵，也会为得到这样的恩宠而感到高兴。呜呼！真悲痛啊！呜呼！真悲痛啊！”

初，亮自表后主曰："成都有桑八百株，薄田十五顷，子弟衣食，自有余饶。至于臣在外任，无别调度，随身衣食，悉仰于官，不别治生，以长尺寸。若臣死之日，不使内有余帛，外有赢财①，以负陛下。"及卒，如其所言。

注释

①赢财：多余的钱财。

译文

当初，诸葛亮自己上表后主说："我在成都有桑树八百株，贫瘠的田地十五顷，子孙的衣食，应当富足。至于我在外上任，没有别的开支调度，随身携带的衣食，全都仰仗官府俸禄，不再谋划别的产业来增加多余的财产。到我死的那天，不让府内有多余的丝帛，在外有多余的钱财，而辜负陛下的恩宠。"等到他死时，果然像他说的那样。

亮性长于巧思，损益连弩，木牛流马，皆出其意；推演兵法，作八陈图，咸得其要云。亮言教书奏多可观，别为一集。

译文

诸葛亮生性擅长巧妙的构思，改进了连续发射的连弩，制造木牛和流马，都是出自他的构思；推论演绎兵法，绘制八阵图，都深得其中的要领。诸葛亮的言论、教令、书信、奏章很多都是值得一读的，还另外编成了一个集子。

景耀六年春，诏为亮立庙于沔阳。秋，魏镇西将军钟会征蜀，至汉川，祭亮之庙，令军士不得于亮墓所左右刍牧[①]樵采。亮弟均，官至长水校尉。亮子瞻，嗣爵。

诸葛氏集目录：

开府作牧第一　权制第二

南征第三　北出第四

计算第五　训厉第六

综核上第七　综核下第八

杂言上第九　杂言下第十

贵和第十一　兵要第十二

传运第十三　与孙权书第十四

与诸葛谨书第十五　与孟达书第十六

废李平第十七　法检上第十八

法检下 第十九　科令上第二十

科令下第二十一　军令上第二十二

军令中第二十三　军令下第二十四

右二十四篇，凡十万四千一百一十二字。

注释

①刍牧：割草放牧。

译文

景耀六年春天，后主下诏为诸葛亮在沔阳设立祠庙。这年秋天，魏国镇西将军钟会征伐蜀国，到达汉川，祭祀诸葛亮的祠庙，命令军士不得在诸葛亮墓附近割草放牧樵采。诸葛亮的弟弟诸葛均，官至长水校尉。诸葛亮的儿子诸葛瞻，继承诸葛亮的爵位。

诸葛亮集目录：

开府作牧第一　权制第二

南征第三　北出第四

计算第五　训厉第六

综核上第七　综核下第八

杂言上第九　杂言下第十

贵和第十一　兵要第十二

传运第十三　与孙权书第十四

与诸葛谨书第十五

与孟达书第十六　废李平第十七

法检上第十八　法检下第十九

科令上第二十　科令下第二十一

军令上第二十二　军令中第二十三

军令下第二十四

以上二十四篇，一共十万四千一百一十二字。

臣寿等言：臣前在著作郎，侍中领中书监济北侯臣荀勖、中书令关内侯臣和峤奏，使臣定故蜀丞相诸葛亮故事。亮毗佐危国，负阻不宾，然犹存录其言，耻善有遗，诚是大晋光明至德，泽被无疆，自古以来，未之有伦也。辄删除复重，随类相从，凡为二十四篇。篇名如右。

亮少有群逸之才，英霸之器，身长八尺，容貌甚伟，时人异焉。遭汉末扰乱，随叔父玄避难荆州，躬耕于野，不求闻达。时左将军刘备以亮有殊量，乃三顾亮于草庐之中；亮深谓备雄姿杰出，遂解带写诚，厚相结纳。及魏武帝南征荆州，刘琮举州委质，而备失势众寡，无立锥之地。亮时年二十七，乃建奇策，身使孙权，求援吴会。权既宿服仰备，又睹亮奇雅，甚敬重之，即遣兵三万人以助备。备得用与武帝交战，大破其军，乘胜克捷，江南悉平。后备又西取益州。益州既定，以亮为军师将军。备称尊号，拜亮为丞相，录尚书事。及备殂没，嗣子幼弱，事无巨细，亮皆专之。于是外连东吴，内平南越，立法施度，整理戎旅，工械技巧，物究其极，科教严明，赏罚必信，无恶不惩，无善不显，至于吏不容奸，人怀自厉，道不拾遗，强不侵弱，风化肃然也。

译文

臣陈寿等人说：我以前担任著作郎，侍中领中书监济北侯荀勖、中书令关内侯和峤上奏，让臣下整理已故蜀国丞相诸葛亮的旧事。诸葛亮辅佐垂危的蜀国，凭借险要的地势而不臣服，但现在还保存记录他的言论，耻于善言有所遗漏，这真是大晋朝无上至大的功德，福泽将传播无限，自古以来，没有可以相匹敌的了。于是我们就删除了重复的篇章，按照类别将它们分类，一共有二十四篇。篇名如前。

诸葛亮年轻时有超出众人之上的才华，英雄宏伟的气度，身高八尺，容貌魁伟，当时的人都以为他不同常人。时逢汉朝末年的乱世，他随同叔父诸葛玄到荆州避难，亲自在田野里耕种，不企求闻名显达。当时左将军刘备认为诸葛亮有特殊的才能，于是就三次到诸葛亮的茅庐中拜访；诸葛亮深感刘备雄姿威武超群，随即诚信相待，倾吐忠言，结下了深厚的情谊。到魏武帝南征荆州之时，刘琮率全州投降，而刘备却处于劣势且兵马不足，没有一点立足之地。当时诸葛亮年仅二十七岁，就进献奇妙的计策，亲自出使游说孙权，成功求得孙吴政权的相助，并与吴国结盟。孙权一直钦佩刘备，又看到诸葛亮雅量超群，非常敬重他，随即派遣兵马三万来帮助刘备。刘备得以用这些兵马与魏武帝曹公作战，大破武帝的军队，乘着胜利形势连连攻陷城池，长江之南的地区全部得以平定。后来刘备又向西夺取益州。益州平定之后，刘备任命诸葛亮为军师将军。刘备称帝之后，任命诸葛亮为丞相，管理尚书事务。等到刘备死后，继承帝位的儿子刘禅年幼软弱，事情无论大小，都由诸葛亮一律裁决。于是对外与东吴结盟，在内则平定南越的叛乱，设立法度施行制度，整顿军备，使用的器具制作巧妙精良，凡事深究原委，法令严明，赏罚必然依照法度，没有奸恶不被惩处的，没有善行不被表彰的，以至于官吏中没有奸恶之人，人人自我勉励，道不拾遗，强不欺弱，社会风气安宁如此。

当此之时，亮之素志，进欲龙骧虎视[①]，苞括四海，退欲跨陵边疆，震荡宇内。又自以为无身之日，则未有能蹈涉中原、抗衡上国者，是以用兵不戢[②]，屡耀其武。然亮才，于治戎为长，奇谋为短，理民之干，优于将略。而所与对敌，或值人杰，加众寡不侔[③]，攻守异体，故虽连年动众，未能有克。昔萧何荐韩信，管仲举王子城父，皆忖己之长，未能兼有故也。亮之器能政理，抑亦管、萧之亚匹也，而时之名将无城父、韩信，故使功业陵迟，大义不及邪？盖天命有归，不可以智力争也。

注释

①龙骧虎视：像龙马高昂着头，像老虎注视着猎物。比喻人气概威武，雄才大略。

②戢 jǐ：止，止息。

③侔 móu：等、齐，与相等，相齐。

译文

在这个时候，诸葛亮的夙愿，进就像龙虎雄视一般，想统一全国；退也想要扩张疆土，震动天下。又自以为自己死后，蜀国就不会再有能进攻中原、与魏国抗衡的人了，所以才不断用兵征伐，屡屡炫耀武力。但是诸葛亮的才能，在整治军队方面比较擅长，在谋划奇策方面却有欠缺，治理国家的才干，胜过其军事才能。而与他对阵作战的人，有的正是当时的杰出人才，再加上兵力众寡悬殊，进攻和防守本来就有差别，所以诸葛亮虽然连年出兵征讨，却没能获得什么胜利。从前萧何推荐韩信，管仲推举王子城父，都是考虑到自己的长处，不能兼顾政治和军事两方面的原因。诸葛亮的才华和作为，也许还可以与管仲、萧何匹敌，只是当时的名将却没有城父、韩信那样的俊杰，所以才使得功业越发衰微，统一全国的大业不能完成吧！大概上天已有了天命，是不能用人的才智和能力与之相争的。

青龙二年春，亮帅众出武功，分兵屯田，为久驻之基。其秋病卒，黎庶追思，以为口实。至今梁、益之民，咨述亮者，言犹在耳，虽《甘棠》之咏召公[1]，郑人之歌子产[2]，无以远譬也。孟轲有云："以逸道使民，虽劳不怨；以生道杀人，虽死不忿。"信矣！论者或怪亮文彩不艳，而过于丁宁周至。臣愚以为咎繇[3]大贤也，周公圣人也，考之《尚书》，咎繇之谟略而雅，周公之诰烦而悉。何则？咎繇与舜、禹共谈，周公与群下矢誓故也。亮所与言，尽众人凡士，故其文指不得及远也。然其声教遗言，皆经事综物，公诚之心，形于文墨，足以知其人之意理，而有补于当世。

注释

①召公：西周初年重臣，常被百姓赞美。

②子产：春秋时郑国贤大夫。

③咎繇：即皋陶，舜的贤臣。

译文

魏明帝青龙二年春，诸葛亮率领众军出武功，分出兵力去屯田，作为长久驻守的基业。这年秋天诸葛亮因病去世，黎民百姓都追念他，把他的事迹作为谈话的内容。至今梁州、益州的人民，言谈之中赞扬追念诸葛亮的话，还经常可以听到，即使有《甘棠》赞扬召公，郑人歌颂子产，也远远不能和这种赞扬媲美。孟轲有句话说：“用百姓乐于从事的方法役使他们，百姓虽然劳作了却也没有怨言；用使百姓生存的方法杀戮罪人，即使有死罪却也没有什么怨恨。”这句话是可信的！有的评论指摘诸葛亮的文章文辞不华美，而告诫太过于详细周全。我认为皋陶是大贤之人，周公是圣明之人，从《尚书》来看，皋陶的言辞简略而又典雅，而周公的言辞详细而周全。为什么呢？皋陶和舜、禹一起谈论，周公是在与众臣下立誓相约的缘故呀。与诸葛亮说话的人，都是平常人和士卒，所以他的文风意旨不能过于深远。但是他的教训遗言，都是他所经历的事情以及他对这些事情的汇总整理，他的公正诚实之心表现在文章之中，足以看出他这个人的思想见识，而其思想著述又能对现今有所补益。

伏惟陛下迈踪古圣，荡然无忌，故虽敌国诽谤之言，咸肆其辞而无所革讳，所以明大通之道也。谨录写上诣著作。臣寿诚惶诚恐，顿首顿首，死罪死罪。泰始十年二月一日癸巳，平阳侯相臣陈寿上。

译文

陛下效法古代圣王明君，心胸坦荡无所忌讳，所以即使是敌国诽谤的言论，也都让他的言论完全保留下来又不作隐讳修改，以之来宣明宽宏通达的道理。我恭敬地抄录了诸葛亮的著作上交到著作主管处。臣陈寿诚惶诚恐，磕头磕头，死罪死罪。泰始十年二月一日癸巳，平阳侯相臣陈寿拜上。

评曰：诸葛亮之为相国也，抚百姓，示仪轨，约官职，从权制，开诚心，布公道；尽忠益时者虽仇必赏，犯法怠慢者虽亲必罚，服罪输情者虽重必释，游辞巧饰者虽轻必戮；善无微而不赏，恶无纤而不贬；庶事精练，物理其本，循名责实，虚伪不齿；终于邦域之内，咸畏而爱之，刑政虽峻而无怨者，以其用心平而劝戒明也。可谓识治之良才，管、萧之亚匹矣。然连年动众，未能成功，盖应变将略，非其所长欤！

译文

评价说：诸葛亮作为丞相，安抚百姓，明确礼仪法度，精简官职，顺应合理的制度，坦露诚心，宣布公道；竭尽报国忠心，有益国家时局的人即使是仇敌也要赏赐，违犯国家法度和怠慢国家事务的人即使是亲戚也要处罚，承认罪行责任表达真情的人即使罪行重大也要宽释，用巧言掩饰罪行的人即使罪行较轻也必然严惩；善行无论多微小也没有不赏赐的，罪恶无论多微小也没有不贬斥的；处理各种事务都熟练通达，能抓住根本，依据名分寻求名实相应，对虚伪不实的人鄙视不齿；整个国家的人，都敬畏而又爱戴他，刑法即使严峻却没有怨恨他的人，因为他用心公平且又劝诫严明。可以说他是知道如何治理国家的良才，可以与管仲、萧何相匹敌。但是他连年兴师征伐，却没能成功，大概是因为应付时变和用兵策略，不是他所擅长的吧！

关羽传

题解

关羽是刘备的第一号大将，刘备进入蜀川后，关羽一直统领荆州。他后来攻打樊城，曾经生擒曹操大将于禁。但他自视甚高，不把东吴放在眼里，甚至辱骂孙权派去的求婚使者，这使得他与东吴关系更加紧张。后来他与曹魏在樊城大战，孙权派吕蒙袭击荆州，关羽大败，自己也死于东吴之手。

关羽字云长，本字长生，河东解人也。亡命奔涿郡。先主于乡里合徒众，而羽与张飞为之御侮。先主为平原相，以羽、飞为别部司马，分统部曲。先主与二人寝则同床，恩若兄弟。而稠人广坐，侍立终日，随先主周旋，不避艰险。先主之袭杀徐州刺史车胄，使羽守下邳城，行太守事，而身还小沛。

译文

关羽字云长，本字长生，河东郡解县人。逃命跑到涿郡。先主刘备在乡里聚集人马，而关羽与张飞为他护卫。先主任平原相，用关羽、张飞为别部司马，分别统领部属。先主与他们二人睡觉也在一起，情谊像兄弟一般。而大庭广众之下，他们就整日站立在先主身后，跟随先主在战场上征战，不避艰险。先主袭杀徐州刺史车胄，派关羽驻守下邳城，代理太守，自己则回到小沛。

建安五年，曹公东征，先主奔袁绍。曹公禽羽以归，拜为偏将军，礼之甚厚。绍遣大将颜良攻东郡太守刘延于白马，曹公使张辽及羽为先锋击之。羽望见良麾盖[①]，策马刺良于万众之中，斩其首还，绍诸将莫能当者，遂解白马围。曹公即表封羽为汉寿亭侯。

注释

①麾盖：将帅用的旗子和车盖。

译文

建安五年，曹公东征，先主投奔袁绍。曹公俘获关羽而回，任命关羽为偏将军，礼遇深厚。袁绍派遣大将颜良在白马攻打东郡太守刘延，曹公派张辽及关羽为先锋攻击他。关羽望见颜良的旗子和车盖，便策马冲锋在千军万马之中刺死了颜良，斩下他的首级而回，袁绍诸将中没有能抵挡他的人，于是就解了白马之围。曹公上表请求封关羽为汉寿亭侯。

初，曹公壮羽为人，而察其心神无久留之意，谓张辽曰：“卿试以情问之。”既而辽以问羽，羽叹曰：“吾极知曹公待我厚，然吾受刘将军厚恩，誓以共死，不可背之。吾终不留，吾要当立效以报曹公乃去。”辽以羽言报曹公，曹公义之。及羽杀颜良，曹公知其必去，重加赏赐。羽尽封其所赐，拜书告辞，而奔先主于袁军。左右欲追之，曹公曰：“彼各为其主，勿追也。”

译文

起初，曹公钦佩关羽为人，但通过观察发现他并无久留之意，便对张辽说：“您试着用交情问问他。”不久张辽问关羽，关羽叹息说：“我深知曹公对我很好，但是我受刘将军厚恩，发誓与他共生死，不可背叛他。我终究不能长久留下，我要立功报答曹公才离开。”张辽把关羽的话报告曹公，曹公认为他讲义气。等到关羽杀了颜良，曹公知道他必然离去，重加赏赐。关羽把曹公所赐的东西全部封存，写信告辞，而到袁军投奔先主。左右想追他，曹公说：“大家各自为自己的主人，不要追了。”

从先主就刘表。表卒，曹公定荆州，先主自

樊将南渡江，别遣羽乘船数百艘会江陵。曹公追至当阳长阪，先主斜趣汉津，适与羽船相值，共至夏口。孙权遣兵佐先主拒曹公，曹公引军退归。先主收江南诸郡，乃封拜元勋，以羽为襄阳太守、荡寇将军，驻江北。先主西定益州，拜羽董督荆州事。羽闻马超来降，旧非故人，羽书与诸葛亮，问超人才可谁比类。亮知羽护前，乃答之曰："孟起兼资文武，雄烈过人，一世之杰，黥、彭[1]之徒，当与益德并驱争先，犹未及髯之绝伦逸群也。"羽美须髯，故亮谓之髯。羽省书大悦，以示宾客。

注释

①黥、彭：黥布、彭越，西汉开国功臣，后皆被刘邦杀害。

译文

关羽跟从先主到刘表那里。刘表死后，曹公平定荆州，先主从樊城率兵向南渡长江，另外派遣关羽率领几百艘战船在江陵会合。曹公追至当阳长阪，先主抄近路奔向汉津，刚好与关羽的船相遇，一起至夏口。孙权遣兵帮助先主抗拒曹公，曹公率军退归。先主收取江南各郡，就封赐功臣，任命关羽为襄阳太守、荡寇将军，驻军江北。先主向西平定益州，任命关羽兼管荆州事务。关羽听说马超来投降，他们以前并不是故人，关羽写信给诸葛亮，问马超才能和谁相比差不多。诸葛亮知关羽好胜，就回答他说：“马超兼有文武才略，雄烈过人，一世之豪杰，和黥布、彭越是一类人，应当与张飞并驱一争高下，还没有到美髯公您超群绝伦的境界。”关羽有漂亮的胡子，所以诸葛亮称他美髯公。关羽看到信后很高兴，拿给宾客们看。

羽尝为流矢所中，贯其左臂，后创虽愈，每至阴雨，骨常疼痛，医曰：“矢镞[①]有毒，毒入于骨，当破臂作创，刮骨去毒，然后此患乃除耳。”羽便伸臂令医劈之。时羽适请诸将饮食相对，臂血流离，盈于盘器，而羽割炙引酒，言笑自若。

注释

①矢镞：箭头。

译文

关羽曾经被流矢射中，左臂被射穿，后来伤口虽然愈合，但每到阴雨天，骨头常常疼痛，医生说：“箭头有毒，毒进入到骨头上了，应当割开臂上的伤口，刮去骨上的毒，然后这个隐患就可以去除了。”关羽就伸臂令医生割开伤口。这时关羽刚好请诸将一起喝酒吃饭，臂上鲜血一直流，把接血的器皿都装满了，而关羽食肉喝酒，言笑像平时一样。

二十四年，先主为汉中王，拜羽为前将军，假节钺。是岁，羽率众攻曹仁于樊。曹公遣于禁助仁。秋，大霖雨，汉水泛溢，禁所督七军皆没。禁降羽，羽又斩将军庞德。梁、郏、陆浑群盗或遥受羽印号，为之支党，羽威震华夏。曹公议徙许都以避其锐，司马宣王、蒋济以为关羽得志，孙权必不愿也。可遣人劝权蹑其后[①]，许割江南以封权，则樊围自解。曹公从之。先是，权遣使为子索羽女，羽骂辱其使，不许婚，权大怒。又南郡太守麋芳在江陵，将军傅士仁屯公安，素皆嫌羽轻己。自羽之出军，芳、仁供给军资，不悉相救，羽言"还当治之"，芳、仁咸怀惧不安。于是权阴诱芳、仁，芳、仁使人迎权。而曹公遣徐晃救曹仁，羽不能克，引军退还。权已据江陵，尽虏羽士众妻子，羽军遂散。权遣将逆击羽，斩羽及子平于临沮。

注释

①蹑其后：走到他后面，指袭击关羽后方。

译文

建安二十四年，先主为汉中王，任命关羽为前将军，授予节钺。这一年，关羽率兵在樊城攻打曹仁。

曹公派遣于禁援助曹仁。秋季，大雨连绵数日，汉水泛滥，于禁所率的七军全部被淹。于禁投降关羽，关羽又斩杀将军庞德。梁、郏、陆浑等地的盗贼有的远远地接受关羽的印号，成为支党，关羽名声威震中原。曹公商议迁离许都以避关羽锋芒，司马懿、蒋济以为关羽得志，孙权必然不情愿。可以派人劝孙权袭击关羽后方，答应割江南封赏孙权，那么樊城之围自然就会解除。曹公听从了他们。此前孙权派遣使臣为自己儿子向关羽女儿提亲，但关羽大骂侮辱使者，不答应婚事，孙权大怒。另外南郡太守麋芳驻军江陵，将军傅士仁驻军公安，素来都怨恨关羽轻视自己。关羽出军，麋芳、傅士仁虽供给军资，却不尽力相助，关羽说“回去后定当治他们的罪”，麋芳、傅士仁都恐惧不安。于是孙权私下引诱麋芳、傅士仁，麋芳、傅士仁派人迎接孙权。而曹公派徐晃救曹仁，关羽不能取胜，率军退回。孙权已占据江陵，全部俘获关羽及其士众的妻子儿女，关羽军队溃散。孙权派遣将领迎战关羽，在临沮斩杀关羽及其儿子关平。

追谥羽曰壮缪侯。子兴嗣。兴字安国，少有令问，丞相诸葛亮深器异之。弱冠为侍中、中监军，数岁卒。子统嗣，尚公主，官至虎贲中郎将。卒，无子，以兴庶子彝续封。

译文

后主给关羽追加谥号为壮缪侯。儿子关兴承袭爵位。关兴字安国，年少时就有名声，丞相诸葛亮很器重他，认为他不同凡人。二十岁为侍中、中监军，几年后就死了。儿子关统继承爵位，娶了公主为妻，官至虎贲中郎将。关统死后，无子，便让关兴的庶子关彝接替爵位。

马超传

题解

马超是西北军阀马腾之子，马腾进京为官后他统领马腾的部众，后来与曹操大战，兵败后投奔张鲁，多次请求张鲁分兵攻打凉州，但以失败告终。后来遭到张鲁部将排挤愤而投靠刘备。

马超字孟起，扶风茂陵人也。父腾，灵帝末与边章、韩遂等俱起事于西州。初平三年，遂、腾率众诣长安。汉朝以遂为镇西将军，遣还金城，腾为征西将军，遣屯郿。后腾袭长安，败走，退还凉州。司隶校尉钟繇镇关中，移书遂、腾，为陈祸福。腾遣超随繇讨郭援、高幹于平阳，超将庞德亲斩援首。后腾与韩遂不和，求还京畿。于是征为卫尉，以超为偏将军，封都亭侯，领腾部曲。

译文

马超，字孟起，扶风茂陵人。他的父亲马腾在汉灵帝末年与边章、韩遂等共同在西州起兵造反。初平三年，韩遂、马腾率兵进军长安。汉朝封韩遂为镇西将军，派遣他回金城；封马腾为征西将军，驻守郿县。后来马腾又袭击长安，战败逃跑，退回凉州。司隶校尉钟繇镇守关中，分别写信给韩遂和马腾，为他们陈述利害关系。马腾派遣儿子马超跟随钟繇在平阳讨伐郭援高幹。马超的部将庞德亲自斩杀了郭援。后来马腾与韩遂不和，请求回到京城一带。因此朝廷让马腾做了卫尉，任命马超为偏将军，封都亭侯，统领马腾的部众。

超既统众，遂与韩遂合从，及杨秋、李堪、成宜等相结，进军至潼关。曹公与遂、超单马会语，超负其多力，阴欲突前捉曹公，曹公左右将许褚瞋目眄之[①]，超乃不敢动。曹公用贾诩谋，离间超、遂，更相猜疑，军以大败。超走保诸戎，曹公追至安定，会北方有事，引军东还。杨阜说曹公曰：“超有信、布之勇，甚得羌、胡心。若大军还，不严为其备，陇上诸郡非国家之有也。”超果率诸戎以击陇上郡县，陇上郡县皆应之，杀凉州刺史韦康，据冀城，有其众。超自称征西将军，领并州牧，督凉州军事。康故吏民杨阜、姜叙、梁宽、赵衢等，合谋击超。阜、叙起于卤城，超出攻之，不能下；宽、衢闭冀城门，超不得入。进退狼狈，乃奔汉中依张鲁。鲁不足与计事，内怀于邑，闻先主围刘璋于成都，密书请降。

注释

①瞋目盻之：怒目注视着他。瞋目，怒目。盻，怒视。

译文

马超统领军队以后，就与韩遂联合，又与杨秋、李堪、成宜等结交，进攻到潼关。曹公与韩遂、马超单人匹马会面交谈，马超凭武艺高强，想偷偷地突击前去捉曹公，但是曹公身边的将领许褚怒目注视着马超，于是马超才不敢行动。曹公用了贾诩的计谋，离间马超和韩遂，两人果然相互猜疑，军队因此大败。马超逃跑至戎族部落占领地区，曹公追到安定，刚好赶上北方有战事，统领军队向东归去。杨阜劝曹公说："马超有韩信、英布的勇力，又很得羌人、胡人的支持，如果大军回去，而不对他严加防备，那么陇上各郡就将不再是国家所有了。"马超果然率领戎族部落攻打陇上郡县，陇上郡县都响应马超。马超杀了凉州刺史韦康，占据冀城，拥有了冀城人马。马超自称征西将军，兼任并州牧，统管凉州军事事务。韦康原来的部将杨阜、姜叙、梁宽、赵衢等人，合谋攻击马超。杨阜、姜叙从卤城起兵，马超出城攻打他们，没能取胜；梁宽、赵衢关闭冀城城门，马超进不了冀城。进退狼狈，就跑到汉中依附张鲁。但张鲁不足以共谋大事，马超心怀不满。听说刘备在成都围困刘璋，就秘密写信给先祖请求归降。

先主遣人迎超，超将兵径到城下。城中震怖，璋即稽首，以超为平西将军，督临沮，因为前都亭侯。先主为汉中王，拜超为左将军，假节。章武元年，迁骠骑将军，领凉州牧，进封斄乡侯，策曰："朕以不德，获继至尊，奉承宗庙。曹操父子，世载其罪，朕用惨怛，疢如疾首。海内怨愤，归正反本，暨于氐、羌率服，獯鬻慕义。以君信著北土，威武并昭，是以委任授君，抗飏虓，兼董万里，求民之瘼[①]。其明宣朝化，怀保远迩，肃慎赏罚，以笃汉祜，以对于天下。"二年卒，时年四十七。临没上疏曰："臣门宗二百余口，为孟德所诛略尽，惟有从弟岱，当为微宗血食之继，深托陛下，余无复言。"追谥超曰威侯，子承嗣。岱位至平北将军，进爵陈仓侯。超女配安平王理。

注释

①瘼 mò：疾苦。

译文

先主派人迎接马超，马超带兵直接到了成都城下，城中人震惊害怕，刘璋随即投降先主。先主任命马超为平西将军，统管临沮，仍按先前的封爵做都亭侯。先主做了汉中王，任命马超为左将军，授予符节。章武元年，马超升任骠骑将军，兼任凉州牧，晋封为斄乡侯，先主颁布策命说:“朕非大德之人，继任皇帝之位，延续汉室宗庙。曹操父子，罪恶充斥世间，朕因此而哀伤，痛心疾首。天下人都怨恨愤怒，想恢复汉室正统。所以氐人和羌人能顺服，獯鬻族首领也思慕正义。因为你在北方威信广布，威武得到展现，所以就委你重任。对抗强大的敌人,管理万里疆土,关心百姓疾苦。宣扬朝廷教化，依律谨慎地执行赏罚，以此增加汉朝的国运，无愧于天下百姓。”章武二年马超去世，死时四十七岁。临死前上书说:“我宗族二百多口人，差不多被曹操全杀尽了，只剩下堂弟马岱，应当让他做我微弱宗族的后继者，我将他托付给陛下了。别的就没什么要说的了。”先主追谥马超为威侯，他的儿子马承继承了他的爵位。马岱官至平北将军，晋封为陈仓侯。马超的女儿嫁给了安平王刘理。

马良传

题解

马良是马谡的哥哥，他们兄弟五人皆有才名，尤以马良名声最盛，因其眉间有白毛，故民间有“马氏五常，白眉最良”的赞誉。刘备领荆州后，辟为从事。入蜀后，辟为左将军掾。曾奉诸葛亮命出使吴国，受到孙权敬待。后率五溪蛮夷随刘备征吴，兵败阵亡。

马良字季常，襄阳宜城人也。兄弟五人，并有才名，乡里为之谚曰：“马氏五常①，白眉最良。”良眉中有白毛，故以称之。先主领荆州，辟为从事。及先主入蜀，诸葛亮亦从后往，良留荆州，与亮书曰：“闻雒城已拔，此天祚也。尊兄应期赞世，配业光国，魄兆见矣。夫变用雅虑，审贵垂明，于以简才，宜适其时。若乃和光悦远，迈德天壤，使时闲于听，世服于道，齐高妙之音，正郑、卫之声，并利于事，无相夺伦，此乃管弦之至，牙、旷②之调也。虽非钟期③，敢不击节！”先主辟良为左将军掾。

注释

①马氏五常：马良兄弟五人的字中都有一个

“常”字，所以以“五常”指马良兄弟五人。

②③牙、旷，钟期：伯牙、师旷、钟子期，都是音乐家。

译文

马良字季常，襄阳宜城人。他们兄弟五人，都有才华名气，同乡的人编谚语称赞他们说：“马氏五常，白眉最良。”马良的眉毛中间有白毛，所以这样称呼他。刘备兼管荆州，任命马良为从事。等到刘备进入蜀地，诸葛亮也随后前往，马良留守荆州，他给诸葛亮写信说：“听说雒城已经攻下，这是天赐的福气。尊敬的兄长顺应时变辅佐世道，功劳可以配享祖业光大国家，征兆已经显现了。现在形势的变化需要您深远的谋划，审查时势贵在您亲自明断，至于选拔人才，应该按着时势的需要。如果您和煦的光辉能够使远方人喜悦，高大的德行遍及天地，使贤士听命于您，世人服从大的道义，使高妙的音乐一起演奏，修正郑风、卫风之类的靡靡之音，使它们都能于国家有利，而不会相互扰乱秩序，这就是音乐的极致了，就是伯牙、师旷演奏的音乐了。我虽然不是钟子期那样的知音，哪里敢不击节应和呀！”刘备任命马良为左将军掾。

后遣使吴，良谓亮曰："今衔国命，协穆二家，幸为良介于孙将军。"亮曰："君试自为文。"良即为草曰："寡君遣掾马良通聘继好，以绍昆吾、豕韦[①]之勋。其人吉士，荆楚之令，鲜于造次之华，而有克终之美，愿降心存纳，以慰将命。"权敬待之。

先主称尊号，以良为侍中。及东征吴，遣良入武陵招纳五溪蛮夷，蛮夷渠帅皆受印号，咸如意指。会先主败绩于夷陵，良亦遇害。先主拜良子秉为骑都尉。

注释

①昆吾、豕韦：古国名，两国关系友好。这里指蜀、吴两国结好。

译文

后来马良被派遣出使东吴，马良对诸葛亮说："如今我承担着国家使命，协调蜀吴二家关系，希望您给孙将军介绍一下我。"诸葛亮说："你试着自己代写一封介绍信吧。"马良随即起草写道："我们的君主派遣左将军掾马良前来问候以延续两国友好的关系，并延续像昆吾氏和豕韦氏那样的功勋。马良是有才德的人，在荆楚地区有美名，虽欠缺少许随机应变的才能，却有行事能够善始善终的美德，希望您屈尊接纳他，使他完成担负的使命。”孙权尊敬地接待了马良。

先主称帝，任命马良为侍中。等到东征吴国，派遣马良到武陵招纳五溪的蛮夷部落，蛮夷部落首领全部接受了蜀国的官印和封号，完全符合先主的心愿。后来先主在夷陵大败，马良也被杀害。先主任命马良的儿子马秉为骑都尉。

吴书

孙权传

题解

孙权是三国时吴国建立者，孙坚第二子。他早年随兄长孙策四处征战，孙策死后，孙权继其职为江东之主。他性度弘朗，好侠养士，得张昭、周瑜等人尽心辅佐，挽救了江东危局，保住了父兄基业。

孙权字仲谋。兄策既定诸郡，时权年十五，以为阳羡长。郡察孝廉，州举茂才，行奉义校尉。汉以策远修职责，遣使者刘琬加锡命。琬语人曰：“吾观孙氏兄弟虽各才秀明达，然皆禄祚①不终。惟中弟孝廉，形貌奇伟，骨体不恒，有大贵之表，年又最寿。尔试识之。”

建安四年，从策征庐江太守刘勋。勋破，进讨黄祖于沙羡。

注释

①禄祚 lùzuò：福禄，这里指寿命。

译文

孙权字仲谋。他的哥哥孙策平定各郡，那时孙权年仅十五岁，任命他为阳羡长。郡里察举他为孝廉，州里推举他为茂才，代理奉义校尉。汉朝廷因为孙策地处偏远却能上贡赋税，又忠于职守，派遣使者刘琬颁发给予赏赐的命令。刘琬对人说："我观察孙氏兄弟虽然个个都才华横溢、明通事理，然而却都不能长寿。只有中弟孝廉孙权，相貌奇特，身材魁伟，骨骼体态不凡，有大贵的仪表，年寿又最长。你们可以试着验证我的话。"

建安四年，孙权跟从孙策征讨庐江太守刘勋。刘勋被打败，又进攻沙羡讨伐黄祖。

五年，策薨，以事授权，权哭未及息。策长史张昭谓权曰："孝廉，此宁哭时邪？且周公立法而伯禽[①]不师，非欲违父，时不得行也。况今奸宄[②]竞逐，豺狼满道，乃欲哀亲戚，顾礼制，是犹开门而揖盗，未可以为仁也。"乃改易权服，扶令上马，使出巡军。是时，惟有会稽、吴郡、丹杨、豫章、庐陵，然深险之地犹未尽从，而天下英豪布在州郡，宾旅寄寓之士以安危去就为意，未有君臣之固。张昭、周瑜等谓权可与共成大业，故委心而服事焉。曹公表权为讨虏将军，领会稽太守，屯吴，使丞之郡行文书事。待张昭以师傅之礼，而周瑜、程普、吕范等为将率。招延俊秀，聘求名士，鲁肃、诸葛瑾等始为宾客。分部诸将，镇抚山越[③]，讨不从命。

注释

①伯禽：周公长子，鲁国实际上的首任国君。

②奸宄guǐ：违法作乱之人。

③山越：汉末三国时期分布于今江苏、浙江、安徽、江西、福建等省部分山区民众的通称，是以古越族等土著后裔为核心，逐步融入汉族移民而形成的族群混合体。

译文

建安五年，孙策去世，把军政大事交给孙权，孙权不停哭泣。孙策的长史张昭对孙权说："孝廉，现在难道是哭的时候吗？周公立法，而他的儿子伯禽却没有遵守，他不是想违背父亲，只是当时时机不对。况且如今奸人竞相争逐，道路上充满豺狼般的恶人，您这时却只想为亲人去世而哀痛，顾全礼仪制度，这就像是开门迎接盗贼，不可以算作仁德。"于是改换了孙权的丧服，扶着他上马，让他外出巡视军队。这时，孙权只据有会稽、吴郡、丹杨、豫章、庐陵五郡，然而这些地方的险要地区还没有完全服从，而天下的英雄豪杰分布在州郡，宾客寄旅之士都按着自己的安危去留考虑问题，没有君臣之间的牢固关系。张昭、周瑜等人认为孙权是可以一起建立大业的人，所以诚心辅助孙权。曹公上表推荐孙权为讨虏将军，兼任会稽太守，驻军吴地，派遣郡丞到郡里处理日常文书事务。孙权以师傅之礼对待张昭，而周瑜、程普、吕范等人为将帅。招揽才能突出的人，聘请求取名士，鲁肃、诸葛瑾等人开始成为宾客。分别部署各将领，镇压安抚山越部族，讨伐不听命的。

七年，权母吴氏薨。

八年，权西伐黄祖，破其舟军，惟城未克，而山寇复动。还过豫章，使吕范平鄱阳，程普讨乐安。太史慈领海昏，韩当、周泰、吕蒙等为剧县令长。

九年，权弟丹杨太守翊为左右所害，以从兄瑜代翊。

十年，权使贺齐讨上饶，分为建平县。

十二年，西征黄祖。虏其人民而还。

译文

建安七年，孙权母亲吴氏去世。

建安八年，孙权向西讨伐黄祖，打败黄祖水军，只有城池没有攻下，而山寇又有叛乱。返回路过豫章，派吕范平定鄱阳，程普讨伐乐安。太史慈统领海昏，韩当、周泰、吕蒙等人为事务繁重的各县县令、县长。

建安九年，孙权弟弟丹杨太守孙翊被自己身边亲信杀害，孙权任命堂兄孙瑜接替孙翊。

建安十年，孙权派贺齐讨伐上饶，分出区域为建平县。

建安十二年，西征黄祖。俘虏他的人民返回。

十三年春，权复征黄祖，祖先遣舟兵拒军，都尉吕蒙破其前锋。而凌统、董袭等尽锐攻之，遂屠其城。祖挺身亡走，骑士冯则追枭其首，虏其男女数万口。是岁，使贺齐讨黟、歙，分歙为始新、新定、犁阳、休阳县，以六县为新都郡。荆州牧刘表死，鲁肃乞奉命吊表二子，且以观变。肃未到，而曹公已临其境，表子琮举众以降。刘备欲南济江，肃与相见，因传权旨，为陈成败。备进住夏口，使诸葛亮诣权，权遣周瑜、程普等行。是时曹公新得表众，形势甚盛。诸议者皆望风畏惧，多劝权迎之。惟瑜、肃执拒之议，意与权同。瑜、普为左右督，各领万人，与备俱进，遇于赤壁，大破曹公军。公烧其余船引退，士卒饥疫，死者大半。备、瑜等复追至南郡。曹公遂北还，留曹仁、徐晃于江陵，使乐进守襄阳。时甘宁在夷陵，为仁党所围，用吕蒙计，留凌统以拒仁，以其半救宁，军以胜反。权自率众围合肥，使张昭攻九江之当涂。昭兵不利，权攻城逾月不能下。曹公自荆州还，遣张喜将骑赴合肥。未至，权退。

译文

建安十三年春，孙权又征讨黄祖，黄祖先派遣水军抵御孙权大军，都尉吕蒙打败黄祖先锋。而凌统、董袭等人全力急攻黄祖，于是就破城屠戮城池。黄祖败走，骑士冯则追击斩下黄祖首级，俘虏他的民众男女数万人。这一年，派贺齐讨伐黟、歙，分割歙为始新、新定、犁阳、休阳四县，以六县为新都郡。荆州牧刘表死去，鲁肃请求奉命吊唁慰问刘表二子，趁机观察荆州形势变化。鲁肃未到，而曹公已经到了荆州境内，刘表的儿子刘琮率众投降。刘备想向南渡过长江，鲁肃与他相见，趁机传达孙权旨意，为他陈述成败形势。刘备进驻夏口，派诸葛亮去见孙权，孙权派遣诸葛亮同周瑜、程普等人一起出发。这时曹公新得到刘表部众，兵强气盛。孙权的众位谋士全都感到惧怕，大多劝孙权迎降曹公。只有周瑜、鲁肃持抵抗曹公的意见，意见与孙权相同。周瑜、程普任左右督，各领万人，与刘备一同进军，和曹公在赤壁相遇，大败曹公大军。曹公烧掉剩余的船只率军撤退，士卒饥饿染病，死者有一大半。刘备、周瑜等人又追击曹公至南郡。曹公于是就撤回北方，留下曹仁、徐晃守江陵，派乐进守襄阳。这时甘宁在夷陵，被曹仁兵马所围，周瑜用吕蒙计策，留下凌统抵御曹仁，用自己的一半兵马援救甘宁，大军得以胜利返回。孙权亲自率兵围困合肥，派张昭攻打九江的当涂县。张昭兵马作战不利，孙权攻城一个多月没有攻下。曹公自荆州返回，派遣张喜率骑兵赶赴合肥。还没有到，孙权就撤退了。

十四年，瑜、仁相守岁余，所杀伤甚众。仁委城走。权以瑜为南郡太守。刘备表权行车骑将军，领徐州牧。备领荆州牧，屯公安。

十五年，分豫章为鄱阳郡；分长沙为汉昌郡，以鲁肃为太守，屯陆口。

十六年，权徙治秣陵。明年，城石头，改秣陵为建业。闻曹公将来侵，作濡须坞。

十八年正月，曹公攻濡须，权与相拒月余。曹公望权军，叹其齐肃，乃退。初，曹公恐江滨郡县为权所略，征令内移。民转相惊，自庐江、九江、蕲春、广陵户十余万皆东渡江。江西遂虚，合肥以南惟有皖城。

译文

建安十四年，周瑜、曹仁相持一年多，伤亡的人非常多。曹仁弃城逃走。孙权任命周瑜为南郡太守。刘备上表奏请任命孙权为代理车骑将军，兼任徐州牧。刘备任荆州牧，驻守公安。

十五年，分豫章郡建立鄱阳郡；分长沙郡建立汉昌郡，任命鲁肃为太守，驻守陆口。

建安十六年，孙权把治所迁移到秣陵。第二年，建立石头城，改秣陵为建业。听说曹公将要来犯，修建濡须坞。

建安十八年正月，曹公攻濡须，孙权与他相持一个多月。曹公遥望孙权大军，赞叹他们整齐严明，就撤军了。起初，曹公害怕长江边的郡县被孙权占领，下令边境百姓向内地迁移。人民反而相互惊扰，自庐江、九江、蕲春、广陵十余万户全部东渡长江。长江以西于是就空虚无人，合肥以南只有皖城。

十九年五月，权征皖城。闰月，克之，获庐江太守朱光及参军董和，男女数万口。是岁刘备定蜀。权以备已得益州，令诸葛瑾从求荆州诸郡。备不许，曰："吾方图凉州，凉州定，乃尽以荆州与吴耳。"权曰："此假而不反，而欲以虚辞引岁。"遂置南三郡长吏，关羽尽逐之。权大怒，乃遣吕蒙督鲜于丹、徐忠、孙规等兵二万取长沙、零陵、桂阳三郡；使鲁肃以万人屯巴丘以御关羽。权住陆口，为诸军节度。蒙到，二郡皆服，惟零陵太守郝普未下。会备到公安，使关羽将三万兵至益阳，权乃召蒙等使还助肃。蒙使人诱普，普降，尽得三郡将守。因引军还，与孙皎、潘璋并鲁肃兵并进，拒羽于益阳。未战，会曹公入汉中，备惧失益州，使使求和。权令诸葛瑾报，更寻盟好。遂分荆州长沙、江夏、桂阳以东属权，南郡、零陵、武陵以西属备。备归，而曹公已还。权反自陆口，遂征合肥。合肥未下，徹军还。兵皆就路，权与凌统、甘宁等在津北为魏将张辽所袭，统等以死捍权，权乘骏马越津桥得去。

译文

建安十九年五月，孙权征讨皖城。闰月，攻下它。俘获庐江太守朱光及参军董和，男女有数万人。这一年刘备平定西蜀。孙权因为刘备已得益州，令诸葛瑾去求取荆州各郡。刘备不答应，说：“我正要力图攻取凉州，凉州平定，才能把荆州还给吴。”孙权说：“这是借而不还，而想以借口拖延。”于是就设置南三郡长官，关羽将他们全部驱逐。孙权大怒，就派遣吕蒙统领鲜于丹、徐忠、孙规等人的兵马两万人攻取长沙、零陵、桂阳三郡；派鲁肃率一万人驻守巴丘以抵御关羽。孙权驻陆口，调度指挥各军。吕蒙兵至，长沙和桂阳二郡都降服，只有零陵太守郝普没有投降。恰逢刘备到公安，派关羽率领三万兵马到益阳，孙权就召回吕蒙等人帮助鲁肃。吕蒙派人诱降郝普，郝普投降，得到三郡的全部将领太守。因而率军返回，与孙皎、潘璋和鲁肃兵马一起向前进攻，在益阳抗拒关羽。还没开战，赶上曹公进入汉中，刘备怕失去益州，派遣使者求和。孙权令诸葛瑾回报，又寻求结盟友好。于是就分出荆州的长沙、江夏、桂阳以东归属孙权，南郡、零陵、武陵以西归属刘备。刘备撤回，而曹公已经返回。孙权从陆口返回，于是又征讨合肥。合肥没有攻下，孙权撤军返回。兵马全部踏上归路，孙权与凌统、甘宁等人在津北被魏将张辽袭击，凌统等人拼死保卫孙权。孙权乘坐骏马越过津桥才得以逃脱。

二十一年冬，曹公次于居巢，遂攻濡须。

二十二年春，权令都尉徐详诣曹公请降，公报使修好，誓重结婚。

二十三年十月，权将如吴，亲乘马射虎于庱亭①。马为虎所伤，权投以双戟，虎却废。常从张世击以戈，获之。

注释

①庱chěng亭：今江苏省丹阳市吕城镇。

译文

建安二十一年冬，曹公驻军居巢，于是就进攻濡须。

建安二十二年春，孙权命令都尉徐详拜见曹公请求投降，曹公派遣使者修好，立誓重新结成姻亲关系。

建安二十三年十月，孙权将要去吴郡，亲自乘马在庱亭射猎老虎。马被老虎咬伤，孙权用双戟投向老虎，老虎受伤逃去。常跟从在孙权身边的张世用戈攻击老虎，擒获老虎。

二十四年，关羽围曹仁于襄阳，曹公遣左将军于禁救之。会汉水暴起，羽以舟兵尽虏禁等步骑三万送江陵，惟城未拔。权内惮羽，外欲以为己功，笺[1]与曹公，乞以讨羽自效。曹公且欲使羽与权相持以斗之，驿传权书，使曹仁以弩射示羽。羽犹豫不能去。闰月，权征羽，先遣吕蒙袭公安，获将军士仁。蒙到南郡，南郡太守麋芳以城降。蒙据江陵，抚其老弱，释于禁之囚。陆逊别取宜都，获秭归、枝江、夷道，还屯夷陵，守峡口以备蜀。关羽还当阳，西保麦城。权使诱之。羽伪降，立幡旗为象人[2]于城上，因遁走，兵皆解散，尚十余骑。权先使朱然、潘璋断其径路。十二月，璋司马马忠获羽及其子平、都督赵累等于章乡，遂定荆州。是岁大疫，尽除荆州民租税。曹公表权为骠骑将军，假节领荆州牧，封南昌侯。权遣校尉梁寓奉贡于汉，及令王惇市马，又遣朱光等归。

注释

①笺：书信，这里指写信。

②象人：指由木头、稻草等制作的假人。

译文

建安二十四年，关羽把曹仁围困在襄阳，曹公派遣左将军于禁救援曹仁。赶上汉水暴涨，关羽用水兵全部生擒于禁等步兵骑兵三万人，把他们送到江陵，只有城池没有攻下。孙权内心忌惮关羽，表面上又想以对付关羽作为自己的功劳，便写信给曹公，请求讨伐关羽为曹公效力。曹操也想让关羽与孙权相持以使他们争斗，让驿站快马送去写给孙权的信，让曹仁用箭射给关羽看。关羽犹豫不决，没有撤军。闰月，孙权征讨关羽，先派遣吕蒙袭击公安，俘获将军士仁。吕蒙到南郡，南郡太守麋芳率城投降。吕蒙占据江陵，安抚那里的百姓，解脱了于禁的囚禁。陆逊另外夺取宜都，获得秭归、枝江、夷道，返回驻守夷陵，把守峡口以防备蜀。关羽返回当阳，向西保守麦城。孙权派人诱降他。关羽假装投降，在城上树立旗帜和假人，趁机逃走，士兵四散，只有十多名骑兵。孙权先派朱然、潘璋截断他的归路。十二月，潘璋的司马马忠在章乡擒获关羽及其儿子关平、都督赵累等人，于是平定荆州。这一年发生瘟疫，孙权免除荆州人民的全部租税。曹公上表推荐孙权为骠骑将军，授予节钺，兼任荆州牧，封南昌侯。孙权派遣校尉梁寓向汉朝缴纳贡税。又命令王惇购买马匹，遣送朱光等人返回。

二十五年春正月，曹公薨。太子丕代为丞相魏王，改年为延康。秋，魏将梅敷使张俭求见抚纳。南阳阴、酂[①]、筑阳、山都、中庐五县民五千家来附。冬，魏嗣王称尊号，改元为黄初。

二年四月，刘备称帝于蜀。权自公安都鄂，改名武昌，以武昌、下雉、寻阳、阳新、柴桑、沙羡六县为武昌郡。五月，建业言甘露降。八月，城武昌，下令诸将曰："夫存不忘亡，安必虑危，古之善教。昔雋不疑汉之名臣，于安平之世而刀剑不离于身，盖君子之于武备，不可以已。况今处身疆畔，豺狼交接，而可轻忽不思变难哉？顷闻诸将出入，各尚谦约，不从人兵，甚非备虑爱身之谓。夫保已遗名，以安君亲，孰与危辱？宜深警戒，务崇其大，副孤意焉。"自魏文帝践阼，权使命称藩，及遣于禁等还。十一月，策命权曰："盖圣王之法，以德设爵，以功制禄；劳大者禄厚，德盛者礼丰。故叔旦有夹辅之勋，太公有鹰扬之功，并启土宇，并受备物，所以表章元功，殊异贤哲也。近汉高祖受命之初，分裂膏腴以王八姓[②]，斯则前世之懿事，后王之元龟也。朕以不德，承运革命，君临万国，秉统天机，思齐先代，坐而待旦。惟君天资忠亮，命世作佐，深睹历数，达见废兴，远遣行人，浮于潜汉。望风影附，抗疏称藩，兼纳纤絺南方之贡，普遣诸将来还本朝，忠肃内发，款诚外昭，信著金石，义盖山河，朕甚嘉焉。今封君为吴王，使使持节太常高平侯贞，授君玺绶策书、金虎符第一至第五、左竹使符第一至第十，以大将军使持节督交州，领荆州牧事，锡君青土，苴以白茅，对扬朕命，以尹东夏。其上故骠骑将军南昌侯印绶符策。今又加君九锡，其敬听后命。以君绥安东南，纲纪江外，民夷安业，无或携贰，是用锡君大辂、戎辂各一。玄牡二驷。君务财劝农，仓库盈积，是用锡君衮冕之服，赤舄副焉。君化民以德，礼教兴行，是用锡君轩县之乐。君宣导休风，怀柔百越，是用锡君朱户以居。君运其才谋，官方任贤，是用锡君纳陛以登。君忠勇并奋，清除奸慝，是用锡君虎贲之士百人。君振威陵迈，宣力荆南，枭灭凶丑，罪人斯得，是用锡君钺钺各一。君文和于内，武信于外，是用锡君彤弓一、彤矢百、玈弓十、玈矢千。君以忠肃为基，恭俭为德，是用锡君秬鬯一卣，圭瓒副焉。钦哉！敬敷训典，以服朕命，以勖相我国家，永终尔显烈。”

注释

①酂cuó：在河南永城市西。

②分裂膏腴以王八姓：指汉初刘邦分封韩信、彭越、英布等八个异姓诸侯王。

译文

建安二十五年春五月，曹公去世。太子曹丕接替曹公做了丞相和魏王，改年号为延康。秋，魏将梅敷派遣张俭请求收抚接纳。南阳郡的阴、酂、筑阳、山都、中庐丘县的百姓五千多家前来归附。冬，魏国继任的魏王曹丕称皇帝，改元为黄初。

黄初二年四月，刘备在蜀称帝。孙权从公安到鄂地建都，改名武昌，以武昌、下雉、寻阳、阳新、柴桑、沙羡六县建立武昌郡。五月，建业报告天降甘露。八月，修建武昌城。孙权下令给诸将："生存时不要忘记灭亡，安全时不要忘记危险，这是古代有益的教训。从前的隽不疑是汉代的名臣，生活在太平年代而刀剑不离身，这大概是君子不能废弛武备的原因。何况今日处于争夺疆土的年代，与豺狼一样的人打交道，岂能轻率地不防备突发的事变？最近听说各位将军出入时，崇尚谦虚简约，不带兵器、侍从，这不是周全考虑、爱护自身的行为。保全自己以流芳百世，使君王与家人都放心，这与崇尚谦虚简约相比，哪一个才会更使自己遭受危险和羞辱呢？应该深深警戒，一定要考虑大局，这才符合我的旨意。"自从魏文帝称帝，孙权就派使者请求作为魏的藩属国，并把于禁等送回魏国。十一月，曹丕册封孙权的文书说："圣明君主的法度，是按德行设立不同的爵位，以功劳制定不同的俸禄；功劳大的人俸禄丰厚，德行高的人礼遇也高。所以周公有辅佐的功劳，姜太公有灭商的功绩，都接受了土地封赐，并受到整套礼器的赏赐，这是为了表彰功劳，厚待贤臣。汉高祖称帝时，将肥沃的土地分封给八位异姓王，这是前朝的美事，也应该是后代的借鉴。我没有大德却承受天命，改朝换代，君临天下，执掌国政，想向先代明君看齐，通宵达旦处理国家大事。你忠诚睿智，上天安排你降生辅佐我，深深地明白天命归属的运数，明白国家兴亡的道理，居住在偏远的地方却派使者渡过潜江、汉水来朝见，听到消息之后就像影子一样立即归附，上疏请求藩属，并交纳丝绸等南方贡品，送流落的所有将领回归朝廷，忠诚肃敬发自内心，诚恳真挚显现在外，你的信义可以铭刻在金石上，道义可以覆盖山河上，朕极为赞赏。现在加封你为吴王，派遣使者持节太常高平侯刑贞，授予你印玺、绶带、册封文书、金虎符第一至第五枚、左竹使符第一至第十枚，以大将军使持节的身份统管交州，兼任荆州牧，赐给你用白茅包裹的青土，对答称扬朕的命令，治理东部国土。上交原来的骠骑将军印玺、绶带、符节及册封文书。现在再加赏你九锡完备的礼物，请你听从以下命令。因为你平定了东南，治理好长江以南地区，百姓安居乐业，没有人怀背叛之心，所以赏赐你大车、军车各一辆，黑色公马八匹。因为你认真办理国家财政，促进农业生产，仓库得以充实，所以赐你绣着龙的衣服和帽子，配上红色的鞋子。因为你以仁德教化人民，使礼教兴盛，所以赐你一套钟磬乐器。因为你倡导好的风俗，以恩义安抚百越部族，所以赐你住红色大门的房子。因为你运用才干谋略，选贤任能，所以赐你接到檐下的台阶，以方便登殿处理政事。因为你忠诚勇敢，消除邪恶坏人，所以赏赐你虎贲卫士一百人。因为你在远方宣扬武威，在荆南展示武力，消灭奸恶之人，使罪人受到惩罚，所以赐你斧、钺各一具。因为你对内文治和睦，对外用武宣扬信义，所以赏赐你红色的弓一张、红色的箭一百支、黑色的弓十张、黑色的箭一千支。因为你以忠诚严肃为根本，以恭顺节俭为美德，所以赏赐你美酒一罐，配上玉制酒杓一具。恭敬地对待吧！朕谨向你宣扬先王典章，以方便你服从朕的命令，努力辅佐朕治理国家，成就你永久的伟业！”

是岁，刘备帅军来伐，至巫山、秭归，使使诱导武陵蛮夷，假与印传，许之封赏。于是诸县及五谿民皆反为蜀。权以陆逊为督，督朱然、潘璋等以拒之。遣都尉赵咨使魏。魏帝问曰：“吴王何等主也？”咨对曰：“聪明仁智，雄略之主也。”帝问其状，咨曰：“纳鲁肃于凡品，是其聪也；拔吕蒙于行陈，是其明也；获于禁而不害，是其仁也；取荆州而兵不血刃，是其智也；据三州虎视于天下，是其雄也；屈身于陛下，是其略也。”帝欲封权子登，权以登年幼，上书辞封，重遣西曹掾沈珩陈谢，并献方物。立登为王太子。

译文

这一年，刘备大军前来讨伐，至巫山、秭归，派出使者诱导武陵蛮夷部落，授予官印文书，答应给他们封赏。于是各县和五谿人民全都反叛为蜀效命。孙权任命陆逊为都督，统领朱然、潘璋等人以迎战刘备。孙权派遣都尉赵咨出使魏。魏文帝问：“吴王是什么样的君主？”赵咨回答说：“吴王是聪明仁智，有雄略的君主。”魏文帝又问具体情况，赵咨说：“在普通人中招纳鲁肃，这是吴王聪的表现；在军队中提拔吕蒙，这是吴王明的表现；俘获于禁却不加害，这是吴王仁的表现；取得荆州却兵不血刃，这是吴王智的表现；占据三州虎视天下，这是吴王雄的表现；屈身在陛下之下，这是吴王略的表现。”魏文帝想封赏孙权的儿子孙登，孙权以孙登年幼，上书辞谢加封，又派遣西曹掾沈珩陈述谢意，并献上地方特产。孙权立孙登为王太子。

黄武元年春正月，陆逊部将军宋谦等攻蜀五屯，皆破之，斩其将。三月，鄱阳言黄龙见。蜀军分据险地，前后五十余营，逊随轻重以兵应拒，自正月至闰月，大破之，临陈所斩及投兵降首数万人。刘备奔走，仅以身免。

译文

黄武元年春正月，陆逊部下将军宋谦等人攻打蜀国五个营寨，全部攻破，斩杀那里的将领。三月，鄱阳报告说有黄龙出现。蜀军分别占据险地，前后一共五十多个营。陆逊按着强弱形势派兵应敌，从正月到闰六月，大败蜀军。临阵所斩杀以及来投降的士兵有数万人。刘备急忙逃走，才得以幸免脱身。

初，权外托事魏，而诚心不款。魏欲遣侍中辛毗、尚书桓阶往与盟誓，并征任子，权辞让不受。秋九月，魏乃命曹休、张辽、臧霸出洞口，曹仁出濡须，曹真、夏侯尚、张郃、徐晃围南郡。权遣吕范等督五军，以舟军拒休等，诸葛瑾、潘璋、杨粲救南郡，朱桓以濡须督拒仁。时扬、越蛮夷多未平集，内难未弭，故权卑辞上书，求自改厉："若罪在难除，必不见置，当奉还土地民人，乞寄命交州，以终余年。"文帝报曰："君生于扰攘之际，本有从横之志，降身奉国，以享兹祚。自君策名已来，贡献盈路。讨备之功，国朝仰成。埋而掘之，古人之所耻。朕之与君，大义已定，岂乐劳师远临江汉？廊庙之议，王者所不得专；三公上君过失，皆有本末。朕以不明，虽有曾母投杼[1]之疑，犹冀言者不信，以为国福。故先遣使者犒劳，又遣尚书、侍中践修前言，以定任子。君遂设辞，不欲使进，议者怪之。又前都尉浩周劝君遣子，乃实朝臣交谋，以此卜君，君果有辞，外引隗嚣[2]遣子不终，内喻窦融[3]守忠而已。世殊时异，人各有心。浩周之还，口陈指麾，益令议者发明众嫌，终始之本，无所据仗，故遂俯仰从群臣议。今省上事，款诚深至，心用慨然，凄怆动容。即日下诏，敕诸军但深沟高垒，不得妄进。若君必效忠节，以解疑议，登身朝到，夕召兵还。此言之诚，有如大江！”权遂改年，临江拒守。冬十一月，大风，范等兵溺死者数千，余军还江南。曹休使臧霸以轻船五百、敢死万人袭攻徐陵，烧攻城车，杀略数千人。将军全琮、徐盛追斩魏将尹卢。杀获数百。十二月，权使太中大夫郑泉聘刘备于白帝，始复通也。然犹与魏文帝相往来，至后年乃绝。是岁，改夷陵为西陵。

注释

①曾母投杼：指曾参的母亲听到“曾参杀人”的传闻接连三次，便信以为真，投杼而走。形容流言可畏。

②隗嚣（？—33）：字季孟，甘肃人。刘玄更始政权建立后，隗嚣趁机占领平襄。刘秀即位

后，隗嚣劝刘玄东归刘秀，刘玄不允。隗嚣欲挟持东归未遂，逃回天水，自称西州大将军，建武九年（33年），病故。

③窦融（前16—62）：东汉初大将。字周公，扶风平陵（今陕西咸阳西北）人。新莽末曾从王匡镇压绿林、赤眉，拜波水将军。后归刘玄，为张掖属国都尉。刘玄败，被荐行河西五郡大将军事。光武即位，遂决策归汉，授凉州牧，封安丰侯，历大司空、将作大将，行卫尉事。

译文

当初，孙权对外假托侍奉曹魏，但并不是真心。魏国想派侍中辛毗、尚书桓阶来东吴立誓结盟，并征召孙权儿子做人质，孙权推辞不受。秋九月，魏国就命令曹休、张辽、臧霸从洞口出兵，曹仁从濡须坞出兵，曹真、夏侯尚、张郃、徐晃率军围攻南郡。孙权派遣吕范等人率领五军，用水军抵御曹休等人，诸葛瑾、潘璋、杨粲救援南郡，朱桓以濡须督的身份迎战曹仁。这时扬、越蛮夷民族大多没有平定，内患并未消除，因此孙权恭敬谦卑地上书魏文帝，请求改正罪过："如果我的罪行难以除去，必定不被饶恕，应该奉还土地与人民，请求让我寄身交州，了却余生。"魏文帝回信说："你生在天下动乱时代，本来就有纵横天下的大志，却降低身份侍奉魏国，享有封赏。自从册封你为吴王以来，奉献贡品的使者占满了道路。讨伐刘备的功业，是仰仗你才能成功。做人反复无常，古人认为是可耻之事。朕与你之间，君臣的大义已经确定，难道愿意劳苦军队远征江、汉吗？朝廷的议论，君主也不得独断专行，三公上奏你的过失，都有根据。朕以不贤明的见识，虽有曾母投杼的疑惑，还是希望他们的话不可信，把这当成国家幸事。所以先派使者来犒劳你，再遣尚书、侍中来与你重修盟好，和你商量送太子做人质一事。你却借口推辞，不想让太子来，朝臣都认为奇怪。前都尉浩周劝你送太子来，那实在是朝臣们商定的计划，以此来试探你，你果然推辞，外援引隗嚣送子入质而最终背叛之事，内喻自己像窦融一样，虽然不送子入质却能坚忠不渝。时代不同，人心也各不相同。浩周返朝后，亲口说明你的情况，让议事的大臣们对你产生更多猜疑，你始终侍奉朝廷之念，没有任何依据，所以我勉强同意了大臣们的建议。现在看了你的上表，诚恳深切，令人心生感慨，伤感动容。朕立即下诏，命令各路军队深挖战壕，高筑壁垒，不可进攻。如果你要表示自己的忠诚，解除大家对你的猜疑，孙登早上来朝为人质，我晚上就下令所有军队撤回。我所说的话，诚意如长江一样！”孙权于是改年号，沿长江派兵坚守。冬十一月，大风狂刮江面，吕范等人的兵卒淹死的有几千，其余的全部都撤回江南。曹休派遣臧霸率领轻便战船五百艘、死士一万人偷袭徐陵，烧掉攻城战车，杀死几千人。吴国将军全琮、徐盛追击斩杀魏国将领尹卢，斩杀俘虏几百人。十二月，孙权派太中大夫郑泉前往白帝城拜见刘备，蜀、吴两国从此重新修好。但孙权与魏文帝之间仍有使节往来，到第二年才正式断绝关系。这年，孙权改夷陵为西陵。

二年春正月，曹真分军据江陵中州。是月，城江夏山。改四分[①]，用乾象历[②]。三月，曹仁遣将军常彫等，以兵五千，乘油船，晨渡濡须中州。仁子泰因引军急攻朱桓，桓兵拒之，遣将军严圭等击破彫等。是月，魏军皆退。夏四月，权群臣劝即尊号，权不许。刘备薨于白帝。五月，曲阿言甘露降。先是戏口守将晋宗杀将王直，以众叛如魏，魏以为蕲春太守，数犯边境。六月，权令将军贺齐督麋芳、刘邵等袭蕲春，邵等生虏宗。冬十一月，蜀使中郎将邓芝来聘。

注释

①四分：即四分历，是以365又1/4日为回归年长度调整年、月、日周期的历法。冬至起于牵牛初度，则1/4日记在斗宿末，为斗分，是回归年长度的小数，正好把一日四分，所以古称“四分历”。战国至汉初，普遍实行四分历。

②乾象历：东汉末刘洪所创制的历法，三国时吴

国采用。

译文

黄武二年春正月，曹真分军据守江陵中州。这一月，在江夏山上修城。废除四分历，使用乾象历。三月，曹仁派遣将军常彫等人，率士兵五千人，乘坐轻便油船，清晨渡过濡须坞附近的江心小岛。曹仁儿子曹泰趁机率军急攻朱桓，朱桓的部队抗击，又派遣将军严圭等人打败常彫等人。这一月，魏军全部撤退。夏四月，孙权群臣劝孙权即皇帝位，孙权不答应。同月，刘备死在白帝。五月，曲阿报告有甘露降落。这之前戏口的守将晋宗杀掉将领王直，率兵反叛投降魏，魏国任命他为蕲春太守，数次侵犯边境。六月，孙权命令将军贺齐统领麋芳、刘邵等人袭击蕲春，刘邵等人生擒晋宗。冬十一月，蜀国派遣中郎将邓芝来吴国修好。

三年夏，遣辅义中郎将张温聘于蜀。秋八月，赦死罪。九月，魏文帝出广陵，望大江，曰“彼有人焉，未可图也”，乃还。

四年夏五月，丞相孙邵卒。六月，以太常顾雍为丞相。皖口言木连理。冬十二月，鄱阳贼彭绮自称将军，攻没诸县，众数万人。是岁地连震。

五年春，令曰：“军兴日久，民离农畔，父子夫妇，不听相恤，孤甚愍之。今北虏缩窜，方外无事，其下州郡，有以宽息。”是时陆逊以所在少谷，表令诸将增广农亩。权报曰：“甚善。今孤父子亲自受田，车中八牛以为四耦，虽未及古人，亦欲与众均等其劳也。”秋七月，权闻魏文帝崩，征江夏，围石阳，不克而还。苍梧言凤皇见。分三郡恶地十县置东安郡，以全琮为太守，平讨山越。冬十月，陆逊陈便宜，劝以施德缓刑，宽赋息调。又云：“忠谠之言，不能极陈，求容小臣，数以利闻。”权报曰：“夫法令之设，欲以遏恶防邪，儆戒未然也，焉得不有刑罚以威小人乎？此为先令后诛，不欲使有犯者耳。君以为太重者，孤亦何利其然，但不得已而为之耳。今承来意，当重咨谋，务从其可。且近臣有尽规之谏，亲戚有补察之箴，所以匡君正主明忠信也。《书》载‘予违汝弼，汝无面从’，孤岂不乐忠言以自裨补邪？而云‘不敢极陈’，何得为忠谠哉？若小臣之中，有可纳用者，宁得以人废言而不采择乎？但谄媚取容，虽暗[③]亦所明识也。至于发调者，徒以天下未定，事以众济。若徒守江东，修崇宽政，兵自足用，复用多为？顾坐自守可陋耳。若不豫调，恐临时未可便用也。又孤与君分义特异，荣戚实同，来表云不敢随众容身苟免，此实甘心所望于君也。”于是令有司尽写科条，使郎中褚逢赍以就逊及诸葛瑾，意所不安，令损益之。是岁，分交州置广州，俄复旧。

六年春正月，诸将获彭绮。闰月，韩当子综以其众降魏。

译文

黄武三年夏，孙权派遣辅义中郎将张温到蜀国修好。秋八月，下令赦免囚徒死罪。九月，魏文帝出巡到广陵，眺望大江，说“那边有人才，不能谋取”，就返回了。

黄武四年夏五月，丞相孙邵去世。六月，任命太常顾雍为丞相。皖口报告说有树木连理生长。冬十二月，鄱阳贼人彭绮自称将军，攻下各县，有兵马数万人。这一年连续发生地震。

黄武五年春，孙权下令：“战争很久了，百姓荒废了农业，父子夫妇之间，不能相互体贴爱护，寡人很同情他们。如今北方的敌人已经退去，边境上已没有战事，因此下令各州郡守，实行宽松生息的政策。”这时陆逊驻守的地方缺粮，上表请求下令诸将广开农田。孙权回复说：“很好！今日起我父子亲自领受农田，用给我驾车的八条牛分拉四犁耕作，虽然比不上古代圣贤，也可以与大家一样劳动。”秋七月，孙权听说魏文帝曹丕去世，就派遣兵马征讨江夏，围攻石阳城，无功而返。苍梧报告有凤凰出现。孙权分三郡交界贫瘠地区的十个县，设置东安郡，任命全琮为太守，讨伐平定山越的反叛。冬十月，陆逊上表陈述眼下应该办理的事情，劝孙权广施恩德，减轻刑罚，减轻田赋，停止征收户税。又说:“忠直的话，不敢全部陈述，只求容身的小臣，才只为自己的功利说话。”孙权回复说:“设置法令，是想以此抑制邪恶，防患于未然，怎能不设置刑罚以震慑小人呢？这叫先用法令制约，后用法令制裁，不想有人犯罪。你以为刑罚太重,我又何曾乐意施行刑罚，只是不得已。现在根据你的意见，应当重新咨询探讨，务必实行可行的方法。而且身边的大臣要尽力规谏，皇亲国戚也应提出补察得失的建议，用以纠正君主过失以显示自己的忠信。《尚书》记载‘我有过失你必须纠正，你不可以当面屈从’。我难道不乐意听取忠言来弥补欠缺吗？而你却说‘不敢全部陈述’，怎么算忠直的劝谏呢？如果职位较低的臣子之中，有可以采纳的意见，难道要因为他的职位低下而废弃他的意见不予采纳吗？如果是谄媚拍马，我虽然愚昧但也能识别清楚。至于征发赋户的事，只是因为天下没有平定，事业必须依靠大家出力才能成功。如果只守江东，推行宽松政策，兵力自然够用，多收户税有什么用呢？然而只坐守江东，实在浅陋啊！如果不预先征收户税，恐怕临时征用就不方便了。此外，我与你名分是君臣，但荣辱都是相同的。表中说不敢随大流苟且容身，这确实是我真心希望你做的。”于是孙权命令有关官员写完法令，派郎中褚逢送给陆逊和诸葛瑾过目，让他们在觉得不妥当之处，增减修改。这一年，孙权分割交州郡设置广州郡，不久恢复从前的交州。

黄武六年春正月，诸将领擒获彭绮。这一年闰月，韩当的儿子韩综率领他的部众投降魏国。

七年春三月，封子虑为建昌侯，罢东安郡。夏五月，鄱阳太守周鲂[①]伪叛，诱魏将曹休。秋八月，权至皖口，使将军陆逊督诸将大破休于石亭。大司马吕范卒。是岁，改合浦为珠官郡。

黄龙元年春，公卿百司皆劝权正尊号。夏四月，夏口、武昌并言黄龙、凤凰见。丙申，南郊即皇帝位，是日大赦，改年。追尊父破虏将军坚为武烈皇帝，母吴氏为武烈皇后，兄讨逆将军策为长沙桓王。吴王太子登为皇太子。将吏皆进爵加赏。初，兴平中，吴中童谣曰："黄金车，班兰耳，闿[②]昌门，出天子。"五月，使校尉张刚、管笃之辽东。六月，蜀遣卫尉陈震庆权践位。权乃参分天下，豫、青、徐、幽属吴，兖、冀、并、凉属蜀。其司州之土，以函谷关为界，造为盟曰：

天降丧乱，皇纲失叙，逆臣乘衅，劫夺国柄，始于董卓，终于曹操，穷凶极恶，以覆四海，至令九州幅裂，普天无统，民神痛怨，靡所戾止。及操子丕，桀逆遗丑，荐作奸回，偷取天位。而叡么麽，寻丕凶迹，阻兵盗土，未伏厥诛。昔共工乱象而高辛行师，三苗干度而虞舜征焉。今日灭叡，禽其徒党，非汉与吴，将复谁任？夫讨恶翦暴，必声其罪，宜先分裂，夺其土地，使士民之心，各知所归。是以《春秋》晋侯伐卫，先分其田以畀宋人，斯其义也。且古建大事，必先盟誓，故《周礼》有司盟之官，《尚书》有告誓之文，汉之与吴，虽信由中，然分土裂境，宜有盟约。诸葛丞相德威远著，翼戴本国，典戎在外，信感阴阳，诚动天地，重复结盟，广诚约誓，使东西士民咸共闻知。故立坛杀牲，昭告神明，再歃[3]加书，副之天府。天高听下，灵威棐谌，司慎司盟，群神群祀，莫不临之。自今日汉、吴既盟之后，戮力一心，同讨魏贼，救危恤患，分灾共庆，好恶齐之，无或携贰。若有害汉，则吴伐之；若有害吴，则汉伐之。各守分土，无相侵犯。传之后叶，克终若始。凡百之约，皆如载书。信言不艳，实居于好。有渝此盟，创祸先乱，违贰不协，慆慢[4]天命，明神上帝是讨是督，山川百神是纠是殛，俾坠其师，无克祚国。于尔大神，其明鉴之！

秋九月，权迁都建业，因故府不改馆，征上大将军陆逊辅太子登，掌武昌留事。

注释

①鲂：音fánɡ。

②闿 kǎi：开着。

③歃 shà：古人盟会时，在嘴唇涂上牲畜的血，表示诚意。

④慆 tāo 慢：怠慢。

译文

黄武七年春三月，孙权封儿子孙虑为建昌侯，废除东安郡。夏五月，鄱阳太守周鲂假装反叛，诱骗魏将曹休。秋八月，孙权至皖口，派将军陆逊统领各将领在石亭打败曹休。大司马吕范去世。这一年，改合浦郡为珠官郡。

黄龙元年春，公卿百官全都劝孙权称帝。夏四月，夏口、武昌都报告说有黄龙、凤凰出现。丙申，孙权在南郊即皇帝位，这一天大赦天下，改年号。追尊他的父亲破虏将军孙坚为武烈皇帝，母吴氏为武烈皇后，哥哥讨逆将军孙策为长沙桓王。吴王太子孙登为皇太子。将士都进封爵位增加赏赐。起初，汉献帝兴平年间，吴中有童谣说："黄金车，班兰耳，开昌门，出天子。"五月，孙权派遣校尉张刚、管笃出使辽东。六月，蜀国派遣卫尉陈震前来庆贺孙权登上皇位。孙权就与蜀国使者商议平分天下，豫、青、徐、幽四州属吴国；兖、冀、并、凉四州属蜀国。司州的土地，以函谷关为界分属两国。订下盟书说：

上天降下祸患，汉室皇统损坏，叛臣乘机篡取国家政权，动乱从董卓开始，到曹操结束，他们穷凶极恶，祸乱天下，致使九州四分五裂，普天之下都失去纲纪，人和神都怨恨痛心，没有止境。及至曹操之子曹丕，逆贼遗丑，作恶多端，篡取皇位。而曹睿又是微不足道的妖孽，重蹈曹丕劣迹，倚仗兵力窃据国土，至今尚未伏法被诛。古代共工作乱而尧帝兴师讨伐，三苗叛乱而虞舜征讨。如今就要消灭曹睿，擒拿他的党徒，不是汉、吴两国，还有谁能担当大任呢？讨伐恶人，一定要声讨他们的罪行，应该先分割他们的疆土，使士人百姓的心愿有所归向。所以《春秋》记载晋文公伐卫，先将卫国土地分给宋国，就是这个道理。并且古人做大事，必定先结盟发誓,所以《周礼》中有管理结盟的官员，《尚书》中有诰、誓之类的文书。蜀汉与吴国，虽然信义都是出于内心，但分割魏国的土地，应当先订下盟约。诸葛丞相德行威望名扬四海，他辅翼蜀汉，在外主持军政，诚信感动神鬼，再结同盟，加深盟约，使吴、汉两国军民都知道结盟。所以设立祭坛杀牺牲，昭告神明，再歃血书盟书，藏副本在天府。老天在上倾听下界人情，神灵的威力帮助实现。管理盟约的神，各位神灵，无不光临受祭。自今日起汉、吴两国结盟之后，戮力同心，共讨魏贼，相互帮助，祸福同当，好恶相共，不可有二心。如果有人侵犯蜀汉，则吴国前去讨伐他；如果有人侵犯吴国，则蜀汉前往讨伐他。两国各自守住封土，互不侵犯。盟约的规定，要传给后代，始终如一。各项盟约，都按盟书的记载为准。诚信的言辞不求文辞华美，实在是出自双方友好的心。如果有谁违背盟约，首先招来祸乱，怀有二心制造动乱，亵渎天命，神明的上帝就去讨伐他，山川百神就会诛杀他，使他丧失军队，帝位不保。伟大的神灵，请您明察这些盟誓！

秋九月，孙权迁都到建业，就住在原来的府中，不建新宫殿，征召上大将军陆逊辅佐太子孙登，掌管武昌的事务。

二年春正月，魏作合肥新城。诏立都讲祭酒，以教学诸子。遣将军卫温、诸葛直将甲士万人，浮海求夷洲及亶洲。亶洲在海中，长老传言秦始皇帝遣方士徐福将童男童女数千人入海，求蓬莱神山及仙药，止此洲不还。世相承有数万家，其上人民，时有至会稽货布，会稽东县人海行，亦有遭风流移至亶洲者。所在绝远，卒不可得至，但得夷洲数千人还。

三年春二月，遣太常潘濬率众五万讨武陵蛮夷。卫温、诸葛直皆以违诏无功，下狱诛。夏，有野蚕成茧,大如卵。由拳野稻自生,改为禾兴县。中郎将孙布诈降以诱魏将王凌，凌以军迎布。冬十月，权以大兵潜伏于阜陵俟之，凌觉而走。会稽南始平言嘉禾生。十二月丁卯，大赦，改明年元也。

嘉禾元年春正月，建昌侯虑卒。三月，遣将

军周贺、校尉裴潜乘海之辽东。秋九月，魏将田豫要击，斩贺于成山。冬十月，魏辽东太守公孙渊遣校尉宿舒、阆中令孙综称藩于权，并献貂马。权大悦，加渊爵位。

译文

黄龙二年春正月，魏修建合肥新城。孙权下诏设立都讲祭酒，来教育王室子弟。派遣将军卫温、诸葛直率领士兵一万人，渡海寻找夷洲和亶洲。亶洲在大海之中，年长的老人传说秦始皇派遣方士徐福率领童男童女几千人到海中，找寻蓬莱岛上的神仙和仙药，留在亶洲没有返回，世代相传已经有几万户人家，亶洲上的人民有人到会稽贩卖布匹，会稽东面各县的人在海上航行，也有遭遇大风漂流到亶洲的。他们所在的地方非常遥远，卫温等人最终不能到达，只俘获夷洲的几千人返回。

黄龙三年春二月，派遣太常潘濬率领兵马五万，讨伐武陵蛮夷部落。卫温、诸葛直都因为违背诏令没有功劳，下狱被杀。夏天，有野蚕成茧，有鸡蛋那么大。由拳县的野稻自然长出，改名为禾兴县。中郎将孙布假装投降以诱骗魏将王凌，王凌率军迎接孙布。冬十月，孙权命令大批兵马潜伏在阜陵等候王凌，王凌发觉后逃跑。会稽郡南始平县报告有奇异的禾苗生长。十二月丁卯日，大赦天下，改第二年的纪元年号。

嘉禾元年春正月，建昌侯孙虑去世。三月，孙权派遣将军周贺、校尉裴潜乘船渡去辽东。秋九月，魏将田豫于半路拦截袭击，在成山斩杀周贺。冬十月，魏辽东太守公孙渊派遣校尉宿舒、阆中令孙综向孙权请求归附，并献上貂和马。孙权很高兴，加封公孙渊爵位。

二年春正月，诏曰:“朕以不德，肇受元命，夙夜兢兢，不遑假寝。思平世难，救济黎庶，上答神祇，下慰民望。是以眷眷，勤求俊杰，将与戮力，共定海内。苟在同心，与之偕老。今使持节督幽州领青州牧辽东太守燕王，久胁贼虏，隔在一方，虽乃心于国，其路靡缘。今因天命。远遣二使，款诚显露，章表殷勤，朕之得此，何喜如之！虽汤遇伊尹，周获吕望，世祖未定而得河右，方之今日，岂复是过？普天一统，于是定矣。《书》不云乎，‘一人有庆，兆民赖之’。其大赦天下，与之更始，其明下州郡，咸使闻知。特下燕国，奉宣诏恩，令普天率土备闻斯庆。”三月，遣舒、综还，使太常张弥、执金吾许晏、将军贺达等将兵万人，金宝珍货，九锡备物，乘海授渊。举朝大臣，自丞相雍已下皆谏，以为渊未可信，而宠待太厚，但可遣吏兵数百护送舒、综，权终不听。渊果斩弥等，送其首于魏，没其兵资。权大怒，欲自征渊，尚书仆射薛综等切谏乃止。是岁，权向合肥新城，遣将军全琮征六安，皆不克还。

三年春正月，诏曰："兵久不辍，民困于役，岁或不登。其宽诸逋，勿复督课。"夏五月，权遣陆逊、诸葛瑾等屯江夏、沔口，孙韶、张承等向广陵、淮阳，权率大众围合肥新城。是时蜀相诸葛亮出武功，权谓魏明帝不能远出，而帝遣兵助司马宣王拒亮，自率水军东征。未至寿春，权退还，孙韶亦罢。秋八月，以诸葛恪为丹杨太守，讨山越。九月朔，陨霜伤谷。冬十一月，太常潘濬平武陵蛮夷，事毕，还武昌。诏复曲阿为云阳，丹徒为武进。庐陵贼李桓、罗厉等为乱。

译文

嘉禾二年春正月，孙权下诏说："我是无德的人，开始承受天命，早晚小心谨慎，就连睡觉的时间都没有。想平定天下祸乱，救济百姓，向上报答神灵，向下达成民众的期望。真心诚意，不断努力招揽杰出人才，与他们同心合力，一起平定天下。如能同心，我将与他们共存亡。现在持节幽州都督兼青州牧辽东太守、燕王公孙渊，长期受到曹魏贼寇胁迫，远隔一方，虽然他忠于朝廷，却无路报效。如今他顺应天命，从远方派遣二位使者，前来表明忠心，上奏章表达深情，朕得到这些，还有什么喜事能够与之媲美的？即使商汤得到伊尹，周文王得到吕望，光武皇帝没有平天下时得到河右，与我相比，也不可及！统一天下，就因此定下基础了。《尚书》不是说吗，‘君主一人的喜庆，亿万臣民都会得到幸福’。我要大赦天下，给犯人改过自新的机会，命令下达各州郡，让全国人都知道。特下诏书给燕国，让他们宣扬皇恩，让天下都知道这值得庆祝的事。”三月，派遣宿舒、孙综返回辽东，并派太常张弥、执金吾许晏、将军贺达等人率兵万人，带上金银财宝，赏赐“九锡”之礼的用品，从海路授予公孙渊。举朝大臣，自丞相顾雍以下全都规劝孙权，认为公孙渊不可信，对他的恩宠礼遇太重，只要派遣官兵几百人护送宿舒、孙琮回去即可，孙权最终还是没有接受规劝。后来公孙渊果然杀害张弥等人，将他们首级送给魏国，没收了他们的兵马、财物。孙权大怒，想亲自征讨公孙渊，尚书仆射薛综等人极力谏阻，孙权才罢休。这一年，孙权率兵进军合肥新城，派将军全琮征讨六安，都无功而返。

嘉禾三年春正月，孙权下诏说：“战争长久不止，百姓苦于徭役，年成歉收。要放松租税，不要再督促征收。”夏五月，孙权派遣陆逊、诸葛瑾等人驻军江夏、沔口，派孙韶、张承等人进军广陵、淮阳，孙权亲率大军进军围合肥新城。这时，蜀丞相诸葛亮率军出武功，孙权以为魏明帝不能远征，但魏明帝派兵援助司马懿抵抗诸葛亮，自己亲率水军东征。还未到达寿春，孙权就退兵，孙韶也停止进军。秋八月，孙权任命诸葛恪为丹杨太守，讨伐山越。九月初一，大霜冻伤稻谷。冬十一月，太常潘濬平定武陵蛮夷部落，战事结束，返回武昌。孙权下诏恢复曲阿县为云阳县，丹徒县为武进县。庐陵贼寇李桓、罗厉等人叛乱。

四年夏，遣吕岱讨桓等。秋七月，有雹。魏使以马求易珠玑、翡翠、瑇瑁，权曰："此皆孤所不用，而可得马，何苦而不听其交易？"

五年春，铸大钱，一当五百。诏使吏民输铜，计铜畀[1]直。设盗铸之科。二月，武昌言甘露降于礼宾殿。辅吴将军张昭卒。中郎将吾粲获李桓，将军唐咨获罗厉等。自十月不雨，至于夏。冬十月，彗星见于东方。鄱阳贼彭旦等为乱。

注释

①畀bì：给予。

译文

嘉禾四年夏，孙权派遣吕岱讨伐李桓等人。秋七月，有冰雹。魏国派使者用马换取珠玑、翡翠、瑇瑁，孙权说："这是我不用的东西，却可得到马，为什么不听任他们交易呢？"

嘉禾五年春，铸造大钱，一枚大钱值五百枚小钱。

下诏让官民交纳铜，按上交铜的重量换钱。设置惩罚私人铸钱的法令。二月，武昌报告说天降甘露在礼宾殿。辅吴将军张昭去世。中郎将吾粲擒获李桓，将军唐咨擒获罗厉等人。从去年十月开始没有下雨，直到今年夏天。冬十月，彗星出现在东方。鄱阳贼人彭旦等人叛乱。

六年春正月，诏曰："夫三年之丧[①]，天下之达制，人情之极痛也。贤者割哀以从礼，不肖者勉而致之。世治道泰，上下无事，君子不夺人情。故三年不逮孝子之门。至于有事，则杀礼以从宜，要绖而处事。故圣人制法，有礼无时则不行。遭丧不奔非古也，盖随时之宜，以义断恩也。前故设科，长吏在官，当须交代，而故犯之。虽随纠坐，犹已废旷。方事之殷，国家多难，凡在官司，宜各尽节，先公后私，而不恭承，甚非谓也。中外群僚，其更平议，务令得中，详为节度。"顾谭议，以为"奔丧立科，轻则不足以禁孝子之情，重则本非应死之罪，虽严刑益设，违夺必少。若偶有犯者，加其刑则恩所不忍，有减则法废不行。愚以为长吏在远，苟不告语，势不得知。比选代之间，若有传者，必加大辟[②]，则长吏无废职之负，孝子无犯重之刑"。将军胡综议，以为"丧纪之礼，虽有典制，苟无其时，所不得行。方今戎事军国异容，而长吏遭丧，知有科禁，公敢干突，苟念闻忧不奔之耻，不计为臣犯禁之罪，此由科防本轻所致。忠节在国，孝道立家，出身为臣，焉得兼之？故为忠臣不得为孝子。宜定科文，示以大辟。若故违犯，有罪无赦。以杀止杀，行之一人，其后必绝”。丞相雍奏从大辟。其后吴令孟宗丧母奔赴，已而自拘于武昌以听刑。陆逊陈其素行，因为之请，权乃减宗一等，后不得以为比，因此遂绝。二月，陆逊讨彭旦等，其年，皆破之。冬十月，遣卫将军全综袭六安，不克。诸葛恪平山越事毕，北屯庐江。

注释

①三年之丧：古代丧服中最重的一种。臣为君、子为父、妻为夫等要服丧三年。为封建社会的基本丧制。

②大辟：古五刑之一，谓死刑。隋朝以前死刑的通称。

译文

嘉禾六年春正月，孙权下诏说：“守丧三年，是天下通行的礼制，也是人的情感极其哀痛的表现；贤明的人舍弃哀痛以遵从国家大礼，不肖的人却尽力去守丧三年。天下大治道义通达，国家上下无事，君子不剥夺人的常情，所以三年丧期时不去打扰守孝者的家门。至于国家有大事，就要减少丧礼服从国家大事，戴孝的人也要处理国家事务。所以圣人制定法令，有礼制而不变通则无法施行，遭遇丧事而不奔丧不合古礼，但也要符合时宜，以大义割舍私情。以前特意设定法律条文，长官在官位上，应当交代好职务，而明知故犯的，虽然随时治罪，政务也被荒废了。现在正值多事之秋，国家有很多困难，凡在官位的人，应该各自做好自己分内的事，先公后私，如果不严格地遵循，是不对的。朝廷内外的官员，应该重新商议这件事，务必使法令合理，有详细的管理条例。”顾谭提出意见，认为：“为奔丧制度法令，处罚轻了就不足以禁止孝子奔丧的私情，处罚重了那么本来不是死罪，即使增加严刑，犯罪的人必定很少。如果偶尔有犯罪的人，对他施加刑罚而情感上又不忍心，减轻处罚那么法令就不能实行了。我愚笨地以为地方长官在远方，如果不告诉他们丧事，他们肯定不知道。在选择代替者期间，如果有传告的人，必须处死，那么长官就没有荒废政务，孝子也没有犯下重罪。”将军胡综提出意见，认为：“丧事的礼制，虽然有典章制度，如果不合时宜，就不能通行。如今军国事务不同于平时，而地方长官遭遇丧事，知道有法令条文禁止，却敢公然触犯，如果只念及听到丧事不去奔丧的耻辱，不考虑作为臣子犯法的罪责，这是法令处罚太轻导致的。忠心守节为国，以孝为本立家，出外任职就是臣子，怎么能两者兼顾呢？所以做忠臣就不能做孝子。应该制定法令条文，宣示处以死刑。如果故意违犯，有罪的绝不赦免。以杀人的方法阻止杀人，在一人身上实行，以后这种事必定断绝。”丞相顾雍上奏同意死刑。这之后吴县县令孟宗因母亲去世去奔丧，便立即把自己捆绑去武昌听任处罚。陆逊陈述他的平时作为，因而为他求情，孙权就减去孟宗之罪一等，以后不得以此为例，因此这种事就断绝了。二月，陆逊讨伐彭旦等人，这一年，把他们全部打败。冬十月，派遣卫将军全综袭击六安，没有攻克。诸葛恪平定山越部落的战事结束，向北驻扎庐江。

赤乌元年春，铸当千大钱。夏，吕岱讨庐陵贼，毕，还陆口。秋八月，武昌言麒麟见。有司奏言麒麟者太平之应，宜改年号。诏曰：“间者赤乌集于殿前，朕所亲见，若神灵以为嘉祥者，改年宜以赤乌为元。”群臣奏曰：“昔武王伐纣，有赤乌之祥，君臣观之，遂有天下，圣人书策载述最详者，以为近事既嘉，亲见又明也。”于是改年。步夫人卒，追赠皇后。

初，权信任校事吕壹，壹性苛惨，用法深刻。太子登数谏，权不纳，大臣由是莫敢言。后壹奸罪发露伏诛，权引咎责躬，乃使中书郎袁礼告谢诸大将，因问时事所当损益。礼还，复有诏责数诸葛瑾、步骘、朱然、吕岱等曰："袁礼还，云与子瑜、子山、义封、定公相见，并以时事当有所先后，各自以不掌民事，不肯便有所陈，悉推之伯言、承明。伯言、承明见礼，泣涕恳恻，辞旨辛苦，至乃怀执危怖，有不自安之心。闻此怅然，深自刻怪。何者？夫惟圣人能无过行，明者能自见耳。人之举措，何能悉中，独当已有伤拒众意，忽不自觉，故诸君有嫌难耳；不尔，何缘乃至于此乎？自孤兴军五十年，所役赋凡百皆出于民。天下未定，孽类犹存，士民勤苦，诚所贯知。然劳百姓，事不得已耳。与诸君从事，自少至长，发有二色，以谓表里足以明露，公私分计，足用相保。尽言直谏，所望诸君；拾遗补阙，孤亦望之。昔卫武公年过志壮，勤求辅弼，每独叹责。且布衣韦带，相与交结，分成好合，尚污垢不异。今日诸君与孤从事，虽君臣义存，犹谓骨肉不复是过。荣福喜戚，相与共之。忠不匿情，智无遗计，事统是非，诸君岂得从容而已哉！同船济水，将谁与易？齐桓，诸侯之霸者耳，有善管子未尝不叹，有过未尝不谏，谏而不得，终谏不止。今孤自省无桓公之德，而诸君谏诤未出于口，仍执嫌难。以此言之，孤于齐桓良优，未知诸君于管子何如耳？久不相见，因事当笑。共定大业，整齐天下，当复有谁？凡百事要所当损益，乐闻异计，匡所不逮。"

译文

赤乌元年春，铸造面值相当于一千小钱的大钱。夏天，吕岱讨伐庐陵的贼人，战事结束，返回陆口。秋八月，武昌报告说有麒麟出现。有关官吏上奏说麒麟是太平盛世征兆，应该改年号。孙权下诏说："近来红色乌鸦在宫殿前集会，我亲眼所见，如果神灵以此表示吉祥，那么改年号应以赤乌纪元。"群臣奏说："从前周武王伐纣，有红色乌鸦这样的吉祥现象，君臣看到它，于是就取得天下，圣人在书策上做了详尽记载，认为近来的事很吉祥了，君王亲眼所见更加明显。"于是改年号。步夫人去世，追赠皇后。

起初，孙权信任校事吕壹，吕壹生性苛刻残忍，执法严酷。太子孙登多次进谏，孙权都不采纳，大臣因此都不敢进言。后来吕壹奸邪罪行败露被诛杀，孙权承认错误，于是派中书郎袁礼代自己向各位大将道歉，借机询问政事应该做哪些变革。袁礼回来后，孙权又下诏书责备诸葛瑾、步骘、朱然、吕岱等人说："袁礼回来，说他已与子瑜、子山、义封、定公相见，并征询了大家对时事的意见，但各人都以自己不负责管理民政事宜为借口，不肯陈述意见，把责任全部推给伯言、承明。伯言、承明见到袁礼，伤心流泪，言辞悲切，以至心怀恐惧，心里非常不安。我听到这些十分惆怅，心里深为奇怪。为什么呢？圣人不能没有过失，聪明的人能够看到过失。人的行动怎么能完全正确，自以为是而拒绝众人意见起因于轻率不自觉，所以各位尚有猜疑。不过，为何会这样呢？我用兵有三十年，徭役赋税全部出自百姓。天下还没平定，敌仇依然存在，军队百姓十分劳苦，我都明白。然而使百姓劳累，这是实在不得已。与各位谋事，从年少到年老，头发都花白了，自认行为和内心都非常坦荡无所隐藏，从公从私考虑，都足以相互信任依靠。希望你们尽言直谏，这是我对你们的希望，指出不足弥补过失，这也是我期望你们做的事。从前卫武公年老还壮志不减，勤劳地寻找辅佐大臣，每每独自叹息自责。况且平民相互交往，也讲究艰难困苦不变心。如今你们和我共事，虽存有君臣的名分，但骨肉至亲也不过如此。荣辱喜悲，大家一起共享，忠诚就不隐瞒自己的真情，智虑就不保留自己的谋略，事情的是非对错，你们难道能不顾吗？既然已经同舟共济，还和谁互相推诿呢？齐桓公是诸侯的霸主，他有善行管仲没有不赞叹的，有过错管仲没有不规谏的，规谏不被采纳，就进谏不停止。如今我明白自己没有齐桓公的德行，而你们却谏诤的话不说出口，在心中存有猜疑和责难。这样说的话，我比齐桓公好多了，不知道你们与管仲相比怎样啊？很久不相见，趁这事可笑谈一会儿。共同建立大业，统一天下，还有谁能担当呢？凡事都要有所变革改进，我乐于接受不同意见，以纠正我做得不好的地方。”

二年春三月，遣使者羊衜[①]、郑胄、将军孙怡之辽东，击魏守将张持、高虑等，虏得男女。零陵言甘露降。夏五月，城沙羡。冬十月，将军蒋秘南讨夷贼。秘所领都督廖式杀临贺太守严纲等，自称平南将军，与弟潜共攻零陵、桂阳，及摇动交州、苍梧、郁林诸郡，众数万人。遣将军吕岱、唐咨讨之，岁余皆破。

三年春正月，诏曰："盖君非民不立，民非谷不生。顷者以来，民多征役，岁又水旱，年谷有损，而吏或不良，侵夺民时，以致饥困。自今以来，督军郡守，其谨察非法，当农桑时，以役事扰民者，举正以闻。"夏四月，大赦，诏诸郡县治城郭，起谯楼，穿堑发渠，以备盗贼。冬十一月，民饥，诏开仓廪以赈贫穷。

注释

①衜：音dào。

译文

赤乌二年春三月，孙权派遣使者羊衜、郑胄、将军孙怡到辽东，攻击魏国守将张持、高虑等人，俘虏得到男女众人。零陵报告说有甘露降落。夏五月，修建沙羡城。冬十月，将军蒋秘向南讨伐夷族贼人。

蒋秘所统领的都督廖式杀害临贺太守严纲等人，自称平南将军，与弟弟廖潜一起攻打零陵、桂阳，又撼动交州、苍梧、郁林各郡，有兵马数万人。孙权派遣将军吕岱、唐咨讨伐他们，一年多就把他们全部打败。

赤乌三年春正月，孙权下诏说："君主没有百姓不能登基，百姓没有五谷不能生存。最近以来，百姓负担的赋税徭役太重，又遇到水旱灾害，粮食歉收，而官吏中有不良的人，侵占百姓务农时间，导致人民饥饿困苦。自今以后，督军郡守，要严谨地监察非法行为，在农桑时节，以服役侵扰百姓的人，就举报让我知道。"夏四月，大赦天下，下诏各郡县修整城郭，修建谯楼，挖通堑沟和护城河，以防备盗贼。冬十一月，百姓饥荒，孙权下诏各地打开粮仓，赈济穷苦百姓。

四年春正月，大雪平地深三尺，鸟兽死者大半。夏四月，遣卫将军全琮略淮南，决芍陂，烧安城邸阁，收其人民。威北将军诸葛恪攻六安。琮与魏将王凌战于芍陂，中郎将秦晃等十余人战死。车骑将军朱然围樊，大将军诸葛瑾取柤中。五月，太子登卒。是月，魏太傅司马宣王救樊。六月，军还。闰月，大将军瑾卒。秋八月，陆逊城邾。

译文

赤乌四年春正月，大雪下了有三尺厚，鸟兽死去的有一大半。夏四月，派遣卫将军全琮攻打淮南，决开芍陂，烧毁安城的官府仓库，收容那里的人民。威北将军诸葛恪攻打六安。全琮与魏将王凌在芍陂开战，中郎将秦晃等十多人战死。车骑将军朱然围困樊城，大将军诸葛瑾攻取租中。五月，太子孙登去世。这一月，魏国太傅司马宣王救援樊城。六月，大军返回。这一年的闰月，大将军诸葛瑾去世。秋八月，陆逊在邾城修建城池。

五年春正月，立子和为太子，大赦，改禾兴为嘉兴。百官奏立皇后及四王，诏曰："今天下未定，民物劳瘁，且有功者或未录，饥寒者尚未恤，猥①割土壤以丰子弟，崇爵位以宠妃妾，孤甚不取。其释此议。"三月，海盐县言黄龙见。夏四月，禁进献御，减太官膳。秋七月，遣将军聂友、校尉陆凯以兵三万讨珠崖、儋耳。是岁大疫，有司又奏立后及诸王。八月，立子霸为鲁王。

注释

①猥：谦辞，犹言辱。

译文

赤乌五年春正月，立儿子孙和为太子，大赦天下，改禾兴为嘉兴。百官奏请立皇后及四个王，孙权下诏说："如今天下没有平定，人民疲惫，并且有功的人还有没封赏的，忍受饥寒的人还有没抚恤的，割土地以使自己子弟富裕，提高爵位以使妃妾得到尊崇，我不能听取。你们还是放弃这些建议吧。"三月，海盐县报告有黄龙出现。夏四月，孙权禁止进献御用物品，减少太官署供应的食物。秋七月，派遣将军聂友、校尉陆凯率兵三万讨伐珠崖、儋耳。这一年瘟疫流行，主管官员又请立皇后及各王。八月，孙权立儿子孙霸为鲁王。

六年春正月，新都言白虎见。诸葛恪征六安，破魏将谢顺营，收其民人。冬十一月，丞相顾雍卒。十二月，扶南王范旃遣使献乐人及方物。是岁，司马宣王率军入舒，诸葛恪自皖迁于柴桑。

七年春正月，以上大将军陆逊为丞相。秋，宛陵言嘉禾生。是岁，步骘、朱然等各上疏云："自蜀还者，咸言欲背盟与魏交通，多作舟船，缮治城郭。又蒋琬守汉中，闻司马懿南向，不出兵乘虚以掎角之，反委汉中，还近成都。事已彰灼，无所复疑，宜为之备。"权揆其不然，曰："吾待蜀不薄，聘享盟誓，无所负之，何以致此？又司马懿前来入舒，旬日便退，蜀在万里，何知缓急而便出兵乎？昔魏欲入汉川，此间始严，亦未举动，会闻魏还而止，蜀宁可复以此有疑邪？又人家治国，舟船城郭，何得不护？今此间治军，宁复欲以御蜀邪？人言苦不可信，朕为诸君破家保之。”蜀竟自无谋，如权所筹。

译文

赤乌六年春正月，新都称有白虎出现。诸葛恪征讨六安，打破魏将谢顺的军营，收容那里的人民。冬十一月，丞相顾雍去世。十二月，扶南王范旃派遣使者进献歌舞艺人及地方特产。这一年，司马宣王率军进入舒城，诸葛恪从皖迁到柴桑。

赤乌七年春正月，任命上大将军陆逊为丞相。秋，宛陵报告有奇异的禾苗生长。这一年，步骘、朱然等人各自上疏说：“从蜀国返回的人，都说蜀国想背盟与魏国交好，建造了很多舟船，修缮城郭。另外，蒋琬守汉中，听说司马懿南向进兵，蜀国不乘魏国空虚出兵以造成掎角之势，反而放弃汉中，返回成都。事情已经很明显了，不要再有犹疑，应该提前防备这件事。”孙权揣度情况不是这样，说：“我对待蜀国不薄，送礼问候，结盟立誓，没有什么辜负他们，怎么会这样呢？另外，司马懿前来进入舒城，十日便退兵了，蜀国还在万里之外，怎么知道我们形势缓急而出兵呢？从前魏国想进入汉川，我们刚刚在那里戒严，也还没有举动，恰巧听说魏国撤兵才停止，蜀国难道可以又以此产生猜疑吗？另外人家治理国家，舟船和城郭，为什么不修护呢？如今我们这里治军，难道又想抵御蜀国吗？人的传言不可信，我敢以毁坏自家为各位保证这件事。”蜀国最终没有玩什么阴谋，就像孙权分析的那样。

八年春二月，丞相陆逊卒。夏，雷霆犯宫门柱，又击南津大桥楹。茶陵县鸿水溢出，流漂居民二百余家。秋七月，将军马茂等图逆，夷三族。八月，大赦。遣校尉陈勋将屯田及作士三万人凿句容中道，自小其至云阳西城，通会市，作邸阁。

九年春二月，车骑将军朱然征魏柤中，斩获千余。夏四月，武昌言甘露降。秋九月，以骠骑将军步骘为丞相，车骑将军朱然为左大司马，卫将军全琮为右大司马，镇南将军吕岱为上大将军，威北将军诸葛恪为大将军。

译文

赤乌八年春二月，丞相陆逊去世。夏季，雷霆击中宫门的柱子，又击中南津大桥桥柱。茶陵县洪水泛滥，被冲走的居民有二百多家。秋七月，将军马茂等图谋叛乱，被诛灭三族。八月，大赦天下。

派遣校尉陈勋率领屯田士兵和工匠三万人开凿句容的直道，从小其到云阳西城，使商旅贸易更加便利，修建贮存物资的仓库和馆舍。

赤乌九年春二月，车骑将军朱然征伐魏国柤中，斩杀擒获一千多人。夏四月，武昌报告有甘露降落。秋九月，任命骠骑将军步骘为丞相，车骑将军朱然为左大司马，卫将军全琮为右大司马，镇南将军吕岱为上大将军，威北将军诸葛恪为大将军。

十年春正月，右大司马全琮卒。二月，权适南宫。三月，改作太初宫，诸将及州郡皆义作。夏五月，丞相步骘卒。冬十月，赦死罪。

十一年春正月，朱然城江陵。二月，地仍震。三月，宫成。夏四月，雨雹，云阳言黄龙见。五月，鄱阳言白虎仁。诏曰："古者圣王积行累善，修身行道，以有天下，故符瑞应之，所以表德也。朕以不明，何以臻兹？《书》云'虽休勿休'，公卿百司，其勉修所职，以匡不逮。"

十二年春三月，左大司马朱然卒。四月，有两乌衔鹊堕东馆。丙寅，骠骑将军朱据领丞相，燎[①]鹊以祭。

注释

①燎 liáo：放火烧。

译文

赤乌十年春正月，右大司马全琮去世。二月，孙权到南宫。三月，改建太初宫，各将领和州郡都义务劳动。夏五月，丞相步骘去世。冬十月，赦免死罪。

赤乌十一年春正月，朱然修建江陵城。二月，连续地震。三月，太初宫建成。夏四月，下冰雹，云阳报告有黄龙出现。五月，鄱阳报告白虎仁义不伤人。下诏说：“古代的圣明君王积累善行，修养自身践行大道，因此能拥有天下，所以有祥瑞的现象响应他，这是用来表彰他的德行的。我并不圣明，为什么也有祥瑞现象出现呢？《尚书》说‘虽受称许也不要沾沾自喜’，公卿百官，都要勤勉地对待职务，以辅助我的不足。”

赤乌十二年春三月，左大司马朱然去世。四月，有两只乌鸦衔喜鹊落在东馆。丙寅日，骠骑将军朱据兼任丞相，燎烧喜鹊以祭祀。

十三年夏五月，日至，荧惑入南斗。秋七月，犯魁第二星而东。八月，丹杨、句容及故鄣、宁国诸山崩，鸿水溢。诏原逋责，给贷种食。废太子和，处故鄣。鲁王霸赐死。冬十月，魏将文钦伪叛以诱朱异，权遣吕据就异以迎钦。异等待重，钦不敢进。十一月，立子亮为太子。遣军十万，作堂邑涂塘以淹北道。十二月，魏大将军王昶围南郡，荆州刺史王基攻西陵，遣将军戴烈、陆凯往拒之，皆引还。是岁，神人授书，告以改年、立后。

译文

赤乌十三年夏五月，夏至，荧惑星进入南斗区域。秋七月，荧惑星经过北斗星的第二魁星而向东运行。八月，丹杨、句容以及故鄣、宁国等地山峰崩塌，洪水泛滥。孙权下诏免除百姓赋税，提供给百姓种子和粮食。废掉太子孙和，把他安置在故鄣。鲁王孙霸被赐死。冬十月，魏国将领文钦假装投降来引诱朱异，孙权派遣吕据到朱异那里迎接文钦。朱异等人办事稳重，文钦不敢前来。十一月，孙权立儿子孙亮为太子。派遣军士十万，修建堂邑县的涂塘以淹没向北去的道路。十二月，魏国大将军王昶围困南郡，荆州刺史王基攻打西陵，孙权派遣将军戴烈、陆凯前去抵御他们，他们都撤兵返回。这一年，神人授予神书，告诉孙权要更改年号、立皇后。

太元元年夏五月，立皇后潘氏，大赦，改年。初临海罗阳县有神，自称王表。周旋民间，语言饮食，与人无异，然不见其形。又有一婢，名纺绩。是月，遣中书郎李崇赍辅国将军罗阳王印绶迎表。表随崇俱出，与崇及所在郡守令长谈论，崇等无以易。所历山川，辄遣婢与其神相闻。秋七月，崇与表至，权于苍龙门外为立第舍，数使近臣赍酒食往。表说水旱小事，往往有验。秋八月朔，大风，江海涌溢，平地深八尺，吴高陵松柏斯拔，郡城南门飞落。冬十一月，大赦。权祭南郊还，寝疾。十二月，驿征大将军恪，拜为太子太傅。诏省徭役，减征赋，除民所患苦。

译文

太元元年夏五月，立皇后潘氏，大赦天下，更改年号。起初临海罗阳县有位神人，自称王表。在民间四处活动，说话吃饭，与别人没有差别，然而人们却看不见他的形貌。他又有一婢女，名叫纺绩。这一月，派遣中书郎李崇携带辅国将军和罗阳王的印绶迎接王表。王表随李崇一起出来，与李崇以及所在地的郡太守、县令、县长谈论，李崇等人没有能驳倒他的。经过山川，就派遣婢女告诉神灵知道。秋七月，李崇与王表到了，孙权在苍龙门外为他修建府邸，多次派近臣携带酒食前去慰问。王表预说的水旱小事，往往都能应验。秋八月初一，大风狂作，江海涨水，平地水深八尺，吴高陵的松柏都被拔起，郡城的南门被吹落。冬十一月，大赦天下。孙权祭祀南郊返回，因病卧床。十二月，驿站传书急征大将军诸葛恪，任命为太子太傅。孙权下诏免除徭役，减少征收的赋税，除去人民所承受的忧苦。

二年春正月，立故太子和为南阳王，居长沙；子奋为齐王，居武昌；子休为琅邪王，居虎林。二月，大赦，改元为神凤。皇后潘氏薨。诸将吏数诣王表请福，表亡去。夏四月，权薨，时年七十一，谥曰大皇帝。秋七月，葬蒋陵。

评曰：孙权屈身忍辱，任才尚计，有句践之奇，英人之杰矣。故能自擅江表，成鼎峙之业。然性多嫌忌，果于杀戮，暨臻①末年，弥以滋甚。至于谗说殄行，胤嗣废毙，岂所谓贻厥孙谋以燕翼子者哉？其后叶陵迟，遂致覆国，未必不由此也。

注释

①暨臻jìzhēn：来到，到了。

译文

太元二年春正月，立从前的太子孙和为南阳王，居住长沙；儿子孙奋为齐王，居住武昌；儿子孙休为琅邪王，居住虎林。二月，大赦天下，改年号为神凤元年。皇后潘氏去世。各将领官吏多次到王表那里请福，王表逃走。夏四月，孙权去世，时年七十一岁，谥号为大皇帝。秋七月，葬在蒋陵。

评价说：孙权忍受委屈和羞辱，任用人才，尊崇智谋，有勾践那样的奇才，是英雄中的杰出者。所以能独自占据江南，成就鼎立天下的事业。然而他生性多嫌忌，施行杀戮果断无情，到他晚年，变得更加严重。他听信谗言施行暴行，继承人都被废黜、处死，这难道是《诗经·大雅》所说的留下有志的子孙以保佑后人的作法吗？他的后代衰微，导致了国家覆亡，未必不是因为这一点。

张昭传

题解

张昭是东吴的重臣，他年少多才，博览群书。孙策创业，张昭便被委以重任。孙策临死将其弟孙权托付与张昭，张昭尽心辅之。然张昭太过耿直，孙权称帝后并不用其为丞相。

张昭字子布，彭城人也。少好学，善隶书，从白侯子安受《左氏春秋》，博览众书，与琅邪赵昱、东海王朗俱发名友善。弱冠察孝廉，不就，与朗共论旧君讳事，州里才士陈琳等皆称善之。刺史陶谦举茂才，不应，谦以为轻己，遂见拘执。昱倾身营救，方以得免。汉末大乱，徐方士民多避难扬土，昭皆南渡江。孙策创业，命昭为长史、抚军中郎将，升堂拜母，如比肩之旧，文武之事，一以委昭。昭每得北方士大夫书疏，专归美于昭，昭欲嘿而不宣则惧有私，宣之则恐非宜，进退不安。策闻之，欢笑曰："昔管仲相齐，一则仲父，二则仲父，而桓公为霸者宗。今子布贤，我能用之，其功名独不在我乎！"

译文

张昭字子布，是彭城人。年少时就很好学，擅长写隶书，跟着白侯子安学习《左氏春秋》，阅读了很多书，和琅邪人赵昱、东海人王朗都很出名，并且关系友善。他二十岁时被察举为孝廉，但未应荐。与王朗一起议论以前君主避讳的事情，州里的才士陈琳等人都认为他们很好。刺史陶谦荐举他为茂才，仍然没有应召，陶谦认为他轻视自己，于是将他拘捕。赵昱竭尽全力营救他，才得以幸免。东汉末年天下大乱，徐州地区的士人民众很多都到扬州地区避难，张昭等人也都向南渡过长江。孙策开创基业，任命张昭为长史、抚军中郎将，亲自登门拜访张昭的母亲，就像是同辈老友般，文武方面的事务，一律委派张昭处理。张昭每每得到北方士大夫的书信奏报，都归功赞美张昭，张昭想把它们隐藏起来不要宣扬出去，则害怕被人怀疑有私情，宣示它们则又害怕不合适，进退不安。孙策听说了这件事情，笑着说："从前管仲在齐国做宰相，齐桓公开口叫仲父，闭口叫仲父，而齐桓公做了春秋霸主的开创者。现在子布如此贤明，我要是重用他，这功名难道不都在我这了吗！"

策临亡，以弟权托昭，昭率群僚立而辅之。上表汉室，下移属城，中外将校，各令奉职。权悲感未视事，昭谓权曰：“夫为人后者，贵能负荷先轨，克昌堂构，以成勋业也。方今天下鼎沸，群盗满山，孝廉何得寝伏哀戚，肆匹夫之情哉？”乃身自扶权上马，陈兵而出，然后众心知有所归。昭复为权长史，授任如前。后刘备表权行车骑将军，昭为军师。权每田猎，常乘马射虎，虎常突前攀持马鞍。昭变色而前曰：“将军何有当尔？夫为人君者，谓能驾御英雄，驱使群贤，岂谓驰逐于原野，校勇于猛兽者乎？如有一旦之患，奈天下笑何？”权谢昭曰：“年少虑事不远，以此惭君。”然犹不能已，乃作射虎车，为方目，间不置盖，一人为御，自于中射之。时有逸群之兽，辄复犯车，而权每手击以为乐。昭虽谏争，常笑而不答。魏黄初二年，遣使者邢贞拜权为吴王。贞入门，不下车。昭谓贞曰：“夫礼无不敬，故法无不行。而君敢自尊大，岂以江南寡弱，无方寸之刃故乎！”贞即遽下车。拜昭为绥远将军，封由拳侯。权于武昌，临钓台，饮酒大醉。权使人以水洒群臣曰：“今日酣饮，惟醉堕台中，乃当止耳。”昭正色不言，出外车中坐。权遣人呼昭还，谓曰：“为共作乐耳，公何为怒乎？”昭对曰：“昔纣为糟丘酒池长夜之饮，当时亦以为乐，不以为恶也。”权默然，有惭色，遂罢酒。初，权当置丞相，众议归昭。权曰：“方今多事，职统者责重，非所以优之也。”后孙邵卒，百寮复举昭，权曰：“孤岂为子布有爱乎？领丞相事烦，而此公性刚，所言不从，怨咎将兴，非所以益之也。”乃用顾雍。

译文

孙策临死前，把弟弟孙权托付给张昭，张昭率领群臣拥立辅佐孙权。上表奏呈汉朝皇室，下令吴地属官各奉其职。孙权悲伤哀痛没有处理事务，张昭对孙权说：“作为别人的后继者，贵在能继承前人的规范，继承先辈的遗业，以成就伟大的事业。方今天下像鼎里的沸水一样混乱，成群的盗贼满山遍野，孝廉您怎么可以埋头哀伤，宣泄普通人的感情呢？”于是亲自扶孙权上马，军队列阵而出，这样之后大家心里知道有所归属了。张昭又做了孙权的长史，所授的任务和以前一样。后来刘备上表请求让孙权代理汉朝车骑将军，张昭为军师。孙权每在田野打猎，常常骑着马射老虎，老虎也曾冲上来攀爬到马鞍。张昭脸色大变上前说：“将军何必这样做？作为万民之君的人，是指能驾驭英雄，使用贤臣的人，难道是指能在原野上驰骋追逐，和野兽较量勇气的人吗？”孙权向张昭致歉说：“我年轻，考虑事情不够深远，为此向您致歉。”但是仍然不能自制，又做射虎车，上面有方孔，车上时常不加盖子，有一人为他驾车，自己在里面射老虎。时常有离群的野兽，又来攻击车子，而孙权每每以亲手还击为乐。张昭虽然常常进谏争执，孙权却常笑而不答。魏黄初二年，魏国派遣使者邢贞封孙权为吴王。邢贞进门，却不下车。张昭对邢贞说：“礼是没有不敬的，所以法没有不实行的。而你敢妄自尊大，难道是以为江南寡弱无援，没有方寸兵刃的原因吗！”邢贞随即急忙下车。张昭升任绥远将军，受封由拳侯。孙权在武昌，到钓台，喝得大醉。孙权命人用水洒群臣说：“今天酣畅地喝酒，直到醉倒在台中，才能罢休。”张昭神情严肃一言不发，出去坐进车子。孙权派人叫张昭回来，说道：“大家只是为作乐而已，您为什么发怒呢？”张昭回答说：“从前听说商纣王做糟丘酒池，长夜畅饮，当时也只是为了取乐而已，不是为了作恶呀。”孙权沉默，脸上有惭愧的神色，于是罢了酒宴。当初孙权准备设置丞相，大家议论应当是张昭。孙权说：“如今是多事之秋，统领丞相职务的人责任很大，不是用来优待重臣的。”后来孙邵死后，百官又推举张昭，孙权说：“我哪里是对子布有吝啬呀？做丞相事情繁杂，而他性情刚烈，说的话不听从，怨恨责难就会产生，这不是对他有益的事情呀。”于是任顾雍为丞相。

权既称尊号，昭以老病，上还官位及所统领。更拜辅吴将军，班亚三司，改封娄侯，食邑万户。在里宅无事,乃著《春秋左氏传解》及《论语注》。权尝问卫尉严畯:“宁念小时所暗书不?”畯因诵《孝经》“仲尼居”。昭曰:“严畯鄙生，臣请为陛下诵之。”乃诵“君子之事上”，咸以昭为知所诵。

译文

孙权称帝以后，张昭因年老有病，就向孙权交还了官位和所统领的军队。孙权改任张昭为辅吴将军，地位仅次于三司，改封娄侯，享用的食邑有一万户。张昭在家里没事，就写作《春秋左氏传解》及《论语注》。孙权曾经问卫尉严畯:“还记得小时候所背的书吗?”严畯就背诵了《孝经》里的“仲尼居”篇。张昭说:“严畯是个鄙陋的书生，臣请求为陛下背诵。”于是就背诵了“君子之事上”篇，大家都认为张昭知道应该背诵的篇章。

昭每朝见，辞气壮厉，义形于色，曾以直言逆旨,中不进见。后蜀使来,称蜀德美,而群臣莫拒,权叹曰:“使张公在坐,彼不折则废,安复自夸乎?”明日，遣中使劳问，因请见昭。昭避席谢，权跪止之。昭坐定，仰曰：“昔太后、桓王不以老臣属陛下，而以陛下属老臣，是以思尽臣节，以报厚恩。使泯没之后，有可称述，而意虑浅短，违逆盛旨，自分幽沦，长弃沟壑，不图复蒙引见，得奉帷幄。然臣愚心所以事国，志在忠益，毕命而已。若乃变心易虑，以偷荣取容，此臣所不能也。”权辞谢焉。

译文

张昭每次朝见，言辞语气雄壮严厉，大义表现在面色上，曾经以直言违反孙权的旨意，一度不能入朝拜见。后来蜀国的使臣来拜访，称赞蜀国的美德，但群臣没有能应对的，孙权感叹说：“假使张公在这里坐着，那个使者不折服也得被驳倒，哪里又能自夸呢？”第二天，派遣中使问候张昭，趁机请求召见张昭。张昭离开坐席谢罪，孙权挺身跪坐制止了他。张昭坐好后，仰起头说：“以前太后、桓王不把老臣托付给陛下，而是把陛下托付给老臣，所以我就想着尽臣子的忠节，以报答如此的厚恩，使我死后，有可以称赞的地方，但我见识短浅，违反了陛下的旨意，自以为要冷落沉沦，长久地被弃置在沟壑之中，不贪图再蒙陛下引见，能够侍奉在帷幄边。但臣的愚心只为报效国家，立志忠心效力，死而后已。如果要改变思想，以换取荣华富贵以立足，这是臣所不能够做到的。”孙权也向他表达了歉意。

权以公孙渊称藩，遣张弥、许晏至辽东拜渊为燕王，昭谏曰："渊背魏惧讨，远来求援，非本志也。若渊改图，欲自明于魏，两使不反，不亦取笑于天下乎？"权与相反覆，昭意弥切。权不能堪，案刀而怒曰："吴国士人入宫则拜孤，出宫则拜君，孤之敬君，亦为至矣，而数于众中折孤，孤尝恐失计。"昭熟视权曰："臣虽知言不用，每竭愚忠者，诚以太后临崩，呼老臣于床下，遗诏顾命之言故在耳。"因涕泣横流。权掷刀致地，与昭对泣。然卒遣弥、晏往。昭忿言之不用，称疾不朝。权恨之，土塞其门，昭又于内以土封之。渊果杀弥、晏。权数慰谢昭，昭固不起，权因出过其门呼昭，昭辞疾笃。权烧其门，欲以恐之，昭更闭门户。权使人灭火，住门良久，昭诸子共扶昭起，权载以还宫，深自克责。昭不得已，然后朝会。

译文

孙权因公孙渊向自己称藩臣，派遣张弥、许晏到辽东授任公孙渊为燕王，张昭进谏说："公孙渊背叛魏国害怕被魏国讨伐，远道而来请求援助，并不是他本有的志向。如果公孙渊改变意图，想向魏国表明心迹，两位使者就无法返回了，这不是要被天下人取笑吗？"孙权和他反复争论，张昭的态度更加激切。孙权不能忍受，手按着刀并且发怒说：“吴国的士人入宫就拜我，出宫就拜见您，我对您的敬重，也已经到了极点，而您却数次在众人面前折损我，我常担心会失控犯错。”张昭定定地看着孙权说：“臣虽然知道说的不中听，但还是每每竭尽愚忠，因为太后临崩前，把老臣叫到床下，遗诏托命的话还在耳边。”说着就泪流满面。孙权把刀扔到地上，与张昭相对而哭。然而最终还是派遣张弥、许晏至辽东。张昭气愤自己的意见未被采用，称病不上朝。孙权恼恨他，派人用土堵住他的大门，张昭又在里面用土封堵大门。公孙渊果然杀掉了张弥、许晏。孙权几次慰问并向他谢罪，张昭依然不出，孙权于是出去到张昭门口呼喊张昭，张昭却称病得更重了。孙权放火烧了他的大门，想以此吓唬他，张昭更闭紧了门窗。孙权让人灭火，站在门口很久，张昭的儿子们一起扶着张昭起来，孙权用车子载着张昭一起回宫，深深地自我责备。张昭没办法，这样才上朝。

昭容貌矜严，有威风，权常曰：“孤与张公言，不敢妄也。”举邦惮之。年八十一，嘉禾五年卒。遗令幅巾素棺，敛以时服。权素服临吊，谥曰文侯。长子承已自封侯，少子休袭爵。

译文

张昭的容貌庄重严肃，有威仪之风，孙权常常说：“我与张公说话，不敢随便。”整个吴国的人都忌惮他。张昭于嘉禾五年去世，时年八十一岁。遗嘱下葬用整幅缣巾束头和不涂漆的棺材，用时常穿的衣服入殓。孙权穿着白色衣服去吊唁，赐谥号为文侯。由于长子张承自己已经得到封侯，所以小儿子张休继承了张昭的爵位。

周瑜传

题解

周瑜在东吴政权中有着举足轻重的地位。他与孙策同年，二人关系极为友善。在孙策平定东吴的过程中他起到非常重要的作用。后来孙策遇刺身亡，他与张昭共同辅佐孙权。他于沙漠大败黄祖，壮大了东吴实力。曹操南征，周瑜联合刘备，在赤壁之战中大败曹操，奠定了三国鼎立的基础。后来周瑜向西征讨时病死，年仅三十六岁。

周瑜字公瑾，庐江舒人也。从祖父景，景子忠，皆为汉太尉。父异，洛阳令。

译文

周瑜字公瑾，庐江郡舒县人。他的堂祖父周景，周景的儿子周忠，都做过汉朝太尉。他的父亲周异，做过洛阳令。

瑜长壮有姿貌。初，孙坚兴义兵讨董卓，徙家于舒。坚子策与瑜同年，独相友善，瑜推道南大宅以舍策，升堂拜母，有无通共。瑜从父尚为丹杨太守，瑜往省之。会策将东渡，到历阳，驰书报瑜，瑜将兵迎策。策大喜曰：“吾得卿，谐也。”遂从攻横江、当利，皆拔之。乃渡江击秣陵，破笮融、薛礼，转下湖孰、江乘，进入曲阿，刘繇奔走，而策之众已数万矣。因谓瑜曰：“吾以此众取吴会平山越已足。卿还镇丹杨。”瑜还。顷之，袁术遣从弟胤代尚为太守，而瑜与尚俱还寿春。术欲以瑜为将，瑜观术终无所成，故求为居巢长，欲假涂东归，术听之。遂自居巢还吴。是岁，建安三年也。策亲自迎瑜，授建威中郎将，即与兵二千人，骑五十匹。瑜时年二十四，吴中皆呼为周郎。以瑜恩信著于庐江，出备牛渚，后领春谷长。顷之，策欲取荆州，以瑜为中护军，领江夏太守，从攻皖，拔之。时得桥公两女，皆国色也。策自纳大桥，瑜纳小桥。复进寻阳，破刘勋，讨江夏，还定豫章、庐陵，留镇巴丘。

译文

周瑜身材高大强壮，容貌俊美。起初，孙坚组织义兵讨伐董卓，把全家迁到舒。孙坚的儿子孙策与周瑜同岁，独与周瑜友善，周瑜让出路南大宅子让孙策居住，亲自登堂拜见孙策的母亲，互通有无。周瑜的叔父周尚做丹杨太守，周瑜前去探望。刚好赶上孙策将要东渡，到达历阳，写信迅速通知周瑜，周瑜率兵迎接孙策。孙策很高兴地说：“我得到你，一切就都顺利了。”于是周瑜跟从孙策攻打横江、当利，都胜利攻克。于是渡江攻打秣陵，攻破笮融、薛礼，转而攻取湖孰、江乘，进入曲阿，刘繇逃奔，而孙策的士兵已经数万人了。孙策因而对周瑜说：“我以这些人马夺取吴会，平定山越已足够。你回去镇守丹杨吧。”周瑜返回。很快，袁术派遣堂弟袁胤代替周尚做太守，而周瑜与周尚都回到寿春。袁术想让周瑜做将军，周瑜看出袁术终究不会成功，所以请求做居巢长，想借道向东归去，袁术听从了周瑜。周瑜随即从居巢回到吴郡。这一年，是建安三年。孙策亲自迎接周瑜，任命周瑜为建威中郎将，立即给他士兵两千人，战马五十匹。周瑜这时二十四岁，吴郡人都称他周郎。因为周瑜的恩德威信在庐江很出名，就让他外出驻守牛渚，后来兼任春谷长。不久，孙策想夺取荆州，任命周瑜为中护军，兼任江夏太守，跟随自己攻打皖县，成功攻克。这时得到桥公的两个女儿，都是绝色的美女。孙策自己娶了大桥，周瑜娶了小桥。又进攻寻阳，打败刘勋，征讨江夏，返回平定豫章、庐陵，周瑜留下镇守巴丘。

五年，策薨，权统事。瑜将兵赴丧，遂留吴，以中护军与长史张昭共掌众事。

十一年，督孙瑜等讨麻、保二屯，枭其渠帅，囚俘万余口，还备宫亭。江夏太守黄祖遣将邓龙将兵数千人入柴桑，瑜追讨击，生虏龙送吴。

十三年春，权讨江夏，瑜为前部大督。

译文

建安五年，孙策去世，孙权执政。周瑜率领兵马吊丧，于是留在吴郡，以中护军身份与长史张昭共同管理事务。

建安十一年，周瑜率领孙瑜等人讨伐麻、保二屯，将那里的首领斩首示众，俘虏了一万多人，返回把守宫亭。江夏太守黄祖派遣将领邓龙率领军队几千人进入柴桑，周瑜追击，生擒邓龙送往吴郡。

建安十三年春天，孙权讨伐江夏，周瑜任前部大都督。

其年九月，曹公入荆州，刘琮举众降，曹公得其水军，船步兵数十万，将士闻之皆恐。权延见群下，问以计策。议者咸曰："曹公豺虎也，然托名汉相，挟天子以征四方，动以朝廷为辞，今日拒之，事更不顺。且将军大势，可以拒操者，长江也。今操得荆州，奄有其地，刘表治水军，蒙冲斗舰，乃以千数，操悉浮以沿江，兼有步兵，水陆俱下，此为长江之险，已与我共之矣。而势力众寡，又不可论。愚谓大计不如迎之。"瑜曰："不然。操虽托名汉相，其实汉贼也。将军以神武雄才，兼仗父兄之烈，割据江东，地方数千里，兵精足用，英雄乐业，尚当横行天下，为汉家除残去秽。况操自送死，而可迎之邪？请为将军筹之：今使北土已安，操无内忧，能旷日持久，来争疆场，又能与我校胜负于船楫间乎？今北土既未平安，加马超、韩遂尚在关西，为操后患。且舍鞍马，仗舟楫，与吴越争衡，本非中国所长。又今盛寒，马无藁草[①]，驱中国士众远涉江湖之间，不习水土，必生疾病。此数四者，用兵之患也，而操皆冒行之。将军禽操，宜在今日。瑜请得精兵三万人，进住夏口，保为将军破之。”权曰：“老贼欲废汉自立久矣，徒忌二袁、吕布、刘表与孤耳。今数雄已灭，惟孤尚存，孤与老贼，势不两立。君言当击，甚与孤合，此天以君授孤也。”

注释

①藁 gǎo 草：禾秆，草料。

译文

这年九月，曹公进入荆州，刘琮率领部众投降，曹公得到荆州水军，水兵、步兵几十万人，将士听说这件事都很恐惧。孙权召见群臣，询问应对的计策。议论的人都说：“曹公是豺虎般的人，但是托名自己是汉相，挟持天子以征讨四方，出兵都以朝廷为口号，现在若抵抗他，事情就会更加不顺利。而且将军的优势，可以凭借抗拒曹操的，是长江。现在曹操得到荆州，占有了全部土地，刘表训练的水军，蒙冲斗舰，就数以千计，曹操将战船全部投入战场，再加上岸上的步兵，水陆大军一起来进攻，这长江天险，曹操已经与我们一样拥有了。但是势力的众寡，又不可同日而语。我们认为现在最好的计策是不如迎降曹操。”周瑜说：“不是这样。曹操虽然托名汉相，其实是汉贼。将军以神武雄才，又依仗父兄建立的基业，割据江东，方圆数千里，兵马精良物资充足，英雄乐于报效，正应该横行天下，为汉家除去这种败类。况且曹操亲自来送死，怎么能迎接他呢？我请求为将军筹划这场战争：现在假如北方已经平定，曹操没有内忧，能旷日持久来争夺疆土，又能与我们在船上一较高下吗？现在北方既没有平定，加上马超、韩遂还在关西，是曹操的后患。并且舍弃鞍马，依仗舟船，与吴越的人较量，本来就不是中原人擅长的。再加上现在天气寒冷，马匹缺乏足够的草料，驱使中原的士兵远涉到江湖之间，水土不服，必然要滋生疾病。这四点，是用兵时的禁忌，而曹操都贸然实行。将军擒获曹操，应该就是现在这个时机。周瑜请求得精兵三万人，进驻夏口，保证为将军打败曹操。”孙权说：“这老贼想废汉朝自立皇帝很久了，只是忌惮袁绍、袁术、吕布、刘表与我而已。现在数雄已灭亡，唯有我尚且生存，我与这老贼，势不两立。您说应当与他开战，很合我的心意，这真是老天把您赐给我呀。”

时刘备为曹公所破，欲引南渡江，与鲁肃遇于当阳，遂共图计，因进住夏口，遣诸葛亮诣权。权遂遣瑜及程普等与备并力逆曹公，遇于赤壁。时曹公军众已有疾病，初一交战，公军败退，引次江北。瑜等在南岸。瑜部将黄盖曰："今寇众我寡，难与持久。然观操军船舰首尾相接，可烧而走也。"乃取蒙冲斗舰数十艘，实以薪草，膏油灌其中，裹以帷幕，上建牙旗，先书报曹公，欺以欲降。又豫备走舸，各系大船后，因引次俱前。曹公军吏士皆延颈观望，指言盖降。盖放诸船，同时发火。时风盛猛，悉延烧岸上营落。顷之，烟炎张天，人马烧溺死者甚众，军遂败退，还保南郡。备与瑜等复共追。曹公留曹仁等守江陵城，径自北归。

译文

这时刘备被曹公打得大败，想向南渡过长江，与鲁肃在当阳相遇，于是一起商量计策，进驻到夏口，派遣诸葛亮拜见孙权，孙权随即派遣周瑜及程普等人与刘备协力抵抗曹公，在赤壁相遇。这时曹公军队中很多人已经染有疾病，刚一交战，曹公军队就败退了，撤军到江北。周瑜等在南岸。周瑜部将黄盖说："如今敌众我寡，难以与他长久抗衡。但是观察曹操军船舰首尾相接，可以用火攻击败他们。"

于是取来蒙冲斗舰几十艘，里面装满柴草，其中浇灌膏油，用帷幕裹住遮盖，上面设立牙旗，先写信报告曹公，谎称想投降。又预备了快船，各系在大船后面，依次一起向前驶去。曹公的兵士都伸长脖子观看，指着说是黄盖来投降了。黄盖放开这些大船，同时放火。这时风势很猛，火都烧到岸上的营寨。很快，烟火冲天，人马被烧死淹死的很多，曹公败退，返回驻守南郡。刘备与周瑜等人又一起追击曹公。曹公留下曹仁等人驻守江陵城，自己直接回到北方去了。

瑜与程普又进南郡，与仁相对，各隔大江。兵未交锋，瑜即遣甘宁前据夷陵。仁分兵骑别攻围宁。宁告急于瑜。瑜用吕蒙计，留凌统以守其后，身与蒙上救宁。宁围既解，乃渡屯北岸，克期大战。瑜亲跨马擽陈[①]，会流矢中右胁，疮甚，便还。后仁闻瑜卧未起，勒兵就陈。瑜乃自兴，案行军营，激扬吏士，仁由是遂退。

权拜瑜偏将军，领南郡太守。以下隽、汉昌、刘阳、州陵为奉邑，屯据江陵。刘备以左将军领荆州牧，治公安。备诣京见权，瑜上疏曰："刘备以枭雄之姿，而有关羽、张飞熊虎之将，必非久屈为人用者。愚谓大计宜徙备置吴，盛为筑宫室，多其美女玩好，以娱其耳目，分此二人，各置一方，使如瑜者得挟与攻战，大事可定也。今猥割土地以资业之，聚此三人，俱在疆场，恐蛟龙得云雨，终非池中物也。”权以曹公在北方，当广揽英雄，又恐备难卒制，故不纳。

注释

①擽lüè：冲击。

译文

周瑜与程普又进攻南郡，与曹仁对峙，各自隔着长江。军队没有交战，周瑜就派遣甘宁前去占领夷陵。曹仁分派兵马去围攻甘宁。甘宁向周瑜告急。周瑜用吕蒙的计策，留下凌统守备大后方，周瑜亲自与吕蒙去援救甘宁。甘宁的围困解除之后，就渡过长江驻屯到北岸，约好日期准备与曹仁大战。周瑜亲自骑着马去督战，恰巧被流矢射中右胁，伤势很重，就回去了。后来曹仁听说周瑜卧床不起，就率领兵马摆开阵势。周瑜就自己起来，巡察军营，激励将士，曹仁于是就退去了。

孙权任命周瑜为偏将军，兼任南郡太守。以下隽隽、汉昌、刘阳、州陵作为周瑜的奉邑，驻守江陵。刘备以左将军身份兼任荆州牧，州府设在公安。刘备亲自去京县拜见孙权，周瑜上疏说：“刘备有枭雄般的姿态，又有关羽、张飞这样熊虎般的将领，必定不是能长期为我们所用的人。我认为最好的计策应该是把刘备迁徙到东吴内部地区，为他修建华丽的宫室，多给他美女和奇珍异宝，以让他沉溺其中，把关羽和张飞分开，各安置在不同的两个地方，使像我周瑜这样的人能协力和他们攻伐作战，大事就可以定下来了。现在轻易割出土地以资助他们，使他们三人聚集在一起，又都在边疆的战场之上，恐怕会像蛟龙得到云雨，终究不会是池中之物呀。”孙权因为曹公在北方，还应当广揽英雄，又害怕刘备难制服，所以没有采纳周瑜的意见。

是时刘璋为益州牧，外有张鲁寇侵，瑜乃诣京见权曰：“今曹操新折衄[①]，方忧在腹心，未能与将军连兵相事也。乞与奋威俱进取蜀，得蜀而并张鲁，因留奋威固守其地，好与马超结援。瑜还与将军据襄阳以蹙[②]操，北方可图也。”权许之。瑜还江陵，为行装，而道于巴丘病卒，时年三十六。权素服举哀，感动左右。丧当还吴，又迎之芜湖，众事费度，一为供给。后著令曰：“故将军周瑜、程普，其有人客，皆不得问。”初瑜见友于策，太妃又使权以兄奉之。是时权位为将军，诸将宾客为礼尚简，而瑜独先尽敬，便执臣节。性度恢廓，大率为得人，惟与程普不睦。

瑜少精意于音乐，虽三爵之后，其有阙误，瑜必知之，知之必顾，故时人谣曰：“曲有误，周郎顾。”

注释

①衄nǜ：挫败。

②蹙cù：逼迫，这里指攻打。

译文

这时刘璋做益州牧，在外有张鲁侵扰，周瑜就去京县拜见孙权说：“现在曹操刚刚失败受挫，正有忧患在心，不能与将军作战。乞求与奋威将军孙瑜一起进攻夺取蜀，得到蜀再吞并张鲁，留下奋威将军在那里固守，好与马超结盟互相援助。周瑜回来与将军拥据襄阳再进攻曹操，北方就可以谋取了。”孙权答应了周瑜。周瑜回到江陵，准备行装，途中于巴丘病死，时年三十六岁。孙权穿着丧服举办丧事，感动了左右众人。灵柩应当回到吴县，孙权又迎接到芜湖，举办丧事使用的钱财，孙权都一律供给。后来发布命令说：“已故将军周瑜、程普，他们家的佃户，都不能再征收赋税徭役。”起初周瑜被孙策视为朋友，太妃又让孙权以兄长对待周瑜。这时孙权的职位是将军，诸将领宾客对待孙权的礼仪还很简单，而周瑜独先竭尽恭敬，先执行臣下对待君主的礼节。周瑜气量大度，很得人心，只是和程普不和睦。

周瑜年少时精通音乐，即使喝了很多酒之后，若音乐有缺误，也必定能听出来，知道失误所在，一定回头看，所以当时人有歌谣说："曲有误，周郎顾。"

瑜两男一女。女配太子登。男循尚公主，拜骑都尉，有瑜风，早卒。循弟胤，初拜兴业都尉。妻以宗女，授兵千人，屯公安。黄龙元年，封都乡侯，后以罪徙庐陵郡。赤乌二年，诸葛瑾、步骘连名上疏曰："故将军周瑜子胤，昔蒙粉饰，受封为将，不能养之以福，思立功效，至纵情欲，招速罪辟。臣窃以瑜昔见宠任，入作心膂，出为爪牙，衔命出征，身当矢石，尽节用命，视死如归，故能摧曹操于乌林，走曹仁于郢都，扬国威德，华夏是震，蠢尔蛮荆，莫不宾服，虽周之方叔，汉之信、布，诚无以尚也。夫折冲捍难之臣，自古帝王莫不贵重，故汉高帝封爵之誓曰'使黄河如带，太山如砺，国以永存，爰及苗裔'；申以丹书，重以盟诅，藏于宗庙，传于无穷，欲使功臣之后，世世相踵，非徒子孙，乃关苗裔，报德明功，勤勤恳恳，如此之至，欲以劝戒后人，用命之臣，死而无悔也。况于瑜身没未久，而其子胤降为匹夫，益可悼伤。窃惟陛下钦明稽古，隆于兴继，为胤归诉，乞匄余罪，还兵复爵，使失旦之鸡，复得一鸣，抱罪之臣，展其后效。"权答曰："腹心旧勋，与孤协事，公瑾有之，诚所不忘。昔胤年少，初无功劳，横受精兵，爵以侯将，盖念公瑾以及于胤也。而胤恃此，酗淫自恣，前后告喻，曾无悛改。孤于公瑾，义犹二君，乐胤成就，岂有已哉？迫胤罪恶，未宜便还，且欲苦之，使自知耳。今二君勤勤援引汉高河山之誓，孤用恧然[①]。虽德非其畴，犹欲庶几，事亦如尔，故未顺旨。以公瑾之子，而二君在中间，苟使能改，亦何患乎！”瑾、骘表比上，朱然及全琮亦俱陈乞，权乃许之。会胤病死。

注释

①恧nǜ然：惭愧的样子。

译文

周瑜有两个儿子一个女儿。女儿嫁给了太子孙登。儿子周循娶了公主，做了骑都尉，有周瑜的风范，年轻时就死了。周循的弟弟周胤，起初被任命为兴业都尉，娶宗室的女儿做妻子，授给他士兵一千人，驻屯在公安。黄龙元年，封都乡侯，后来因罪流放到庐陵郡。赤乌二年，诸葛瑾、步骘连名上疏说：“已故将军周瑜的儿子周胤，从前蒙受褒奖，受封为将军，不能以富贵养育自己，思念着立功报效，反而放纵情感，很快招致犯罪。臣私下以为周瑜从前被宠信，在朝内是心腹大臣，在朝外是国家的得力大将，受命出征，以身挡箭石，用生命尽臣节，视死如归，所以能在乌林打败曹操，在郢都击退曹仁，弘扬国家的威德，震动华夏，愚昧的蛮荆，没有不服从的，即使是周朝的方叔，汉朝的韩信、英布，也没有能超过他的。能够抵御外敌拯救国难的大臣，自古以来的帝王无不珍视敬重，所以汉高帝封爵的誓词说‘即使黄河变得像衣带般细小，泰山变得像磨刀石般矮小，封国也要永远保留，传给后人’；并写成丹书，重视盟约，藏在宗庙中，永远传下去，想使功臣的后代，世代继承，不光是他们的子孙，甚至是遥远的亲属，回报恩德，彰显功业，兢兢业业，做到像这样，想以此劝诫后人，让舍身为国的大臣，死而无悔。何况周瑜死后不久，而他的儿子周胤便被降为匹夫，这更值得哀痛同情了。私下希望陛下圣明遵守古道，推崇兴盛覆灭封国接续断绝家嗣之道，臣等为周胤陈诉，乞求赦免他的罪，给他兵马恢复他的爵位，使耽搁了报晓的雄鸡，能再叫上一声，获罪的臣子，再进献忠心。”孙权回答说：“腹心般的旧臣，给我做事，周瑜做了很多，我真的没有忘记。从前周胤年少，起初无功劳，就接受精兵，给予侯将的爵位，都是顾念周瑜才给周胤的。而周胤依仗这些，酗酒淫乱太过放肆，先后告诫，都不悔改。我对周瑜，心意和你们是一样的，希望周胤有所成就，这种期望哪里有止境呀？只是迫于周胤犯下的罪恶，不适合立马召回，并且想让他吃些苦，使他自己明白。现在二位诚恳地道出汉高祖刘邦的河山之誓，我深感惭愧。虽然德行不能相比，还是想来向他靠近的，事情也就是这样，所以没有遵从二位的意见。作为周瑜的儿子，而又有二位在他身边，假使他能悔改，又有什么可忧虑的！”诸葛瑾、步骘的奏表接连呈上，朱然和全琮也都上表求情，孙权就同意了这件事。恰巧周胤病死。

瑜兄子峻，亦以瑜元功为偏将军，领吏士千人。峻卒，全琮表峻子护为将。权曰：“昔走曹操，拓有荆州，皆是公瑾，常不忘之。初闻峻亡，仍欲用护，闻护性行危险①，用之适为作祸，故便止之。孤念公瑾，岂有已乎？”

注释：

①危险：行事孤僻险恶。

译文

周瑜哥哥的儿子周峻，也因为周瑜的功劳做了偏将军，统领吏士一千人。周峻死，全琮上表让周峻儿子周护为将。孙权说：“从前使曹操败逃，开拓占有荆州，都是靠周瑜，我常常不敢忘记他。起初听说周峻死，就想用周护，但听说周护性行孤僻阴险，用他就会制造祸乱，所以就停止这件事。我顾念周瑜，哪里有止境呀？”

鲁肃传

题解

鲁肃是东吴政权中继周瑜之后的又一个军事统帅。他镇守江陵、陆口，与关羽对峙。与周瑜相比鲁肃虽然武略稍显不足，但他善于观察形势。曹操南征荆州，孙权部下多主张降操，唯有鲁肃力谏孙权联合刘备，迎击曹军。并于危急之中，出使当阳与刘备会面，促成孙刘联盟。

鲁肃字子敬，临淮东城人也。生而失父，与祖母居。家富于财，性好施与。尔时天下已乱，肃不治家事，大散财货，摽卖田地，以赈穷弊结士为务，甚得乡邑欢心。

周瑜为居巢长，将数百人故过候肃，并求资粮。肃家有两囷[①]米，各三千斛，肃乃指一囷与周瑜，瑜益知其奇也，遂相亲结，定侨、札之分[②]。袁术闻其名，就署东城长。肃见术无纲纪，不足与立事，乃携老弱将轻侠少年百余人，南到居巢就瑜。瑜之东渡，因与同行，留家曲阿。会祖母亡，还葬东城。

注释

①囷 qūn：圆形的谷仓。

②侨、札之分：侨，公孙侨，字子产。札，季札。公孙侨与季札一见如故，结为好友。侨、札之分比喻真挚的友谊。

译文

鲁肃字子敬，临淮东城人。一出生时就失去父亲，与祖母一同居住。家中富有，生性好施舍。那时天下已经动乱，鲁肃不整治家业，广泛施舍家里的财物，标价出卖家中田地，以赈济穷困百姓和结交士人作为自己最重要的事，很得乡里人的欢心。

周瑜为居巢长，率领几百人专程拜见鲁肃，并且请求资助粮食。鲁肃家有两仓米，各三千斛，鲁肃就指一仓给周瑜，周瑜更加明白鲁肃是个奇人，于是就亲近结交，定下公孙侨和季札那样的友谊。袁术听闻到他的声名，任命他做东城长。鲁肃发现袁术没有纲纪，不足以一起干大事，于是就携带家中老小带领侠士少年一百多人，向南到居巢投奔周瑜。周瑜东渡，所以就与鲁肃同行，鲁肃把家里人留在曲阿。恰逢祖母去世，鲁肃便回到东城安葬祖母。

刘子扬与肃友善，遗肃书曰："方今天下豪杰并起，吾子姿才，尤宜今日。急还迎老母，无事滞于东城。近郑宝者，今在巢湖，拥众万余，处地肥饶，庐江间人多依就之，况吾徒乎？观其形势，又可博集，时不可失，足下速之。”肃答然其计。葬毕还曲阿，欲北行。会瑜已徙肃母到吴，肃具以状语瑜。时孙策已薨，权尚住吴，瑜谓肃曰：“昔马援答光武云‘当今之世，非但君择臣，臣亦择君’。今主人亲贤贵士，纳奇录异，且吾闻先哲秘论，承运代刘氏者，必兴于东南，推步事势，当其历数，终构帝基，以协天符，是烈士攀龙附凤驰骛之秋。吾方达此，足下不须以子扬之言介意也。”肃从其言。瑜因荐肃才宜佐时，当广求其比，以成功业，不可令去也。

译文

刘子扬与鲁肃关系友善，给鲁肃写信说：“如今天下豪杰并起，您有大才，尤其适宜现在的时代。赶紧回家迎来老母亲，不要滞留在东城。最近有个名叫郑宝的人，如今在巢湖，拥有一万多士兵，占据肥饶之地，庐江的人大多依附于他，何况我们这样的人呢？观察他的形势，又能聚集大批人才，机不可失，您赶快去那里吧。”鲁肃回信同意他的计策。祖母葬礼完毕后回到曲阿，想要向北去。恰巧周瑜已经把鲁肃的母亲迁到了吴县，鲁肃把具体情形告诉周瑜。这时孙策已经去世，孙权还住在吴县，周瑜跟鲁肃说：“从前马援回答光武帝说‘当今之世，不仅是君主选择臣，臣也要选择君主’。当今这里的君主亲近贤人尊爱士人，招纳录用奇人异士，并且我听从前有智慧的人秘密议论，承担天命替代刘氏的人，必定在东南兴起，推论现在的时事，应该是在按他们说的运行，终究会建立帝王基业，以顺应上天的符命，这正是有志向的人攀龙附凤、奔走建功的时代。我也刚刚明白这些，您不要因为刘子扬的话而介意。”鲁肃听从他的话。周瑜就推荐鲁肃，说他的才华能辅助当世，应当广泛地求取像他这样的人，以成就功业，不可以让他离开。

权即见肃，与语甚悦之。众宾罢退，肃亦辞出，乃独引肃还，合榻对饮。因密议曰：“今汉室倾危，四方云扰，孤承父兄余业，思有桓文[①]之功。君既惠顾，何以佐之？”肃对曰：“昔高帝区区欲尊事义帝而不获者，以项羽为害也。今之曹操，犹昔项羽，将军何由得为桓文乎？肃窃料之，汉室不可复兴，曹操不可卒除。为将军计，惟有鼎足江东，以观天下之衅。规模如此，亦自无嫌。何者？北方诚多务也。因其多务，剿除黄祖，进伐刘表，竟长江所极，据而有之，然后建号帝王以图天下，此高帝之业也。”权曰：“今尽力一方，冀以辅汉耳，此言非所及也。”张昭非肃谦下不足，颇訾[②]毁之，云肃年少粗疏，未可用。权不以介意，益贵重之，赐肃母衣服帏帐，居处杂物，富拟其旧。

注释

①桓文：指齐桓公和晋文公，他们都是春秋时期著名的霸主。

②訾zǐ：毁谤，非议。

译文

孙权随即接见鲁肃，与他说话，非常欣赏他。众宾客退去，鲁肃也告辞离去，孙权让鲁肃独自回来，同坐在一张席子上对饮。趁机秘密商议说："如今汉室倾覆危亡，各地动乱，我继承父兄留下的基业，想成就齐桓公和晋文公那样的功业。您既然屈尊来到我这里，将如何辅佐我？"鲁肃回答说："从前汉高帝刘邦仅仅想尊敬地侍奉义帝而没有成功，因为项羽的破坏。如今的曹操，就像从前的项羽，将军凭什么能成为齐桓公和晋文公呢？鲁肃我私下为您谋划，汉室不能复兴，曹操不能很快除掉。为将军谋划的策略，只有占据江东形成鼎足对立之势，以观天下的变化。形势如此，您也不必嫌怨这样的前景。为什么呢？因为北方确实有很多变故。趁着北方有很多变故，剿灭黄祖，进而讨伐刘表，直至全部的长江地区，占有它以据守，这样之后称帝以谋划天下，这就是汉高帝成就功业的方法。"孙权说："如今努力占据一方，只是希望以此辅助汉室，您的这些话不是我所想的。"张昭非议鲁肃不谦虚，诋毁得有些厉害，说鲁肃年轻，谋略多有粗疏，不可任用。孙权并不介意，更加敬重他，赐给鲁肃母亲衣服帏帐，生活物品，使他富裕如同旧日。

刘表死，肃进说曰："夫荆楚与国邻接，水流顺北，外带江汉，内阻山陵，有金城[①]之固，沃野万里，士民殷富，若据而有之，此帝王之资也。今表新亡，二子素不辑睦[②]，军中诸将，各有彼此。加刘备天下枭雄，与操有隙，寄寓于表，表恶其能而不能用也。若备与彼协心，上下齐同，则宜抚安，与结盟好；如有离违，宜别图之，以济大事。肃请得奉命吊表二子，并慰劳其军中用事者，及说备使抚表众，同心一意，共治曹操，备必喜而从命。如其克谐，天下可定也。今不速往，恐为操所先。"权即遣肃行。到夏口，闻曹公已向荆州，晨夜兼道。比至南郡，而表子琮已降曹公，备惶遽奔走，欲南渡江。肃径迎之，到当阳长阪，与备会，宣腾权旨，及陈江东强固，劝备与权并力。备甚欢悦。时诸葛亮与备相随。肃谓亮曰"我子瑜友也"，即共定交。备遂到夏口，遣亮使权，肃亦反命。

注释

①金城：比喻易守难攻的城池。

②辑睦：和睦。辑，和，和睦。

译文

刘表死后，鲁肃进谏孙权说：“荆楚与我国相邻，江水顺流向北，外有长江和汉水为界，内有山陵相阻隔，如金城般牢固，沃野万里，百姓富足，如果占有它并以此据守，这是成就帝王功业的资本。如今刘表刚刚去世，他的两个儿子向来不和睦，军中各位将领，各有归附。加上刘备是天下枭雄，与曹操有矛盾，寄寓在刘表那里，刘表憎恶他的才能而不能任用他。如果刘备与他们齐心协力，上下一心，那么我们就应该安抚，与他们结盟和好；如果他们分崩离析，那么我们应该攻打他们，以帮助成就大业。我请求得到使命去吊唁刘表的两个儿子，并慰问他们军中掌权的人，同时劝说刘备使他安抚刘表的士卒，同心协力，一起对抗曹操，刘备必定欣喜听命。如果能成功，天下就可以平定了。如果不赶快去，恐怕就会被曹公抢先。”孙权立即派遣鲁肃出使。到夏口，听说曹公已经向荆州而来，便日夜兼程。等走到南郡，而刘表的儿子刘琮已经投降了曹公，刘备惶恐逃奔，想向南渡过长江。鲁肃直接去迎刘备，到当阳长阪时，与刘备相会，宣达孙权的旨意，又陈述江东强大的防线，劝说刘备与孙权协力。刘备非常喜悦。这时诸葛亮与刘备相随，鲁肃对诸葛亮说“我是子瑜的朋友”，当即结下友好关系。刘备就到了夏口，派遣诸葛亮出使孙权，鲁肃也返回复命。

会权得曹公欲东之问，与诸将议，皆劝权迎之，而肃独不言。权起更衣[①]，肃追于宇下，权知其意，执肃手曰："卿欲何言？"肃对曰："向察众人之议，专欲误将军，不足与图大事。今肃可迎操耳，如将军，不可也。何以言之？今肃迎操，操当以肃还付乡党。品其名位，犹不失下曹从事，乘犊车，从吏卒，交游士林，累官故不失州郡也。将军迎操，欲安所归？愿早定大计，莫用众人之议也。"权叹息曰："此诸人持议，甚失孤望；今卿廓开大计，正与孤同，此天以卿赐我也。"

注释

①更衣：本指换衣服。一般讳称上厕所。

译文

恰巧孙权得到曹公想东来的消息，与诸将商议，众人都劝孙权迎接曹公，而只有鲁肃一言不发。孙权起身更衣，鲁肃追到屋檐下，孙权知道他的心意，握着鲁肃的手说："您想说什么？"鲁肃回答说："刚才观察众人的议论，都一心想误导将军，与他们不足以商谈大事。现在我鲁肃可以投降曹操，像将军您，却不可以投降曹操。为什么这样说呢？现在我投降曹操，曹操应当会把我送还故乡。品评我的名位，尚且不会失去下曹从事的职位，乘坐牛车，带领吏卒，交游名士，逐步升官还会成为州郡长官。将军您投降曹操，想回归到哪里去呢？希望您趁早定下方针大计，不要听信众人的意见。”孙权叹息着说：“这些人持有的意见，令我非常失望；现在您为我定下的大计，正好和我的意见一致，这是老天把您赐给我了。”

时周瑜受使至鄱阳，肃劝追召瑜还。遂任瑜以行事，以肃为赞军校尉，助画方略。曹公破走，肃即先还，权大请诸将迎肃。肃将入阁拜，权起礼之，因谓曰：“子敬，孤持鞍下马相迎，足以显卿未？”肃趋进曰：“未也。”众人闻之，无不愕然。就坐，徐举鞭言曰：“愿至尊威德加乎四海，总括九州，克成帝业，更以安车软轮①征肃，始当显耳。”权抚掌欢笑。

后备诣京见权，求都督荆州，惟肃劝权借之，共拒曹公。曹公闻权以土地业备，方作书，落笔于地。

注释

①安车软轮：即安车蒲轮。安车的轮子用蒲草包裹，以防颠簸。用以迎送德高望重的人，表示

优待。软轮，用蒲包裹的车轮。

译文

这时周瑜接受使命到鄱阳去了，鲁肃劝孙权赶快把周瑜召回来。随即就下令让周瑜掌管军国大事，任命鲁肃为赞军校尉，帮助谋划策略。曹公被打败逃走，鲁肃就立即先回去，孙权隆重地请各将领迎接鲁肃。鲁肃将要进殿参拜，孙权起身还礼，就此对鲁肃说：“子敬，我扶着鞍下马迎接你，足以让你显贵了吗？”鲁肃疾步上前说：“不够。”众人听到这话，没有不感到惊愕的。鲁肃入座，慢慢举起鞭子说：“希望我们最尊贵的君主威德施予全天下，完成帝王大业，再改用安车软轮征召鲁肃，那时才算显贵。”孙权鼓掌欢笑。

后来刘备到京县面见孙权，请求总领荆州，只有鲁肃劝孙权借给他，共同抵抗曹公。曹公听说孙权用土地资助刘备，当时他正在写信，惊吓得把笔掉在了地上。

周瑜病困，上疏曰：“当今天下，方有事役，是瑜乃心夙夜所忧，愿至尊先虑未然，然后康乐。今既与曹操为敌，刘备近在公安，边境密迩，百姓未附，宜得良将以镇抚之。鲁肃智略足任，乞以代瑜。瑜陨踣[①]之日，所怀尽矣。”即拜肃奋武校尉，代瑜领兵。瑜士众四千余人，奉邑四县，皆属焉。令程普领南郡太守。肃初住江陵，后下屯陆口，威恩大行，众增万余人，拜汉昌太守、偏将军。十九年，从权破皖城，转横江将军。

注释

①陨踣：死亡的讳称。

译文

周瑜病危，上疏说："当今天下，正是有战事的时代，这是我周瑜心中日日夜夜忧思的事情，希望最尊贵的您提前防患于未然，这样之后才能安康快乐。现在既然已经与曹操为敌，刘备又在不远的公安，边境紧密相连，百姓没有依附，应该寻求良将去镇守安抚那里。鲁肃的智谋足以担当大任，乞求以鲁肃代替我。那我死时也不会有什么牵挂的了。"孙权立即任命鲁肃为奋武校尉，代替周瑜统领军队。周瑜的士卒四千多人，四个县的奉邑，全都归鲁肃统领。命令程普兼任南郡太守。鲁肃起初住在江陵，后来往下移到陆口驻扎，威恩广泛施布，士卒增加到一万多人，被任命为汉昌太守、偏将军。建安十九年，跟从孙权攻下皖城，转任横江将军。

先是，益州牧刘璋纲维颓弛。周瑜、甘宁并

劝权取蜀，权以咨备，备内欲自规，乃伪报曰："备与璋托为宗室，冀凭英灵[①]，以匡汉朝。今璋得罪左右，备独竦惧，非所敢闻，愿加宽贷。若不获请，备当放发归于山林。"后备西图璋，留关羽守，权曰："猾虏乃敢挟诈！"及羽与肃邻界，数生狐疑，疆场纷错，肃常以欢好抚之。备既定益州，权求长沙、零、桂，备不承旨，权遣吕蒙率众进取。备闻，自还公安，遣羽争三郡。肃住益阳，与羽相拒。肃邀羽相见，各驻兵马百步上，但诸将军单刀俱会。肃因责数羽曰："国家区区本以土地借卿家者，卿家军败远来，无以为资故也。今已得益州，既无奉还之意，但求三郡，又不从命。"语未究竟，坐有一人曰："夫土地者，惟德所在耳，何常之有！"肃厉声呵之，辞色甚切。羽操刀起谓曰："此自国家事，是人何知！"目使之去。备遂割湘水为界，于是罢军。

注释

①冀凭英灵：希望凭借先代君主的灵魂。刘备和刘璋号称汉代皇帝之后，故有此说。

译文

在这之前，益州牧刘璋纲纪败坏。周瑜、甘宁一起劝孙权夺取蜀地，孙权咨询刘备这件事，刘备内心为自己盘算，就虚伪地说："刘备与刘璋都是汉室宗亲，希望凭借祖上的英灵护佑，以匡扶汉朝。现在刘璋得罪了您，刘备我也独自惶恐，夺取蜀地是我所不敢听命的事情，希望您宽恕。如果不被允许，刘备只得披发归隐山林了。”后来刘备向西攻打刘璋，留关羽据守荆州。孙权说：“狡猾的贼人竟然欺骗我！”等到关羽与鲁肃边界相邻，多次产生猜疑，边界缠绕交错，鲁肃常常以友好的态度安抚他。刘备平定益州后，孙权请求归还长沙、零陵、桂阳三郡，刘备不接受旨意，孙权派遣吕蒙率众前去夺取。刘备听到消息，亲自返回公安，派遣关羽争夺三郡。鲁肃驻扎在益阳，与关羽相对抗。鲁肃邀关羽相见，各自停留兵马百步以外，只有双方将军单刀相会。鲁肃就此责备关羽说：“我们国君原来把土地借给你方，只是因为你方军队打了败仗远道而来，没有立足的资本。如今已经得到益州，也没有奉还的意思，我们求取三郡，你们又不同意。”话还没说完，座下有一个人说：“土地应该是有德的人所有，哪里是永远归谁所有！”鲁肃厉声呵斥他，言辞非常严厉。关羽拿着刀起来对那人说：“这是国家大事，你这人知道什么！”使眼色让他离去。刘备于是就划分湘水为界，各自罢军归去。

肃年四十六，建安二十二年卒。权为举哀，又临其葬。诸葛亮亦为发哀。权称尊号，临坛，顾谓公卿曰:“昔鲁子敬尝道此,可谓明于事势矣。”

肃遗腹子淑既壮，濡须督张承谓终当到至。永安中，为昭武将军、都亭侯、武昌督。建衡中，假节,迁夏口督。所在严整,有方干。凤皇三年卒。子睦袭爵，领兵马。

译文

建安二十二年鲁肃去世，时年四十六岁。孙权为他治丧，又亲临他的葬礼。诸葛亮也为他哀悼。孙权称帝，面临着祭坛，回头对公卿们说:“从前鲁子敬说到此事，可以说他是明察时势的呀。”

鲁肃的遗腹子鲁淑成年之后，濡须督张承说他终究会位居高位。永安年间，鲁淑为昭武将军、都亭侯、武昌督。建衡年间，授予他符节，升任夏口督。他所统领的军队纪律严整，有谋略才干。凤皇三年去世。他的儿子鲁睦继承爵位，统领兵马。

吕蒙传

题解

吕蒙是孙权部下名将，胆识过人，精于谋略。鲁肃死后，他代领其军，袭破荆州，设伏用奇，击败关羽，擒其父子，立下大功。

吕蒙字子明，汝南富陂人也。少南渡，依姊夫邓当。当为孙策将，数讨山越。蒙年十五六，窃随当击贼，当顾见大惊，呵叱不能禁止。归以告蒙母，母恚欲罚之，蒙曰："贫贱难可居，脱误有功，富贵可致。且不探虎穴，安得虎子？"母哀而舍之。时当职吏以蒙年小轻之，曰："彼竖子何能为？此欲以肉喂虎耳。"他日与蒙会，又蚩辱[1]之。蒙大怒，引刀杀吏，出走，逃邑子郑长家。出因校尉袁雄自首，承间为言，策召见奇之，引置左右。

注释

①蚩辱：侮辱，欺压。

译文

吕蒙字子明，汝南郡富陂县人。年少时南渡长江，依靠姐夫邓当。邓当做了孙策的将领，数次征讨山越。吕蒙十五六岁时，悄悄地跟随邓当攻击贼寇，邓当回头看见非常吃惊，厉声呵叱也不能阻止他。邓当回去后把这件事告诉了吕蒙母亲，母亲发怒想责罚他，吕蒙说：“贫贱生活难以忍受，侥幸立功，富贵就可以得到了。并且不入虎穴，焉得虎子？”他母亲哀怜他便饶了他。那时当职的官吏因为吕蒙年小就轻视他，说：“你这小孩子能做什么？这如同想用肉喂老虎呀。”又有一天他与吕蒙相见，又辱骂吕蒙。吕蒙大怒，用刀杀死那个小吏，逃到同乡人郑长家中。后出来通过校尉袁雄自首，承袁雄中间为他说情，孙策召见他并认为他是奇异之人，将吕蒙安排在自己身边。

数岁，邓当死，张昭荐蒙代当，拜别部司马。权统事，料诸小将兵少而用薄者，欲并合之。蒙阴赊贳[①]，为兵作绛衣行縢[②]，及简日，陈列赫然，兵人练习，权见之大悦，增其兵。从讨丹杨，所向有功，拜平北都尉，领广德长。

注释

①贳shì：赊账。

②绛衣行縢：指深红色的衣服和绑腿。绛，深红色。

译文

几年后，邓当死，张昭推荐吕蒙代替邓当的职位，任命吕蒙为别部司马。孙权统管江东事务，料想有些小将兵少而费用不足，想合并他们。吕蒙私下赊账采购，为士兵做了深红色衣装和绑腿布，等到检阅兵马那天，他的队伍非常醒目，士兵演练娴熟，孙权见到他们非常高兴，便增加吕蒙的士兵。吕蒙跟从孙权讨伐丹杨，他所到之处都立下大功，升任平北都尉，兼任广德县长。

从征黄祖，祖令都督陈就逆以水军出战。蒙勒前锋，亲枭就首，将士乘胜，进攻其城。祖闻就死，委城走，兵追禽之。权曰："事之克，由陈就先获也。"以蒙为横野中郎将，赐钱千万。

译文

吕蒙随从征讨黄祖，黄祖命令都督陈就用水军出兵迎击。吕蒙率领前锋部队，亲自砍下陈就的头颅，率领士兵乘胜进攻他们的城池。黄祖听说陈就已死，就弃城而逃，大军追击并擒住了黄祖。孙权说："事情成功，是由于陈就先被斩杀。"就任命吕蒙为横野中郎将，赐钱千万。

是岁，又与周瑜、程普等西破曹公于乌林，围曹仁于南郡。益州将袭肃举军来附，瑜表以肃兵益蒙，蒙盛称肃有胆用，且慕化远来，于义宜益不宜夺也。权善其言，还肃兵。瑜使甘宁前据夷陵，曹仁分众攻宁，宁困急，使使请救。诸将以兵少不足分，蒙谓瑜、普曰：“留凌公绩，蒙与君行,解围释急,势亦不久,蒙保公绩能十日守也。”又说瑜分遣三百人柴断险道，贼走可得其马。瑜从之。军到夷陵,即日交战,所杀过半。敌夜遁去,行遇柴道，骑皆舍马步走。兵追蹙击，获马三百匹，方船载还。于是将士形势自倍，乃渡江立屯，与相攻击，曹仁退走，遂据南郡，抚定荆州。还，拜偏将军，领寻阳令。

译文

这一年，吕蒙又与周瑜、程普等人向西在乌林打败曹公，把曹仁围困在南郡。益州将领袭肃率领大军来归附，周瑜上表把袭肃的兵马给吕蒙，吕蒙盛赞袭肃有胆识才能，并且慕名远道而来，在道义上应该增加他的兵马而不是夺取他的兵马。孙权认为吕蒙的话很对，便归还袭肃的兵马。周瑜派甘宁进军占据夷陵，曹仁分兵攻打甘宁，甘宁被困情势危急，派使者请求救援。各将领因兵少不能分兵救援，吕蒙对周瑜、程普说："留下凌公绩，我与你们前去，解救围困，如此形势不会长久，我保证凌公绩能固守十日。"又劝说周瑜分派三百人用柴木截断险道，贼军逃跑就可以得到他们的战马。周瑜听从他的意见。行军到夷陵，当日交战，斩杀敌军半数。敌军深夜逃跑，路上遇到有柴木阻隔的道路，骑兵全部舍马步行。东吴士兵追得很急，获得三百匹战马，用船把马带回去。于是东吴将士斗志倍增，就渡江驻扎，与曹军相互攻击，曹仁撤退逃跑，于是占据南郡，安抚平定荆州。吕蒙返回，被任命为偏将军，兼任寻阳令。

鲁肃代周瑜，当之陆口，过蒙屯下。肃意尚轻蒙，或说肃曰："吕将军功名日显，不可以故意[①]待也，君宜顾之。"遂往诣蒙。酒酣，蒙问肃曰："君受重任，与关羽为邻，将何计略，以备不虞？"肃造次应曰："临时施宜。"蒙曰："今东西虽为一家，而关羽实熊虎也，计安可不豫定？"因为肃画五策。肃于是越席就之，拊其背曰："吕子明，吾不知卿才略所及乃至于此也。"遂拜蒙母，结友而别。

注释

①故意：从前的看法。

译文

鲁肃代替周瑜的职位后，准备到陆口，路过吕蒙的营寨。鲁肃心里还轻视吕蒙，有人劝鲁肃说："吕将军功名日益显重，不可以用过去的眼光看待他，您应该见见他。"鲁肃就去见吕蒙。酒喝到酣畅时，吕蒙问鲁肃说："您领受重大任务，与关羽为邻，将要定下什么计策，以应对意外情况？"鲁肃仓促回答道："临时施行策略。"吕蒙说："如今东西虽然是一家，而关羽实在是熊虎一般的人，怎么可以不预定计策呢？"趁此机会为鲁肃设下五条策略。鲁肃于是越过席位靠近他，拍着他的背说："吕子明，我不知道你的才略已经到了这样高的境界了。"于是拜会吕蒙母亲，与吕蒙结为好友才分别。

时蒙与成当、宋定、徐顾屯次比近，三将死，子弟幼弱，权悉以兵并蒙。蒙固辞，陈启顾等皆勤劳国事，子弟虽小，不可废也。书三上，权乃听。蒙于是又为择师，使辅导之，其操心率如此。

魏使庐江谢奇为蕲春典农，屯皖田乡，数为边寇。蒙使人诱之，不从，则伺隙袭击，奇遂缩退，其部伍孙子才、宋豪等，皆携负老弱，诣蒙降。后从权拒曹公于濡须，数进奇计，又劝权夹水口立坞，所以备御甚精，曹公不能下而退。

译文

当时吕蒙与成当、宋定、徐顾的营寨相邻，三将死去，他们的儿子幼小，孙权把他们统领的兵马合并给吕蒙。吕蒙坚持推辞，阐明徐顾等人都是勤劳国事的人，他们的儿子虽然幼小，却也不可废弃。他三次上表，孙权才听从。吕蒙于是又为他们选择老师，使老师辅助引导他们，他为他人的事操心至此。

魏国派庐江人谢奇做蕲春典农，在皖县乡间驻军屯田，数次进犯边境。吕蒙派人诱骗他，他没有上当，就伺机袭击他，谢奇于是就畏缩后退，他的部将孙子才、宋豪等人，都携带老幼，拜见吕蒙投降。吕蒙后来跟从孙权在濡须抗拒曹公，数次进献奇计，又劝孙权于夹水口修造船坞，所以防御工事非常精良，曹公因不能攻下而退兵。

曹公遣朱光为庐江太守，屯皖，大开稻田，又令间人招诱鄱阳贼帅，使作内应。蒙曰："皖田肥美，若一收孰，彼众必增，如是数岁，操态见矣，宜早除之。"乃具陈其状。于是权亲征皖，引见诸将，问以计策。蒙乃荐甘宁为升城督，督攻在前，蒙以精锐继之。侵晨进攻，蒙手执枹鼓，士卒皆腾踊自升，食时破之。既而张辽至夹石，闻城已拔，乃退。权嘉其功，即拜庐江太守，所得人马皆分与之，别赐寻阳屯田六百人，官属三十人。蒙还寻阳，未期而庐陵贼起，诸将讨击不能禽，权曰："鸷鸟[①]累百，不如一鹗[②]。"复令蒙讨之。蒙至，诛其首恶，余皆释放，复为平民。

注释

①鸷鸟：鹰、雕等猛禽。

②鹗：鱼鹰。

译文

曹公派遣朱光为庐江太守，驻扎在皖城，大力开拓稻田，又令间谍引诱鄱阳贼军主帅，派他做内应。吕蒙说："皖城的田地肥美，如果一成熟收割，他们的士卒必定增加，这样几年后，曹操有利的形势就造就了，应该尽早除掉朱光。"就具体陈述此地形势。于是孙权亲自征讨皖城，召见各将领，询问计策。吕蒙就推荐甘宁为升城督，在前率兵进攻，吕蒙用精锐兵马随后。凌晨进攻，吕蒙手持鼓槌擂鼓，士卒都踊跃登城，吃饭时就攻破城池。之后张辽到夹石，听说城已被攻陷，就退回去了。孙权嘉奖他的功劳，当即任命他为庐江太守，所得到的人马都分给他，另赐寻阳屯田的人六百，属官三十人。吕蒙返回寻阳，不到一年庐陵贼人兴起，各将领讨伐都没有取胜，孙权说："猛禽一百只，也不如一只鱼鹰。"又令吕蒙讨伐贼人。吕蒙到达那里，杀了为首的恶人，其余的全都释放，重做了平民。

是时刘备令关羽镇守，专有荆土，权命蒙西取长沙、零、桂三郡。蒙移书二郡，望风归服，惟零陵太守郝普城守不降。而备自蜀亲至公安，遣羽争三郡。权时住陆口，使鲁肃将万人屯益阳拒羽，而飞书召蒙，使舍零陵，急还助肃。初，蒙既定长沙，当之零陵，过酃[①]，载南阳邓玄之，玄之者郝普之旧也，欲令诱普。及被书当还，蒙秘之，夜召诸将，授以方略，晨当攻城，顾请玄之曰："郝子太闻世间有忠义事，亦欲为之，而不知时也。左将军在汉中，为夏侯渊所围。关羽在南郡，今至尊身自临之。近者破樊本屯，救酃，逆为孙规所破。此皆目前之事，君所亲见也。彼方首尾倒悬，救死不给，岂有余力复营此哉？今吾士卒精锐，人思致命，至尊遣兵，相继于道。今子太以旦夕之命，待不可望之救，犹牛蹄中鱼，冀赖江汉，其不可恃亦明矣。若子太必能一士卒之心，保孤城之守，尚能稽延[②]旦夕，以待所归者，可也。今吾计力度虑，而以攻此，曾不移日，而城必破，城破之后，身死何益于事，而令百岁老母，戴白[③]受诛，岂不痛哉？度此家不得外问，谓援可恃，故至于此耳。君可见之，为陈祸福。"

玄之见普，具宣蒙意，普惧而听之。玄之先出报蒙，普寻后当至。蒙豫敕四将，各选百人，普出，便入守城门。须臾普出，蒙迎执其手，与俱下船。语毕，出书示之，因拊手大笑。普见书，知备在公安，而羽在益阳，惭恨入地。蒙留孙皎，委以后事。即日引军赴益阳。刘备请盟，权乃归普等，割湘水，以零陵还之。以寻阳、阳新为蒙奉邑。

注释

①酃：音líng。

②稽延：久留，拖延。稽，停留，迟延。

③戴白：头生白发。借指老人。

译文

这时刘备命令关羽镇守，独占荆州全境，孙权命令吕蒙向西夺取长沙、零陵、桂阳三郡。吕蒙给两个郡写信，他们都望风归服，只有零陵太守郝普据城坚守不投降。而刘备亲自从蜀地来到公安，派遣关羽争夺三郡。孙权这时住在陆口，派鲁肃率领一万人驻扎在益阳以抵御关羽，又写信召回吕蒙，让他舍弃零陵，急速返回帮助鲁肃。起初，吕蒙平定长沙后，正要攻打零陵，路过酃县，带上了南阳的邓玄之，邓玄之是郝普的旧交，吕蒙便想让他诱降郝普。等到接到信将要返回，吕蒙把这件事保密，夜里召见各将领，授予他们计策，清晨就要攻城，回头对邓玄之说："郝子太闻知世间有忠义的事情，他也想这样做，但是却不能认清时势。左将军刘备在汉中，被夏侯渊围困。关羽在南郡，如今我们的君主亲自来到这里。最近他们攻破樊城，救援酃县，反被孙规打败。这都是眼前能见到的事情，您也是亲眼见到的。他们头向下尾向上倒挂着，救自己的死境还不能，哪里还有余力再来营救这里呢？如今我们的士卒精锐，人人效死命，君主派遣的援兵，在路上接踵而来。如今子太以危在旦夕的性命，等待望不到的援军，就像牛蹄穴印中的鱼，希望依赖长江和汉水活命，而其不可依靠的形势非常明显了。若子太肯定能振作士卒的心思，保守孤城，还能延续一段时间，以等待他所归附的人，这也是可以的。如今我安排兵力，运用谋略，来攻打这个城池，都不用几天，那个城必被攻破，城破之后，自己死了对事情有什么帮助呢，却令百岁的老母白白被诛杀，难道不痛惜吗？想想可能是他们不能向外打探消息，以为援军可以依靠，所以才这样坚守。您可以去见见他，为他陈述后果福祸。"邓玄之见到郝普，详细传达吕蒙的意思，郝普惧怕便听从了他。邓玄之先出城报告吕蒙，郝普稍后就到。吕蒙预先安排四个将领，各选一百人，郝普出来后，便进去守住城门。一会儿郝普出来，吕蒙迎上去握着他的手，与他一起下船。说完话，拿出书信给他看，就拍手大笑。郝普见到书信，知道刘备在公安，而关羽在益阳，非常惭愧悔恨。吕蒙留下孙皎，委派他善后事宜，当日就率军去了益阳。刘备请求结盟，孙权才放回郝普等人，割湘水为界，把零陵还给刘备。以寻阳、阳新作为吕蒙的城邑。

师还，遂征合肥，既撤兵，为张辽等所袭，蒙与凌统以死捍卫。后曹公又大出濡须，权以蒙为督，据前所立坞，置强弩万张于其上，以拒曹公。曹公前锋屯未就，蒙攻破之，曹公引退。拜蒙左护军、虎威将军。

译文

孙权大军返回，于是就征讨合肥，撤兵之后，被张辽等人袭击，吕蒙与凌统拼死保卫孙权。后来曹公又声势浩大地出兵到濡须，孙权任命吕蒙为都督，据守以前所修的船坞，在上面布置一万张强弩，以抗拒曹公。曹公前锋兵马的营地还没有修好，吕蒙就打败他们，曹公率兵退去。孙权任命吕蒙为左护军、虎威将军。

鲁肃卒，蒙西屯陆口，肃军人马万余尽以属蒙。又拜汉昌太守，食下隽、刘阳、汉昌、州陵。与关羽分土接境，知羽骁雄，有并兼心，且居国上流，其势难久。初，鲁肃等以为曹公尚存，祸难始构，宜相辅协，与之同仇，不可失也，蒙乃密陈计策曰："令征虏守南郡，潘璋住白帝，蒋钦将游兵万人，循江上下，应敌所在，蒙为国家前据襄阳，如此，何忧于操，何赖于羽？且羽君臣，矜其诈力，所在反覆，不可以腹心待也。今羽所以未便东向者，以至尊圣明，蒙等尚存也。今不于强壮时图之，一旦僵仆[①]，欲复陈力，其可得邪？"权深纳其策，又聊复与论取徐州意，蒙对曰："今操远在河北，新破诸袁，抚集幽、冀，未暇东顾。徐土守兵，闻不足言，往自可克。然地势陆通，骁骑所骋，至尊今日得徐州，操后旬必来争，虽以七八万人守之，犹当怀忧。不如取羽，全据长江，形势益张。"权尤以此言为当。及蒙代肃，初至陆口，外倍修恩厚，与羽结好。

注释

①僵仆：倒下，代指实力不济。

译文

鲁肃去世，吕蒙向西移驻陆口，鲁肃军中的人马一万多人全部归属吕蒙。吕蒙又被任命为汉昌太守，以下隽、刘阳、汉昌、州陵为食邑。吕蒙与关羽在边境上分别据守，吕蒙知道关羽英勇，有并兼东吴的心思，并且占领了东吴上游一带，两国结盟的这种形势难以长久维持。起初，鲁肃等人以为曹公还在，战祸灾难才开始构成，应该相互帮助，与他们同仇敌忾，不可失去他们，吕蒙就秘密献上计策说：“命令征虏将军守南郡，潘璋驻守白帝，蒋钦率流动兵马一万人，沿着长江向上游行军，到敌军所在的地方应战，我为国家前去据守襄阳，像这样，还忧虑曹操干什么，又何必要依靠关羽？并且关羽君臣，依靠狡诈和兵力，反复无常，不可以把他们当作心腹对待。如今关羽之所以没有马上向东进犯，是因为我们君主圣明，吕蒙等人还活着。如今不在自己强壮时除掉他，一旦实力不济，再想要施展武力，还可以做到吗？”孙权赞许他的计策，又再次讨论争夺徐州的想法，吕蒙回答说：“如今曹操远在河北，刚刚打败袁氏各军，安抚聚集幽州、冀州的人马，无暇东顾。徐州的守兵，听说不足称道，我们前去就可以攻破。然而那里地处陆路又四通八达，是骑兵驰骋的地方，君主今日得到徐州，曹操随后十日必来争夺，即使以七八万人据守徐州，也还会让人担心那里。不如夺取关羽占据的地区，完全占据长江天险，我们的有利形势才会更快增长。”孙权认为这些话非常正确。等到吕蒙代替鲁肃的职位，他刚到陆口时，表面上恩厚倍增，与关羽结好。

后羽讨樊，留兵将备公安、南郡。蒙上疏曰：“羽讨樊而多留备兵，必恐蒙图其后故也。蒙常有病，乞分士众还建业，以治疾为名。羽闻之，必撤备兵，尽赴襄阳。大军浮江，昼夜驰上，袭其空虚，则南郡可下，而羽可禽也。”遂称病笃，权乃露檄召蒙还，阴与图计。羽果信之，稍撤兵以赴樊。魏使于禁救樊，羽尽禽禁等，人马数万，托以粮乏，擅取湘关米。权闻之，遂行，先遣蒙在前。蒙至寻阳，尽伏其精兵䑿䑵中，使白衣[①]摇橹，作商贾人服，昼夜兼行，至羽所置江边屯候，尽收缚之，是故羽不闻知。遂到南郡，士仁、麋芳皆降。蒙入据城，尽得羽及将士家属，皆抚慰，约令军中不得干历[②]人家，有所求取。蒙麾下士，是汝南人，取民家一笠，以覆官铠，官铠虽公，蒙犹以为犯军令，不可以乡里故而废法，遂垂涕斩之。于是军中震栗，道不拾遗。蒙旦暮使亲近存恤耆老，问所不足，疾病者给医药，饥寒者赐衣粮。羽府藏财宝，皆封闭以待权至。羽还，在道路，数使人与蒙相闻，蒙辄厚遇其使，周游城中，家家致问，或手书示信。羽人还，私相参讯，咸知家门无恙，见待过于平时，故羽吏士无斗心。会权寻至，羽自知孤穷，乃走麦城，西至漳乡，众皆委羽而降。权使朱然、潘璋断其径路，即父子俱获，荆州遂定。

注释

①白衣：古代平民服。这里指士兵伪装成平民。
②干历：骚扰。

译文

后来关羽征讨樊城，留下兵将守卫公安、南郡。吕蒙上奏孙权说："关羽讨伐樊城却留下很多兵马守卫，必定是害怕我图谋他的后方。我常常生病，恳请分出一部分士兵返回建业，以治病作为掩护的名义。关羽听说这件事，必会撤走留下的守兵，全部赶赴襄阳。我们大军沿长江而上，日夜奔驰向上游奔去，趁着空虚袭击他们，那么南郡就可以攻下，而关羽也可以擒获。"于是吕蒙扬言病情严重，孙权就公开下达文书召吕蒙返回，私下与他商定计谋。关羽果然相信这件事，随即撤走一些兵马赶赴樊城。魏国派于禁救樊城，关羽全部擒住于禁等人，有几万人马，以缺少粮食为由，擅自夺取湘关的大米。孙权听说这件事，于是就进军，派遣吕蒙先行。吕蒙到寻阳，把精兵全部埋伏在大船中，让穿着白衣服的人划船，扮作商贾的样子，日夜兼程，到关羽所设置在江边的营寨，全部降服捆绑了关羽人马，这就是关羽没有听到消息的原因。于是就到达南郡，士仁、麋芳全部投降。吕蒙占据城池，获得关羽及其将士的家属，一律给予安抚慰问，下令约束军中兵马不得侵扰百姓人家，索取财物。吕蒙部下一个将士，是汝南人，拿了民家的一个斗笠，来覆盖官府的铠甲，官府的铠甲虽然属于公物，吕蒙仍以为他犯军令，不可以因为是同乡人而废了法度，于是就流着眼泪斩杀了他。于是军中震惊害怕，道不拾遗。吕蒙早晚派亲近的人安抚年长者，询问他们所不足的东西，有疾病的人给他们医药，饥寒的人赐给他们衣服和粮食。关羽府库里藏的财宝，全部封存以等待孙权到来。关羽返回，在路上，数次派人与吕蒙相互传话，吕蒙就厚待他的使者，让使者在城中四处走动，家家传达问候，有的人亲手写信表示确实如此。关羽派的人返回，将士私下探听消息，都知道家门无恙，发现待遇比平时还要好，所以关羽兵马全无斗志。恰巧孙权不久就来到，关羽自知孤军穷困，就逃跑到麦城，向西至漳乡，士众都弃关羽而投降。孙权派朱然、潘璋截断关羽必经之路，关羽父子全部被擒获，荆州于是就平定了。

以蒙为南郡太守，封孱陵侯，赐钱一亿，黄金五百斤。蒙固辞金钱，权不许。封爵未下，会蒙疾发，权时在公安，迎置内殿，所以治护者万方，募封内有能愈蒙疾者，赐千金。时有针加，权为之惨慽[①]，欲数见其颜色，又恐劳动，常穿壁瞻之，见小能下食则喜，顾左右言笑，不然则咄唶[②]，夜不能寐。病中瘳[③]，为下赦令，群臣毕贺。后更增笃，权自临视，命道士于星辰下为之请命。年四十二，遂卒于内殿。时权哀痛甚，为之降损。蒙未死时，所得金宝诸赐尽付府藏，敕主者命绝之日皆上还，丧事务约。权闻之，益以悲感。

注释

①惨慽：悲伤忧愁。慽，同“戚”，忧愁。

②咄唶 duō jiè：叹息。

③瘳 chōu：病愈。

译文

孙权任命吕蒙为南郡太守，封孱陵侯，赐钱一亿，黄金五百斤。吕蒙坚持推辞黄金和钱，孙权不许。封爵还没有下达，恰逢吕蒙病情发作，孙权那时在公安，将吕蒙迎来安置在内殿，治疗吕蒙的方子有成千上万条，招募国内有能治好吕蒙的人，赐千金。有时进行针灸治疗，孙权为他悲伤，想多见见他，又害怕他劳累，常常透过墙壁张望他，见他能稍稍吃点东西就高兴，和身边的人言笑，不然就唉声叹气，夜不能寐。病一好转，就为他下赦令，群臣都来庆贺。后来病情又更加严重，孙权亲自探视，命道士在星辰下为他祈求长寿。吕蒙四十二岁时，在内殿中去世。当时孙权哀痛万分，为他减少歌舞膳食。吕蒙没死时，所得的金宝等各种赏赐全部在府中珍藏，让主事的人在他去世时全部上交，丧事要办得简约。孙权听说这件事，更加悲伤。

蒙少不修书传，每陈大事，常口占为笺疏。常以部曲事为江夏太守蔡遗所白，蒙无恨意。及豫章太守顾邵卒，权问所用，蒙因荐遗奉职佳吏，权笑曰："君欲为祁奚[①]耶？"于是用之。甘宁粗暴好杀，既常失蒙意，又时违权令，权怒之，蒙辄陈请："天下未定，斗将如宁难得，宜容忍之。"权遂厚宁，卒得其用。

蒙子霸袭爵，与守冢三百家，复田五十顷。霸卒，兄琮袭侯。琮卒，弟睦嗣。

注释

①祁奚：春秋时晋国贤大夫，先后向国君推荐自己的仇人和儿子。

译文

吕蒙年少时没有研修书籍，每当要陈述大事，常常口述奏章。曾经因为部下的事被江夏太守蔡遗告发，吕蒙没有恨意。等到豫章太守顾邵去世，孙权问应该用谁，吕蒙趁机推荐蔡遗是奉行职守的好官员，孙权笑着说："你想做祁奚吗？"于是就任用蔡遗。甘宁生性粗暴好杀人，既常常不服从吕蒙命令，有时又违背孙权命令，孙权恼恨他，吕蒙就为他求情说："天下未定，甘宁这样的战将很难得，应容忍他。"孙权于是就厚待甘宁，终于得到他的效命。

吕蒙的儿子吕霸继承爵位，给予他守墓的三百户人家，免除赋税的田地五十顷。吕霸去世，他的哥哥吕琮继承侯爵。吕琮去世，他的弟弟吕睦继承爵位。

孙权与陆逊论周瑜、鲁肃及蒙曰："公瑾雄烈，胆略兼人，遂破孟德，开拓荆州，邈焉难继，君今继之。公瑾昔要子敬来东，致达于孤，孤与宴语，便及大略帝王之业，此一快也。后孟德因获刘琮之势，张言方率数十万众水步俱下。孤普请诸将，咨问所宜，无适先对，至子布、文表，俱言宜遣使修檄迎之，子敬即驳言不可，劝孤急呼公瑾，付任以众，逆而击之，此二快也。且其决计策意，出张苏[①]远矣；后虽劝吾借玄德地，是其一短，不足以损其二长也。周公不求备于一人，故孤忘其短而贵其长，常以比方邓禹也。又子明少时，孤谓不辞剧易，果敢有胆而已；及身长大，学问开益，筹略奇至，可以次于公瑾，但言议英发不及之耳。图取关羽，胜于子敬。子敬答孤书云：

‘帝王之起，皆有驱除，羽不足忌。’此子敬内不能办，外为大言耳，孤亦恕之，不苟责也。然其作军屯营，不失令行禁止，部界无废负，路无拾遗，其法亦美也。”

注释

①张苏：张仪、苏秦，都是战国辩士。

译文

孙权与陆逊谈论周瑜、鲁肃及吕蒙说：“公瑾是英烈之人，胆略过人，因而能打败曹孟德，开拓荆州，他的远见卓识很难有人接替，如今你继承了他。公瑾从前邀请子敬东来，把他推荐给我，我和他宴谈，谈论帝王之业的大方针，这是第一件快事。后来孟德因获得刘琮的兵马，扬言要率数十万兵马水陆并进。我请来各将领，询问应该怎么办，没人能说出合适的对策，甚至子布、文表，都说应该派遣使者写信迎降，子敬当即驳斥不可以，劝我赶紧召回公瑾，把兵马交付给他，迎击曹操，这是第二件快事。而且他的谋划决断，远远超过了张仪、苏秦；后来虽然劝我借给玄德土地，这是他的一个短处，却也不足以损坏他的两个长处。周公不对一个人求全责备，所以我忘记他的短处而看重他的长处，常把他比作邓禹。子明年少时，我以为他仅仅是不辞艰险，果敢有胆识罢了；等到他长大成人，学问大长，谋划神奇，仅次于公瑾，只是言谈议论的英姿不如周瑜。他谋划战胜关羽，胜过子敬。子敬给我写信说：‘帝王兴起，都会有祸患要驱除，关羽不足忌惮。’这是子敬心中没有办法，在表面上说大话而已，我也宽恕他，不过分责备他。然而他整军安营，能令行禁止，领域之内没有违法的，路不拾遗，他的治理方法也是很好的。”

黄盖传

题解

黄盖是东吴老臣，历任孙坚、孙策、孙权三任君主。他勇猛果敢，在赤壁之战中献上火攻之策，并亲往诈降，火烧战船，致使曹操大败而归。此外，黄盖亦善于训练士卒，每每征战，他的将士皆骁勇善战。

黄盖字公覆，零陵泉陵人也。初为郡吏，察孝廉,辟公府。孙坚举义兵,盖从之。坚南破山贼，北走董卓，拜盖别部司马。

译文

黄盖字公覆，零陵郡泉陵县人。他起初任郡吏，察举为孝廉，受到公府征召。孙坚发起义兵，黄盖就跟随他。孙坚在南面打败山贼，在北面赶跑董卓，任命黄盖为别部司马。

坚薨，盖随策及权，擐甲周旋，蹈刃屠城。诸山越不宾，有寇难之县，辄用盖为守长。石城县吏，特难检御，盖乃署两掾，分主诸曹。教曰："令长不德，徒以武功为官，不以文吏为称。今贼寇未平，有军旅之务，一以文书委付两掾，当检摄诸曹，纠擿[①]谬误。两掾所署，事入诺出，若有奸欺，终不加以鞭杖，宜各尽心，无为众先。”初皆怖威，夙夜恭职；久之，吏以盖不视文书，渐容人事。盖亦嫌外懈怠，时有所省，各得两掾不奉法数事。乃悉请诸掾吏，赐酒食，因出事诘问。两掾辞屈，皆叩头谢罪。盖曰：“前已相敕，终不以鞭杖相加，非相欺也。”遂杀之。县中震栗。后转春谷长，寻阳令。凡守九县，所在平定。迁丹杨都尉，抑强扶弱，山越怀附。

注释

①擿：通“剔”，挑剔，检查。

译文

孙坚死后，黄盖跟随孙策及孙权，身披铠甲，征讨四方。各地山越人不臣服，有贼寇叛乱问题的县，往往就任用黄盖为长官。石城县的官吏，特别难以管理，黄盖就设置两个掾官，分别主管各部门事务。教训他们说：“作为县令的我德行不够，只凭军功做了官，不是作为文官而受到称赞。现在贼寇没有平定，有军旅事务，一并把文书事务托付给你们两掾，应当检查各部门事务，纠正错误。两掾所管理的事务，事情汇报到了一定要有答复，如果有奸诈欺骗的，最终就不会仅仅施予鞭杖的责罚，应该各自尽心，不要成为众人犯错的带头者。”起初大家都害怕他的威严，早晚尽心职守；时间久了，官吏因为黄盖不看文书，渐渐出现徇私枉法之事。黄盖也嫌他们懈怠，时常有所觉察，各得到两掾官吏不奉公执法的几件事。就把诸掾官吏请来，赐给他们酒食，借此诘问他们有关事务。两掾官员理屈词穷，都磕头谢罪。黄盖说：“先前我已经告诫，终不会仅仅以鞭杖之刑对待你们，这不是欺骗你们。”于是就杀了他们。县中之人都受到震慑。后来转任春谷县令，寻阳县令。一共相继担任九个县的县令，他所在的县都得到平定。升任丹杨都尉，抑制豪强，扶助孤弱，山越人都依附于他。

盖姿貌严毅，善于养众，每所征讨，士卒皆争为先。建安中，随周瑜拒曹公于赤壁，建策火攻，语在瑜传。拜武锋中郎将。武陵蛮夷反乱，攻守城邑，乃以盖领太守。时郡兵才五百人，自以不敌，因开城门，贼半入，乃击之，斩首数百，余皆奔走，尽归邑落。诛讨魁帅，附从者赦之。自春讫夏，寇乱尽平，诸幽邃巴、醴[①]、由、诞邑侯君长，皆改操易节，奉礼请见，郡境遂清。后长沙益阳县为山贼所攻，盖又平讨。加偏将军，病卒于官。

盖当官决断，事无留滞，国人思之。及权践阼，追论其功，赐子柄爵关内侯。

注释

①醴：音lǐ。

译文

黄盖相貌威严刚毅，善于用兵，每次要征讨，士卒都争着向前。建安年中，随周瑜在赤壁抵御曹公，进献火攻的计策，这件事记录在《周瑜传》里。任命他为武锋中郎将。武陵的蛮夷人造反，攻占城池据守，孙权就让黄盖兼任太守。这时郡里的士兵只有五百人，黄盖自以为无法抗敌，因此打开城门，一半的贼寇进城时，黄盖就攻击他们，斩杀几百人，其余的都各自逃跑，全部逃入村落。诛杀贼寇的首领，依附的人大多被赦免。从春天到夏天，贼寇的叛乱全部被平定，偏远的巴、醴、由、诞等地各位首领，全都改变操守气节，遵奉礼数请求接见，郡内随即太平。后来长沙益阳县被山贼攻破，黄盖前去讨伐平定。加封偏将军，病死在官位上。

黄盖处理事务果断，没有事务是滞留不办的，国人都怀念他。等到孙权做了皇帝，追论他的功劳，赐他的儿子黄柄关内侯的爵位。

甘宁传

题解

甘宁少有气力，好游侠。先后跟随刘表、黄祖，后归附孙权，成为东吴虎将。他智勇双全，战功显赫，最后奋勇作战至死，令孙权深为痛惜。

甘宁字兴霸，巴郡临江人也。少有气力，好游侠，招合轻薄少年，为之渠帅；群聚相随，挟持弓弩，负毦[①]带铃，民闻铃声，即知是宁。人与相逢，及属城长吏，接待隆厚者乃与交欢；不尔，即放所将夺其资货，于长吏界中有所贼害，作其发负，至二十余年。止不攻劫，颇读诸子，乃往依刘表，因居南阳，不见进用，后转托黄祖，祖又以凡人畜之。于是归吴。

注释

①毦ěr：用牦牛尾做装饰的旗子。

译文

甘宁字兴霸，巴郡临江县人。年少时有勇气武力，豪爽好结交，招集行为轻浮的年轻人，自任他们的首领；游侠结伴追随他，携带弓弩，身上背上旗帜和铃铛，百姓听到铃声，就知道是甘宁。人家与他相遇，即使是他所在地方的长官，接待他隆重的人他就和人家交好；不然，就放任他所带领的人强夺人家的财物，对地方长官管辖的地区侵扰破坏，使他们因为失职而获罪，如此长达二十多年。后来不再攻杀抢劫，用功读了一些诸子的书，就前去依附刘表，因而居住在南阳，不被重用，后转投黄祖，黄祖把他当作普通人对待。于是归顺东吴。

周瑜、吕蒙皆共荐达，孙权加异，同于旧臣。宁陈计曰："今汉祚日微，曹公弥憍[①]，终为篡盗。南荆之地，山陵形便，江川流通，诚是国之西势也。宁已观刘表，虑既不远，儿子又劣，非能承业传基者也。至尊当早规之，不可后操。图之之计，宜先取黄祖。祖今年老，昏耄已甚，财谷并乏，左右欺弄，务于货利，侵求吏士，吏士心怨，舟船战具，顿废不修，怠于耕农，军无法伍。至尊今往，其破可必。一破祖军，鼓行而西，西据楚关，大势弥广，即可渐规巴蜀。"权深纳之。张昭时在坐，难曰："吴下业业，若军果行，恐必致乱。"宁谓昭曰："国家以萧何之任付君，君居守而忧乱，奚以希慕古人乎？"权举酒属宁曰："兴霸，今年行讨，如此酒矣，决以付卿。卿但当勉建方略，令必克祖，则卿之功，何嫌张长史之言乎。"权遂西，果禽祖，尽获其士众。遂授宁兵，屯当口。

注释

①忯：通“骄”，骄傲，骄纵。

译文

周瑜、吕蒙都一起推荐他，孙权给予特殊对待，如同旧臣。甘宁献计说：“如今汉朝国势日益衰微，曹操更加骄横，国家最终会被曹操篡夺。南方的荆州之地，山陵的地形便利，因为有长江又交通便利，实在是我国西部的有利地势。我已观察刘表，他谋虑既不远，儿子又很无能，不是能传承基业的人。您应当尽早图谋他，不可落后于曹操。图谋那里的计策，应该先打败黄祖。黄祖如今年老，非常昏庸，钱财粮食都匮乏，身边的人欺弄他，做事都是为了财物利益，欺凌侵害官吏百姓，官吏心里怨恨。船只等军备物资，废弃不修整，百姓懈怠耕田，军队没有法度。您现在前往，他被打败是必然的事。一旦打败黄祖大军，一鼓作气向西进军，在西边据守楚关，势力更加强大，就可以慢慢谋取巴蜀。”孙权深切赞同他的意见。张昭当时在座，责难说：“东吴形势危急，如果大军真的出动，恐怕必定会导致祸乱。”甘宁对张昭说：“国家把萧何那样的重任托付你，你安居守卫却担忧祸乱，用什么追慕古人？”孙权举酒杯嘱托甘宁说：“兴霸，今年出兵征讨，就像这杯酒了，决定交付给你。你尽管制定计策，使我们一定打败黄祖，就是你的功劳，何必计较张长史的话。”孙权于是就向西进军，果然擒住黄祖，全部擒获他的兵马。于是就授予甘宁兵马，驻扎在当口。

后随周瑜拒破曹公于乌林。攻曹仁于南郡，未拔，宁建计先径进取夷陵，往即得其城，因入守之。时手下有数百兵，并所新得，仅满千人。曹仁乃令五六千人围宁。宁受攻累日，敌设高楼，雨射城中，士众皆惧，惟宁谈笑自若。遣使报瑜，瑜用吕蒙计，帅诸将解围。

译文

甘宁后来随周瑜在乌林抗拒并打败曹公。在南郡攻打曹仁，没有攻下，甘宁制定计策先直接进攻夺取夷陵，率兵前往即攻占夷陵，因而进城据守。这时甘宁手下只有几百士兵，加上新得的，也仅仅只满一千人。曹仁就命令五六千人围困甘宁。甘宁被围攻多日，敌军搭建了高楼，射向城中的箭像雨一样密集，士兵都很恐惧，只有甘宁谈笑自如。派遣使者报告周瑜，周瑜使用吕蒙的计策，率领众将解除围困。

后随鲁肃镇益阳，拒关羽。羽号有三万人，自择选锐士五千人，投县上流十余里浅濑，云欲夜涉渡。肃与诸将议。宁时有三百兵，乃曰：“可复以五百人益吾，吾往对之，保羽闻吾欬唾[1]，不敢涉水，涉水即是吾禽。”肃便选千兵益宁，宁乃夜往。羽闻之，住不渡，而结柴营，今遂名此处为关羽濑。权嘉宁功，拜西陵太守，领阳新、下雉两县。

后从攻皖，为升城督。宁手持练，身缘城，为吏士先，卒破获朱光。计功，吕蒙为最，宁次之，拜折冲将军。

注释

①欬唾 ài：比喻声音，谈吐。

译文

甘宁后来随鲁肃镇守益阳，抵御关羽。关羽号称有三万人，亲自选择精锐兵士五千人，奔赴益阳县上游十多里的浅滩，说要夜里渡过长江。鲁肃与各将领商议应对。甘宁这时有三百士兵，就说：“可以再给我五百人，我前往应敌，保证关羽听到我的咳嗽声，就不敢渡江，渡江就会被我擒住。”鲁肃便调选一千士兵增拨给甘宁，甘宁就连夜前往。关羽听说后，住下没有渡江，而是用柴设下营寨，如今就把此处命名为关羽濑。孙权嘉奖甘宁功劳，任命他为西陵太守，统领阳新、下雉两个县。

甘宁后来随军攻打皖县，任升城都督。甘宁手持练带，亲自登上城墙，冲锋在将士前面，最终攻破城池擒获朱光。计算功劳，吕蒙功劳最大，甘宁功劳第二，被任命为折冲将军。

后曹公出濡须，宁为前部督，受敕出斫[①]敌前营。权特赐米酒众殽，宁乃料赐手下百余人食。食毕，宁先以银碗酌酒，自饮两碗，乃酌与其都督。都督伏，不肯时持。宁引白削[②]置膝上，呵谓之曰："卿见知于至尊，孰与甘宁？甘宁尚不惜死，卿何以独惜死乎？"都督见宁色厉，即起拜持酒，通酌兵各一银碗。至二更时，衔枚出斫敌。敌惊动，遂退。宁益贵重，增兵二千人。

注释

①斫 zhuó：砍，削，引申为攻打。

②白削：即白刃，锋利的刀。

译文

后来曹公出兵濡须，甘宁任前部督，接受命令出兵攻打敌军前营。孙权特意赐他米酒和很多肉食，甘宁就按量赐给手下一百多人吃。吃完后，甘宁先用银碗倒酒，自己喝两碗，才倒给他的都督。都督下跪，不肯立即接酒。甘宁抽出雪亮的剑放在膝盖上，呵斥他说：“你被君主知遇，和甘宁相比怎么样？甘宁尚且不吝惜死，你为什么单单吝惜死呢？”都督见甘宁神色严厉，立即起来拜谢接酒，士兵全部各饮一碗。到二更时，他们口衔竹枚出兵杀敌。敌军惊动，于是就退去。甘宁地位更加显贵，给他增拨士兵两千人。

宁虽粗猛好杀，然开爽有计略，轻财敬士，能厚养健儿，健儿亦乐为用命。建安二十年，从攻合肥，会疫疾，军旅皆已引出，唯车下虎士千余人，并吕蒙、蒋钦、凌统及宁，从权逍遥津北。张辽觇望知之，即将步骑奄至。宁引弓射敌，与统等死战。宁厉声问鼓吹何以不作，壮气毅然，权尤嘉之。

译文

甘宁虽然粗猛好杀戮，却爽朗有谋略，轻视财物敬重士人，能厚养兵士，兵士也乐于为他效命。建安二十年，随军攻合肥，赶上瘟疫，军队都已撤退，只有车下虎士一千多人，以及吕蒙、蒋钦、凌统和甘宁，跟从孙权到逍遥津北。张辽侦察知道这件事，立即率领步兵骑兵突然赶到。甘宁拉弓射敌，和凌统等人拼死奋战。甘宁厉声责问击鼓吹号的人为什么不助战，雄壮的气概十分坚毅，孙权非常赞赏他。

宁厨下儿曾有过，走投吕蒙。蒙恐宁杀之，故不即还。后宁赍礼礼蒙母，临当与升堂，乃出厨下儿还宁。宁许蒙不杀。斯须还船，缚置桑树，自挽弓射杀之。毕，敕船人更增舸缆，解衣卧船中。蒙大怒，击鼓会兵，欲就船攻宁。宁闻之，故卧不起。蒙母徒跣出谏蒙曰："至尊待汝如骨肉，属汝以大事，何有以私怒而欲攻杀甘宁？宁死之日，纵至尊不问，汝是为臣下非法。"蒙素至孝，闻母言，即豁然意释，自至宁船，笑呼之曰："兴霸，老母待卿食，急上！"宁涕泣歔欷曰："负卿。"与蒙俱还见母，欢宴竟日。

宁卒，权痛惜之。子瑰，以罪徙会稽，无几死。

译文

甘宁厨房里的童仆曾经有过错，逃走投靠吕蒙。吕蒙害怕甘宁杀了童仆，所以没有立即送还。后来甘宁带上礼物拜见吕蒙母亲，吕蒙和甘宁正要进堂屋时，才唤出那个厨房里的童仆归还甘宁。甘宁许诺吕蒙不杀童仆。不久回到船上，把童仆捆绑在桑树上，亲自拉弓射杀了童仆。结束后，令船中人增加船上的缆绳，脱下衣服躺卧在船中。吕蒙大怒，击鼓集合兵马，靠近甘宁的船想攻打甘宁。甘宁听说这件事，故意卧在船中不起。吕蒙母亲光着脚跑出来劝吕蒙说："君主待你如同亲骨肉，把大事托付给你，为什么因为私怒而想要攻杀甘宁？甘宁死时，纵然君主不问，你作为臣下也是违反法度的。"吕蒙一直非常孝顺，听到母亲的话，当即明白，怒火也消去了，亲自到甘宁船上，笑着呼唤他说："兴霸，老母亲等着你来吃饭，赶紧上来！"甘宁哭泣着说："我辜负了您。"与吕蒙一起回去见吕蒙母亲，欢宴持续一整天。

甘宁去世，孙权为他哀痛惋惜。他的儿子甘瑰，因为有罪被流放到会稽，没多久就死了。

图书在版编目（CIP）数据

三国志译注 /（西晋）陈寿著；杨明译注.
—北京：北京联合出版公司，2015.7（2023.8重印）
ISBN 978-7-5502-3914-2

Ⅰ.①三… Ⅱ.①陈… ②杨… Ⅲ.①中国历史－三国时代－纪传体②《三国志》－译文③《三国志》－注释 Ⅳ.①K236.042

中国版本图书馆CIP数据核字（2015）第143676号

三国志译注

作　　者：（西晋）陈寿
译　　注：杨　明
出 品 人：赵红仕
选题策划：梁明德　邵鹏军
责任编辑：王　巍
特约编辑：刘文硕
封面设计：格林文化
版式设计：格林文化

北京联合出版公司出版
（北京市西城区德外大街83号楼9层　100088）
天津丰富彩艺印刷有限公司　新华书店经销
字数200千字　960毫米×640毫米　1/16　印张26.75
2015年9月第1版　2023年8月第3次印刷
ISBN 978-7-5502-3914-2
定价：62.00元
